세법의 가산세 실무
세금 폭탄, 세금 절세
세무리스크, 세무조사

경영정보사 편

◆ 제1부 과세자료 해명, 세무리스크
◆ 제2부 가산세 실무, 세금 폭탄 사례
◆ 제3부 세금절세 전략
◆ 제4부 세무조사, 과세전 적부심사

경영정보사

■ 저자 이진규 (약력)
(현)삼일인포마인 세무상담위원
(현)비즈폼, 이지분개 세무상담위원
　20여년간 세무상담
(현)경영정보사 도서 집필 및 발간
(전)국세청 세무조사관

■ 저자 저서
법인관리 및 법인세무 컨설팅
법인기업의 세무회계실무
세법의 가산세 및 세무회계실무
부가가치세 및 원천세 실무
세금개요 및 절세

세법의 가산세 실무
세금폭탄 및 세금절세
세무리스크, 세무조사

2024. 01. 05. 발행
저　　자 : 이　진　규
발 행 인 : 강　현　자
발 행 처 : 경영정보사
신고번호 : 제2021 - 00026호

주　　소 : 대구시 동구 동촌로 255
　　　　　태왕 아너스 101동 401호
전　　화 : 080 - 250 - 5771
홈페이지 : www.ruddud.co.kr
E-Mail　　lee24171@naver.com

정　가　　20,000원

머리말

세무와 관련한 업무는 의도적으로 세금을 탈세한 것이 아니더라도 세법에 대한 지식 부족, 업무 착오, 법령 해석 오류, 세금 징수를 위한 과세당국의 입장차이 등으로 납세자가 신고한 내용에 대하여 과세관청은 국세청 통합전산망에 의한 적법성 여부 검토, 세무조사, 과세자료 수집 등에 의하여 납세자가 세법적용을 잘못하거나 세금을 탈루한 것으로 판단한 사항을 과세자료 해명 요구한 후 납세자가 신고한 내용의 정당성을 입증하지 못하는 경우 수정신고를 하도록 하며, 세무조사의 경우에는 세금을 추징하는 것입니다.

이로 인하여 납세자가 단순 착오에 의하여 업무를 잘못처리한 부분도 조세질서를 확립하기 위하여 국세청의 통합정보망에서 확인이 되면, 세금추징을 당하게 되며, 그 주요 사례를 살펴보면 다음과 같으며, 그 외에도 다양한 사례들이 있습니다.

1. 세금계산서를 세법에서 정한 시기보다 늦게 발급한 경우 매입세액을 추징함
2. 세금계산서 발급대상이 아님에도 세금계산서를 발급한 경우 매입자의 매입세액은 추징하고, 세금계산서를 발급한 자에게는 공급가액의 2%를 가산세로 추징함
3. 법인의 정관에 대표이사에 대한 상여금 규정을 두지 않았다하여 손금불산입함
4. 자본금을 증자하였음에도 납세자가 이에 대하여 주식변동상황명세서를 신고하지 않는 경우 가산세를 추징함
5. 납세자는 정당한 가액으로 판단하여 주식을 양도하였음에도 저가 양도로 보아 법인세를 추징함

다만, 세무신고에 대한 내용에 오류, 착오 등이 있었다하여 그와 관련한 모든 내용에 대하여 국세청이 검증을 할 수가 없으므로 납세자가 신고한 내용에 문제가 있다하더라도 상당 부분은 그냥 지나갈 수도 있습니다. 이로 인하여 세무업무를 잘못 처리한 부분이 있었더라도 이슈가 되는 경우만 문제가 됨으로 인하여 잘못 처리한 부분도 다행히 별다른 문제없이 지나가면 좋겠지만, 언제든지 골치 아픈 문제는 닥칠 수 있으므로 사전에 세무리스크를 제거하기 위한 노력을 충분히 하여야 할 것입니다.

한편, 세무관계업무의 경우 재무실무자가 세무문제가 발생하지 않도록 최선을 다하였다하더라도 대표자 등은 실무자의 노고를 잘 알 수가 없으며, 문제가 발생하면 책임을 지는 어려운 업무입니다. 따라서 세무관련 업무를 처리하시면서 특정 사안의 절세를 위하여 노력한 내용은 대표자 등에게 그 경위를 설명하여 여러분의 노력을 주지시켜야 합니다.

그럼에도 불구하고 잘못 신고한 내용이 세무상 문제가 되어 과세되는 세금이 중대한 경우 세무신고를 수행한 재무실무자는 엄청난 스트레스를 받게 될 것입니다.

따라서 세무리스크를 줄이기 위해서는 가능한 세금을 더 내는 방향으로 의사결정을 하여야 하나 내지 않아도 될 세금을 더 내는 것은 억울한 일이므로 세무리스크가 예견되는 사안의 경우 사전에 관련 법령 및 기존의 해석 사례 등을 충분히 검토하여 처리하여야 하며, 그 금액이 중요한 경우 차후의 세무리스크에 대비하여 대표자 또는 재무담당 총괄 책임자가 의사결정을 하도록 하는 것이 상책일 것입니다.

본서는 세무리스크가 발생할 수 있는 까다로운 부분을 사례별로 예시를 들었으며, 업무적으로 실수할 수 있는 내용들을 세무조사 리스크에서 같이 수록하여 실무에서 유용하게 활용할 수 있도록 각고의 노력을 기울여 편집하였습니다.

끝으로 세무회계업무를 담당하시는 분들에게 본서가 유익한 참고자료가 되기를 간절히 바랍니다.

2023년 08월
이 진 규

세법의 가산세 실무
세금폭탄 및 세금절세
세무리스크, 세무조사

제1부   과세자료 해명요구, 유형별 세무리스크리

제1부에서는 세법에 대한 지식 부족, 업무 착오, 의사 결정 및 사실 판단의 오류, 의도적인 탈세 등에 의하여 과세당국으로부터 세금이 추징되는 다양한 사례(매출누락, 국고보조금 수익 누락, 판매장려금 수익 누락, 고용노동부의 고용촉진 및 유지 관련 지원금 누락, 비용의 과대계상, 수선비로 계상한 금액의 손금불산입, 대손상각비로 처리한 금액의 손금불산입, 매입세액불공제대상임에도 공제를 받은 경우, 세금계산서 발급시기를 착오 등에 의하여 잘못한 경우 부가가치세 추징, 포괄양도양수에 해당함에도 세금계산서를 발급한 경우 매입세액불공제, 영세율 적용대상이 아님에도 영세율 세금계산서를 발급한 경우 등)을 수록하였으며, 유형별로 세무리스크 사례를 들어 세금 폭탄을 사전에 방지할 수 있도록 하였습니다.

제2부   가산세 실무, 세금폭탄 사례

제2부에서는 당초 신고내용의 탈루, 오류 등에 대하여 수정신고를 하는 경우 적용되는 국세기본법의 가산세(신고불성설실가산세, 납부지연가산세 등) 및 각 세법(부가가치세법, 소득세법, 법인세법)에서 정하고 있는 가산세 관련 의무사항 및 가산세 규정을 사례별로 예시(세금계산서 발급 관련 가산세, 매출누락, 비용의 이중계상, 가공매입, 감면대상이 아닌 세액을 감면받은 경우, 허위 인건비 계상에 대한 수정 등)를 들었으며, 특히 연도별 가산세 개정내용을 수록하여 실무에서 유용하게 활용할 수 있도록 각고의 노력을 기울여 편집하였습니다.

제3부　　　　　　　　　　　세금절세 전략

제3부에서는 세금 절세에 관한 전반적인 내용을 수록하였습니다. 절세란 세법을 정확히 알아 법이 정하는 범위내에서 납부하여야 할 세금에서 공제감면을 받는 것과 세법을 잘 몰라 억울한 세금을 추징당하는 것을 미리 방지하는 것입니다.

제4부　　　　　　　　　　　　세무조사

제4부에서는 경리세무실무자 분들이 가장 불편해 하는 세무조사에 관련한 내용인 세무조사 선정기준, 세무조사 사항 및 세무리스크 체크 포인트, 세무조사 종결 및 사후 처리할 내용, 법인세 조사 등에 따른 소득처분, 세무조사에 따른 세금추징시의 과세전적부심사청구, 불복청구(이의신청, 심사청구, 심판청구. 행정소송) 절차등에 관한 내용을 수록하였습니다.

목 차

세법의 가산세 실무
세금폭탄 및 세금절세
세무리스크, 세무조사

CONTENTS .....

제1부 세무리스크

제1장 과세자료 해명요구 및 납세현실, 세무리스크

[1] 과세자료 해명요구   3
- ❶ 개요   3
- ❷ 과세자료 해명요구는 어떻게 발생하나?   4
- ❸ 과세자료 해명요구 사례   6
- ❹ 과세자료 해명 요구에 대한 조치   9
- ❺ 과세자료 해명 요구를 받은 경우 수정신고   9

[2] 납세현실 및 세무리스크   11
- ❶ 납세 현실   11
- ❷ 세무리스크   15
- ❸ 세무리스크와 세금절세   18

제2장 유형별 세무리스크 체크 포인트

[1] 법인세 — 19
❶ 수익 누락 — 19
❷ 비용 과다 계상 등 — 22
❸ 부당하게 조세 감면을 받은 금액에 대한 세액추징 — 26

[2] 부가가치세 — 28
❶ 매출 누락 및 세금계산서 관련 — 28
❷ 매입 세금계산서 및 매입세액 — 30

제2부 가산세 실무

제1장 국세기본법의 가산세

[1] 무신고가산세 — 41
❶ 일반무신고가산세 및 부정무신고가산세 — 41
❷ 기한 후 신고 및 가산세 감면 — 42

[2] 과소신고가산세 — 44
❶ 일반과소신고가산세 — 44
   영세율과세표준 과소신고 가산세 — 44
❷ 부정과소신고가산세 — 44
❸ 수정신고 과소신고가산세 감면 — 45

[3] 납부·환급불성실가산세 — 46
❶ 납부 및 환급불성실가산세 — 46
   인지세 가산세 — 46
❷ 원천징수대상 국세의 납부지연가산세 등 — 47

[4] 원천징수 관련 무신고에 대한 가산세   48

❶ 무신고가산세 및 신고불성실가산세   48
❷ 납부지연가산세   48
❸ 원천세분 지방소득세 가산세   48
❹ 지급명세서 미제출에 대한 가산세   48
❺ 연말정산 과다공제에 대한 가산세 적용   49

제2장 수정신고 및 경정청구, 수정신고 관련 가산세

[1] 국세기본법에 의한 수정신고와 가산세 감면   51

❶ 법정신고기한이 지난 후 2년 이내에 수정신고하는 경우   51
❷ 제출 등의 기한 경과 후 1개월 내 제출시 가산세 감면   52
❸ 가산세 감면을 받을 수 없는 경우   52
❹ 수정신고와 조세특례제한법에 의한 감면세액 추가   53

[2] 수정신고 가산세 한도   54

❶ 수정신고 사유 및 수정신고 기한   54
❷ 수정신고서 작성방법   55
❸ 가산세 한도   56

제3장 부가가치세법에 의한 의무불이행에 대한 가산세

[1] 부가가치세 관련 가산세 요약   57

[2] (전자)세금계산서 발급 의무 및 가산세   60

❶ 세금계산서 및 전자세금계산서 발급 의무등   60
❷ 세금계산서 공급시기 및 발급일자   61
❸ 세금계산서 및 전자세금계산서 관련 가산세 사례   65
    세금계산서를 공급시기에 발급하지 못하고, 지연발급한 경우   65
    전자세금계산서 의무발급자가 종이 세금계산서를 발급한 경우   66
❹ 전자세금계산서 수정발급과 가산세 적용   67
    계약 해제 또는 반품 관련 수정세금계산서 발급   67

	계약의 해제시 수정 전자세금계산서 발급	67
	필요적 기재사항을 잘못 기입한 경우	68
	공급가액 및 세액 수정과 세금계산서 발급	70
	전자세금계산서를 이중으로 발급한 경우	71
	면세 계산서를 발행하여야 하나 세금계산서를 발행한 경우	72
❺	세금계산서합계표 미제출 가산세	72
❻	부가가치세 매입자 납부 특례와 관련한 가산세	73

[3] 부가가치세 신고시 명세서 등 제출 및 가산세   75

❶	현금매출명세서 제출의무 및 미제출에 대한 가산세	75
❷	부동산임대공급가액명세서 제출의무 및 미제출가산세	76
❸	영세율 적용사업자의 서류 제출 의무 및 가산세	77

[4] 사업자등록의무 및 미등록가산세   79

❶	사업자등록의무	79
❷	미등록가산세	80

[5] 부가가치세 관련 가산세 실무 사례   81

❶	부가가치세 예정분 매출세금계산서 누락시 가산세	81
❷	매출세금계산서 누락 등 매출세액 과소 신고시 가산세	82
❸	매입세금계산서 세액 과다 신고시 가산세	83

제4장 법인세법에 의한 의무불이행에 대한 가산세

[1] 주식등변동상황명세서 미제출 가산세   84

❶	주주등변동상황명세서 제출의무	84
❷	주주등변동상황명세서 미제출가산세	85

[2] 주식 양도양수와 관련한 세무실무   86

❶	주식양도양수 계약서 작성	86
❷	증권거래세 신고 및 납부	86
❸	양도소득세 신고 및 납부	88
❹	주식등변동상황명세서 제출	90
❺	신설법인의 주주등의 명세서 제출	91
❻	주식 이동시 반드시 검토할 사항	92

[3] 기타 법인세법 의무 및 가산세　　　　　　　　　　　　　　　95

❶ 주주등의 명세서 제출의무 및 미제출가산세　　　　　　　　　95
❷ 계산서 발급 및 계산서합계표 제출의무 및 가산세　　　　　　96
❸ 면세 법인의 전자계산서 발급 및 전송 의무　　　　　　　　　99
❹ 장부의 기록·보관 불성실 가산세　　　　　　　　　　　　　　99
❺ 증명서류 수취 불성실 가산세　　　　　　　　　　　　　　　100
❻ 신용카드 및 현금영수증 발급 불성실 가산세　　　　　　　　100
❼ 성실신고확인서 제출 불성실 가산세　　　　　　　　　　　　101
❽ 지급명세서 및 간이지급명세서 제출의무 및 가산세　　　　　102

제5장　법인 관련 가산세 적용 및 전기오류수정

[1] 법인 관련 가산세 적용 사례　　　　　　　　　　　　　　　103

① 법인의 전년도 이전 신고 누락한 매출액 수정신고　　　　　103

❶ 개요　　　　　　　　　　　　　　　　　　　　　　　　　　103
❷ 부가가치세 추가 납부세액 및 가산세　　　　　　　　　　　104
❸ 법인세 추가 납부세액 및 가산세　　　　　　　　　　　　　105
❹ 법인세 수정신고로 상여 처분한 금액의 소득세 신고　　　　110
❺ 일반과소신고가산세 또는 부정과소신고가산세 적용　　　　111
❻ 수정신고시 중소기업에 대한 특별세액감면 등　　　　　　　112
❼ 법인지방소득세 수정신고 및 납부　　　　　　　　　　　　113

② 가공 매입 법인세 및 부가가치세 수정신고　　　　　　　　114

❶ 개요　　　　　　　　　　　　　　　　　　　　　　　　　　114
❷ 가공매입에 대한 부가가치세 추가 납부세액 및 가산세　　　114
❸ 가공매입에 대한 법인세 추가 납부세액 및 가산세　　　　　115

③ 법인의 허위 인건비 계상에 대한 수정신고　　　　　　　　119

❶ 개요　　　　　　　　　　　　　　　　　　　　　　　　　　119
❷ 법인세 추가 납부세액 및 가산세　　　　　　　　　　　　　119

④ 이중 매입 수정신고　　　　　　　　　　　　　　　　　　122

❶ 개요　　　　　　　　　　　　　　　　　　　　　　　　　　122

❷ 전년도 이전 매입세금계산서 이중 신고에 대한 과세자료 해명요구 …… 123
❸ 전년도 이전 매입세금계산서 이중 계상금액이 재고로 남아 있는 경우 …… 126

[2] 전기오류수정 … 128

❶ 개요 …… 128
❷ 전기오류수정이익 …… 129
❸ 전기오류수정손실 …… 133

제6장 소득세법에 의한 의무 불이행에 대한 가산세 등

[1] 지급명세서 및 간이지급명세서 제출의무 … 137

❶ 지급명세서 제출의무 및 가산세 …… 137
   원천징수대상 소득에 대한 지급명세서 미제출가산세 …… 137
   일용근로자 지급명세서 미제출등에 대한 가산세 …… 140
❷ 간이지급명세서 제출의무 및 가산세 …… 140
   근로소득 간이지급명세서 제출기한 …… 140
   원천징수대상 사업소득 간이지급명세서 제출기한 …… 141

[2] 계산서, 세금계산서합계표 관련 가산세 … 142

❶ 계산서 발급 의무 및 미발급가산세 …… 142
❷ 계산서합계표 제출 의무 및 미제출가산세 …… 144

[3] 현금영수증 관련 가산세 … 147

❶ 현금영수증 의무발행사업자 …… 147
❷ 현금영수증 의무발행사업자의 미발행 가산세 …… 151
❸ 현금영수증가맹점 미가입 및 미발행 등에 대한 가산세 …… 149
❹ 부가가치세 신고시 현금매출명세서 제출의무 …… 155

[4] 소득세법 의무불이행에 대한 가산세 … 156

❶ 정규영수증 미수취에 대한 가산세 …… 156
❷ 영수증수취명세서 제출의무 및 가산세 …… 158
   경비등의 송금명세서 …… 160
   정규영수증을 부득이하게 수취하지 못한 경우 …… 162

❸ 면세사업자 사업장현황 신고 의무 및 무신고 가산세 162
❹ 사업용계좌 신고 및 사용 의무 및 미사용 가산세 163
❺ 성실신고확인서 미제출 가산세 164
❻ 무기장 가산세 165
❼ 주택 임대사업자의 사업자 등록 및 미등록 가산세 166

[5] 개인사업자 소득세 수정신고 등 167

❶ 전기 이전 매출세금계산서 누락시 가산세 적용 167
❷ 2천만원 이상 금융소득을 종합소득에 합산하지 않는 경우 가산세 적용 171
    금융소득 종합과세 및 분리과세 172
❸ 추계신고 이후 장부기장으로 수정신고를 할 수 없음 173

제7장 지방세·지방소득세 및 가산세

[1] 지방세 및 지방소득세 개요 174

❶ 국세와 지방세 174
    상속세 및 증여세에 대한 지방소득세 신고납부의무는 없음 174
❷ 지방소득세 신고 및 납부 175
    법인지방소득세 신고 및 납부 175
    종합소득 또는 퇴직소득에 대한 지방소득세 신고 및 납부 177
    개인지방소득세 특별징수(원천세) 180
❸ 지방소득세 수정신고 및 납부 180

[2] 지방세기본법에 의한 가산세 181

❶ 지방세 무신고 가산세 181
❷ 지방세 과소신고 가산세 181
❸ 납부지연 가산세 182
❹ 특별징수납부 등 지연가산세 182
❺ 가산세의 감면 등 183

[2] 주민세 신고·납부 및 가산세 184

❶ 주민세 종업원분 신고·납부 및 가산세 184
    종업원 추가 고용에 대한 주민세 종업원분 감면 186
❷ 주민세 재산분 신고·납부 및 가산세 187

제3부 세금 절세 전략

제1장 세금 절세 및 탈세에 대한 조치

[1] 세금 절세   191

❶ 개요   191
❷ 탈세   192
❸ 절세란 무엇을 의미하는가?   194

[2] 세금 절세와 관련한 핵심 기본 사항   195

❶ 부가가치세   195
❷ 법인세   205
❸ 법인세 공제 및 감면   208
❹ 근로소득세   214
❺ 원천세   218
❻ 개인사업자의 종합소득세 절세   221

제2장 근로 · 배당 · 퇴직소득의 세금 비교 및 절세 효과

[1] 소득의 종류 및 절세 방안   237

❶ 소득의 종류   237
    종합소득에 합산하지 않는 소득   239
    종합소득 신고와 무관한 소득   239
❷ 과세방법의 차이 및 세금절세 방안   240
    퇴직금 지급   242
    배당금 지급   243

[2] 소득의 지급 방법과 절세 효과   245

❶ 개요   245
❷ 근로소득, 배당소득, 퇴직소득의 세율   245
❸ 소득 유형별 총 부담할 세금 비교   248

제4부 세무조사

제1장 세무조사 기준과 대비책

[1] 세무조사 개요   255

[2] 세무조사 리스크를 최소화하기 위한 방법   259

[3] 세무조사 선정기준   261

[4] 세무조사 유형   268

[5] 세무조사 절차   271

[6] 세무조사 사항 및 세무 리스크 체크 포인트   273

제2장 세무조사 종결 및 불복청구

[1] 세무조사 종결 및 사후 처리할 내용   282

[2] 과세전적부심사 및 불복청구   284

[개정 세법 등 확인] 경영정보사 홈페이지 참조

[1] 2023년 개정 세법 확정 내용 및 업무 참고자료는 경영정보사 홈페이지에서 확인할 수 있습니다.

[2] 경영정보사 홈페이지 접속 → 네이버, 구글에서 경영정보사 입력

1

세무리스크

 # 과세자료 해명요구
및 납세현실, 세무리스크

1 과세자료 해명요구

❶ 개요

기업이 세법의 규정에 의하여 법인세, 부가가치세, 원천세 등을 신고 및 납부하였으나 과세관청이 그 신고내용을 검토하여 세금을 탈루하였거나 세금계산 등의 오류를 포착 또는 발견하는 경우 해당 내용에 대하여 과세자료 해명요구를 하게 되며, 과세관청의 해명요구에 대하여 사업자가 그 정당성을 입증하지 못하는 경우 관련 세금을 추가로 부담하여야 하며, 이 때 신고 및 납부를 성실하게 하지 않음에 대한 징벌적 가산세를 부담하여야 한다.

과세관청의 과세자료 해명요구에 의하여 세금을 추가납부하게 되는 경우에 있어 최고경영자가 인지하지 못하고 있었던 내용이나 재무담당자 또는 재무책임자의 세법에 대한 전문지식의 부족, 업무 착오 등에 의하여 추가 납부하여야 하는 세금이 중대한 경우 재무담당자 또는 재무책임자의 스트레스는 말로 표현할 수 없을 정도로 클 것이다.

또한 과세관청은 사업자가 자진 신고 및 납부한 법인세, 부가가치세, 원천세 등의 조세에 대하여 적법하게 신고한 것인지 여부에 대하여 탈세 혐의가 있거나 탈세 혐의가 없더라도 정기적으로 세무조사를 실시한다.
이는 우리나라 조세제도는 납세자가 스스로 세금을 계상하여 자진신고 및 납부하는 제도로 인하여 과세관청에서 세무조사를 전혀 실시하지 않는다면, 사업자가 마음만 먹으면, 언제든지 소득을 줄여 세금을 법령에서 정하는 금액보다 적게 신고납부를 할 수도 있을 것이며, 재화 또는 용역의 공급없이 세금계산서를 수취 또는 발행하는 등 조세질서를 문란하게 하여 국가재정 수입에 중대한 문제가 발생할 수 있기 때문이다. 따라서 과세관청의 정기 또는 수시 세무조사는 불가피한 조치이다.

한편, 소득을 줄여 세금을 적게 낸 경우가 아니더라도 세법에서 정하는 각종 의무규정을 적법하게 이행하였는지, 세금계산서를 정당한 거래시기에 수수한 것인지, 법인과 특수관계에 있는 자에게 법인이 이익을 줌으로서 상대적으로 당해 법인에게 손해를 입혀 법인세를 적게 낸 것은 있는지, 착오 여부에 관계없이 세법적용을 잘못하여 조세를 적기에 신고 및 납부하였는지 여부 등 전반적인 내용을 검토하여 세금을 징수하게 된다.

이로 인하여 사업자가 탈세의 목적은 없었다하더라도 세법 해석의 착오, 세법 내용에 대한 전문지식의 부족, 업무 실수 등으로 세금이 추징될 수 있으며, 재무책임자의 전문지식 부족, 과실 등으로 인하여 추징되는 세금이 많은 경우 재무책임자는 경영자로부터 문책을 당할 수도 있을 것이다.

따라서 기업의 재무책임자는 과세관청의 과세자료 해명요구, 세무조사 등에 의하여 어려운 일을 당하지 않도록 평소에 당해 업체와 관련한 세법내용을 철저히 이해하여 세무업무를 집행하기 전 충분한 검토를 하여야 한다.

❷ 과세자료 해명요구는 어떻게 발생하나?

[1] 각종 신고내용 분석에 의한 과세자료 해명요구

국세청은 사업자가 각 세법의 규정에 의하여 제출한 다음의 신고서 및 지급명세서를 분석하여 그 소득 계산의 적법성 및 정당성 여부를 통합전산망에 의하여 분석한 다음 매출누락, 가짜 경비 계상, 세법 적용의 착오에 의한 세금 탈루 등 사업자가 신고한 소득금액 등에 문제가 있다고 판단하는 경우 그 기준을 정하여 관할 세무서에 하달하게 되며, 관할 세무서는 납세자로 하여금 해명을 요구하게 된다.

(1) 법인세 신고서 및 부속서류
1. 조세감면의 적법성 여부
2. 주식이동상황명세서에 의한 주식거래가액의 정당성 여부 및 주식양도에 대한 양도소득세 및 증권거래세 신고납부 여부
3. 부동산의 취득 및 양도에 대한 취득가액 및 양도가액의 정당성 여부

(2) 부가가치세 신고서 및 첨부서류
1. 부당하게 매입세액을 공제받았는 지 여부
2. 부가율 분석에 의하여 매입대비 매출의 정당성 여부

(3) 전자세금계산서
1. 전자세금계산서 발급내용의 정당성(가짜 매출 등) 및 작성일자 적법성 여부
2. 전자세금계산서 또는 종이세금계산서 수취내용의 정당성(가짜 매입 등) 여부

(4) 원천징수와 관련하여 제출한 지급명세서
1. 세액계산의 적법성
2. 실제 지급하지 않은 인건비를 계상하였는지 여부

(5) 종합소득세 신고서 및 첨부서류

[2] 당해 법인의 거래처 세무조사 과정에서 발생한 과세자료
거래처 세무조사 과정에서 포착된 당해 법인의 매출누락이나 실제 거래 없는 가공매입 자료에 대하여 해명 요구를 하게 되며, 관할 세무서의 해명 요구가 있는 경우 그 기한내에 사실 관계를 입증할 수 있는 서류를 구비하여 해명을 하거나 수정 신고를 하여야 한다.

[3] 공공기관 등의 과세자료 제출
국가, 지방자치단체, 공공기관 등은 「과세자료의 제출 및 관리에 관한 법률」에 의하여 국세청에 국세의 부과와 납세의 관리에 필요한 자료를 의무적으로 제출하여야 하며, 국세청은 수집된 과세자료로 사업자의 수익 누락 여부를 파악하고, 또한 실제 발생하지 않은 경비를 비용으로 처리하여 소득을 줄인 것으로 추정되는 경우 과세자료 해명요구를 하여 탈루세액이 있는 경우 법인세 등을 추징하게 된다.

◘ 과세자료 수집에 의한 수익 누락 등 확인

국가 등	자료	과세 활용
고용노동부	고용 관련 국고보조금 지급내용	수익 누락 여부
중소기업청	기업에 대한 정부 무상보조금 등 지급내용	수익 누락 여부
법무부	출국 관련 내용	실제 근무 여부
관세청	수출입신고자료, 관세환급금지급	수익 누락 여부
특허청	특허권 등의 설정등록자료	수익 누락 여부
정보통신공사협회	정보통신공사실적신고 자료	수익 누락 여부
국토해양부	주택보유현황 자료	세무조사 선정 등
금융결제원	지로이용실적 자료	수익 누락 여부
지방자치단체	공사착공신고서, 준공허가서, 인허가자료	수익 누락 여부
지방자치단체	운송사업자 유류보조금 지급자료	수익 누락 여부
지방자치단체	영업권 등에 대한 보상금지급자료	수익 누락 여부
법원행정처	소송관련 자료	수익 누락 여부
교육청	과외교습자의 신고·변경신고에 관한자료	수익 누락 여부
증권선물위원회	감사인등에 대한 조치 내용에 관한 자료	수익 누락 여부
대한무역투자진흥공사	주식 등의 취득에 의한 외국인투자신고 자료	세원관리
해외건설협회	해외공사 실적자료	수익 누락 여부
대한건설협회	건설공사 실적 자료	수익 누락 여부
대한전문건설협회	건설공사 실적 자료	수익 누락 여부
지방변호사회	변호사, 법무법인의 수임사건 현황 자료	수익 누락 여부
지방법무사회	법무사, 합동법인 업무 실적 보고 자료	수익 누락 여부
관세사회	관세사(관세사법인) 통관업무실적보고 자료	수익 누락 여부
보험사업자	손해보험의 사업자별 보험급여지급 자료	수익 누락 여부
여신금융전문업협회	신용카드대금결제자료	수익 누락 여부

❸ 과세자료 해명요구 사례

[1] 부가가치세 신고서 및 첨부서류 분석에 의한 과세자료 해명요구

① 매입자가 매입세금계산서합계표를 제출하였으나 매출자가 매출세금계산서합계표를 제출하지 아니한 경우
② 매입자가 제출한 매입세금계산서합계표 중 공제대상이 아님에도 공제한 경우
1. 승용자동차(경승용차 제외)의 취득 및 유지와 관련하여 매입세액을 공제받은 경우
2. 자동차 정비업소로부터 수취한 세금계산서의 매입세액 정당성 여부

3. 승용차 렌트비용은 매입세액을 공제받을 수 없음에도 공제받은 경우 그 사유에 대하여 해명 요구
4. 신용카드매출전표에 의하여 공제받은 금액 중 공제를 받을 수 없는 매입세액
5. 접대비 관련 매입세액 : 매출자가 유흥업소인 경우
6. 세금계산서를 발급할 수 없는 업종임에도 사업자가 신용카드로 결제하고 매입세액을 공제받은 항공요금, 고속철도요금 등의 매입세액

[2] 법인세 신고서 및 부속서류 분석에 의한 과세자료 해명요구

① 손금으로 계상한 금액과 정규영수증 제출내용을 대사하여 동종 업종 사업자보다 제출비율이 현저히 낮거나 정규영수증 미제출금액이 금액적으로 중요한 경우
② 사업자가 정부의 무상보조금을 익금에 산입하지 않은 경우
③ 세무조정사항의 오류로 인하여 법인세를 과소납부한 경우
④ 감면 또는 세액공제대상이 아님에도 감면 또는 세액공제를 받은 경우
⑤ 주식등변동상황명세서를 분석하여 주식을 저가 또는 고가로 양도양수한 경우

[3] 지급명세서

① 사업자가 일용근로자 임금을 계상하였으나 일용근로자가 해외에 체류하였음을 법무부로부터 자료를 제출받아 실제 근무사실에 대해 해명 요구
② 근로자의 근로소득에 대한 연말정산시 배우자 또는 부양가족공제의 소득금액이 100만원을 넘는 경우 배우자 및 부양가족공제와 특별공제를 받을 수 없음에도 이를 공제한 경우 이에 대한 해명자료 요구

[4] 정규영수증 과소 수취에 대한 해명 요구

국세청은 법인의 법인세신고 및 개인사업자의 종합소득세 신고내용에 대하여 손금(개인 사업자의 경우 필요경비라 함)으로 계상한 금액과 정규영수증을 제출한 금액을 분석하여 손금 또는 필요경비 대비 정규영수증 제출비율이 상대적으로 낮은 사업자에 대하여 실제 경비를 지출하지 않았음에도 경비를 지출한 것처럼 허위로 법인세 또는 소득세를 신고한 혐의가 있는 것으로 보고, 손금산입한 금액과 정규영수증 제출금액에 중대한 차이가 있는 경우 그 사유를 사업자에게 소명요구를 하거나 수정신고를 하도록 하고 있다.

그리고 관할 세무서는 사업자가 지출에 대한 증빙을 제출하지 못한 금액에 대하여 소득을 과소신고한 것으로 보고 법인세 또는 소득세를 추징함으로써 사업자가 소득을 정당하게 신고하지 않으면 안되도록 하는 시스템을 만들었다.

한편, 소규모 사업자의 경우 어려운 현실을 감안하여 소득세 신고시 비용처리란 금액과 정규영수증 제출 내용에 대하여 해명요구를 유보하여 왔지만, 최근 국세청은 소상공인에 대해서도 종합소득세 신고 내용을 분석하여 사업자가 비용처리한 금액과 정규영수증 제출금액을 대비하여 정규영수증 제출비율이 상대적으로 낮은 업체로서 그 차이 금액이 중요한 경우 해명자료를 요구하고 있으며, 사업자가 정규영수증 없이 경비처리한 금액에 대한 해명자료를 받은 경우 정말 어려운 문제가 발생할 수 있다. 이 경우 사업자는 지출에 대한 증빙이 없다하여 이미 간편장부 또는 복식부기기장에 의하여 신고한 내용에 대하여 추계에 의한 종합소득세 신고를 할 수 없고, 관할 세무서에서는 사업자가 장부 및 증빙이 부족하다하여 추계에 의한 결정을 하는 것은 아니므로 사업자가 지출에 대한 명확한 증빙서류를 소명할 수 없는 경우 소명하지 못한 금액을 소득으로 추정하여 감당하기 어려운 세금을 부과할 수도 있다보니 이러한 소명요구를 받은 사업자가 겪어야 하는 어려움은 매우 심각한 문제다.

뿐만 아니라 소상공인의 거래처가 소득세 또는 법인세를 줄이기 위하여 소상공인에게 실제 거래금액보다 세금계산서를 더 발행하여 줄 것을 요구하거나 압박하는 경우 소상공인은 거래처와의 거래에 생존권이 달려 있다 보니 부득이 실제 거래없이 세금계산서를 발행하는 경우가 있고, 이 경우 기래처는 소득을 줄여 세금을 줄일 수 있으나 소상공인 자신은 종합소득세 신고를 함에 있어 가공 매출로 인하여 가공 매출분에 대한 경비가 부족하여 정규영수증 없이 실제 지출하지 않은 것을 지출한 것처럼 장부에 계상하여 소득세 신고를 하게 되는 경우가 있다. 그런데 국세청은 이제 소상공인의 경우에도 소득세 신고서의 경비금액과 정규영수증 제출비율을 분석하여 그 금액이 중요한 경우 해명자료를 요구함으로써 소상공인은 세금문제로 치명적인 어려움을 겪게 되는 것이다. 이러한 국세청의 압박은 향후에도 계속될 것이므로 소규모 사업자라 하더라도 지출에 대한 증빙없이 필요경비를 계상하지 않도록 종합소득세 신고시 유의를 하여야 하며, 경비 영수증이 없는 금액이 중요한 경우 종합소득세를 추계로 신고를 하여야 할 것이다.

❹ 과세자료 해명 요구에 대한 조치

위와 같은 사유 등에 의하여 관할 세무서로부터 과세자료 해명 요구를 받은 경우로서 정당하게 거래를 하였거나 세금을 탈루한 사실이 없는 경우 이를 입증하는 서류를 제출하여야 한다. 특히 사업자가 실제 정당한 거래를 하였더라도 이를 증명할 수 있는 근거 자료를 제출하지 못하는 경우 억울한 세금을 부담하여야 하는 경우가 있으므로 장부상 비용으로 계상한 금액에 대하여 반드시 증빙서류를 보관하여야 한다.

❺ 과세자료 해명 요구를 받은 경우 수정신고

[1] 과세자료 해명요구를 받고 수정신고시 가산세 감면을 받을 수 없음

관할 세무서장으로부터 과세자료 해명통지(수정신고 안내 등)를 받고 과세표준수정신고서를 제출한 경우에는 가산세 감면을 적용받을 수 없다. 단, 과세표준 확정신고기한이 지나서 사업자가 스스로 신고내용의 오류, 탈루 등을 발견한 후 다음의 기간 내에 수정신고하는 경우 신고불성실가산세에 대해 감면을 적용받을 수 있다.

[개정 세법] 수정신고시 과소신고 가산세 감면율 조정 및 세분화(국기법 §48 ②)

종 전	개 정
□ 법정신고기한 경과 후 - 6개월 이내 : 50% 감면 - 6개월 ~ 1년 이내: 20% 감면 - 1 ~ 2년이내 : 10% 감면 * 다만, 과세관청이 과세표준·세액을 경정할 것을 미리 알고 수정신고시 감면 배제	□ 법정신고기한 경과 후 - 1개월 이내 : 90% 감면 - 3개월 이내 : 75% 감면 - 3 ~ 6개월 이내 : 50% 감면 - 6개월 ~ 1년 이내 : 30% 감면 - 1년 ~ 1년 6개월 이내: 20% 감면 - 1년 6개월 ~ 2년 이내: 10% 감면

<적용시기> 2020.1.1. 이후 수정신고하는 분부터 적용

[2] 수정신고와 중소기업에 대한 특별세액감면

1) 과세자료 해명을 받고 수정신고를 하는 경우라도 부정행위가 아니면, 수정신고로 증가한 산출세액에 대한 중소기업에 대한 특별세액 감면 등을 추가 감면받을 수 있을 것으로 추정된다. 단, 관할 세무서로부터 과세자료 확인 해명안내를 받고 수정신고를 하는 경우 과세표준과 세액을 경정할 것을 미리 알고 제출한 경우로 보며, **부정행위로 인한 과소신고분**이라면, 중소기업 특별세액 감면을 받을 수 없다.

2) 사업자가 스스로 법인세 신고내용에 오류, 탈루, 착오 등이 있음을 알고 수정신고하는 경우에는 증액된 과세표준으로 산출세액을 계산하고, 중소기업 특별세액 감면을 추가로 공제받을 수 있다.

[3] 매출누락 또는 가짜로 비용 처리한 금액에 대한 소득처분

전기 이전의 법인세 신고시 매출을 누락하였거나 가짜로 비용 처리한 금액에 대하여 수정신고하는 경우 세무조정에서 익금산입 또는 손금불산입하고, 그 귀속자에게 상여처분하여야 하며, 귀속자가 불분명한 경우에는 대표이사에 대한 상여로 처분하여야 한다. 다만, 법인세 수정신고기한내에 매출누락, 가공경비 등 부당하게 사외유출된 금액을 회수하는 회계처리를 하는 경우 세무조정으로 익금에 산입하고, 소득처분은 사내유보로 할 수 있다.

그러나 세무조사 통지를 받거나 세무조사에 착수된 것을 알게 된 경우 및 관할 세무서장으로부터 과세자료 해명 통지를 받고 과세표준수정신고서를 제출한 경우 등 경정이 있을 것을 미리 알고 사외유출된 금액을 익금산입하는 경우에는 상여로 처분하여야 한다.

[4] 자료상으로부터 매입세금계산서를 수취하여 경비 처리한 경우

자료상으로부터 매입세금계산서를 수취하여 경비 처리한 내용에 대하여 관할 세무서의 과세자료 해명요구를 받고 수정신고하는 경우 거짓 증빙 또는 거짓 문서의 작성 및 수취에 해당하는 행위로서 조세의 부과를 현저히 곤란하게 하는 적극적 행위가 있었던 것으로 보아 수정신고를 하더라도 부정과소신고가산세를 적용하여야 하며, 산출세액의 증가에 따른 중소기업에 대한 특별세액 감면을 추가 공제받을 수 없는 것으로 판단된다.

2 납세현실 및 세무리스크

❶ 납세 현실

1 개요

사업자가 스스로 본인의 소득금액을 계상하여 세금을 신고 및 납부하는 자진신고제 하에서 국세청은 사업자가 세법에서 정하는 바에 따라 성실하게 세금을 신고 및 납부할 수밖에 없도록 하는 다음과 같은 조치 및 제도적 시스템을 구축하여 온 결과 최근에는 대부분의 사업자가 세금을 성실하게 신고 및 납부를 하고 있는 것이 현실이다.

2 사업자의 매출 누락을 방지하기 위한 조치

[1] 매출자에 대한 조치
매출의 근거가 되는 세금계산서 발급을 의무화하고, 세금계산서 발급의무가 없는 사업자(주로 소비자를 대상으로 사업을 영위하는 사업자) 중 특정 업종[전문직, 의료업, 유흥주점, 학원, 예식장 등 → 계속하여 업종을 추가함(법제처 홈페이지 → 소득세법 시행령 [별표3의3]의 경우 거래금액이 10만원 이상인 경우 반드시 현금영수증을 발급하도록 하고 이를 이행하지 않은 경우 현금영수증을 발행하지 아니한 금액의 20%[착오나 누락으로 인하여 거래대금을 받은 날부터 10일 이내에 관할 세무서에 자진 신고하거나 현금영수증을 자진 발급한 경우에는 100분의 10으로 한다]를 가산세로 추징당하게 된다.

[2] 매입자로 하여금 정규영수증을 수취하도록 하여 매출금액 파악
사업자의 소득금액은 수익에서 비용을 차감한 금액으로 하되, 비용에 대한 증빙으로 정규영수증을 수취하기가 현실적으로 곤란한 예외적인 거래외에는 반드시 정규영수증(세금계산서, 현금영수증, 신용카드 결제)을 수취하도록 하였으며, 정규영수증을 수취하지 아니한 거래에 대하여는 그 거래금액의 100분의 2를 가산세로 추징할 수 있도록 하는 조치를 취하였다. 또한 근로자의 경우 물품 등을 구입하고, 현금영수증을 수취하거나 신용카드로 결제하는 경우 소득공제를 하여 줌으로서 현금영수증을 수취하거나 신용카드결제를 하도록 유도하였다.

[3] 부가가치세 신고내용을 분석하여 매출누락 혐의가 있는 경우 해명요구

부가가치율이 동종 업종에 비하여 낮은 경우 매출누락 혐의가 있는 것으로 보아 해명요구를 하여 매출누락이 있는 경우 수정신고를 하도록 권장하고, 매출누락 혐의가 있음에도 사업자가 정당한 수정신고를 하지 않는 경우 세무조사를 실시하게 된다.
부가가치율이란 매출에서 매입(고정자산 매입은 제외)을 차감한 금액을 매출로 나눈 금액[(매출 - 매입) ÷ 매출]으로 부가가치율이 낮다는 의미는 물품 등의 구입금액에 비하여 매출신고 금액이 상대적으로 낮은 것이므로 매출을 누락한 것으로 추정하는 것이다.

3 거짓으로 비용 처리하는 것을 방지하기 위한 조치

[1] 정규영수증 수취를 의무화함

정규영수증을 수취하기가 현실적으로 곤란한 예외적인 거래외에는 반드시 정규영수증(세금계산서, 현금영수증, 신용카드 결제)을 수취하도록 하였으며, 정규영수증을 수취하지 아니한 거래에 대하여는 그 거래금액의 100분의 2를 가산세로 추징할 수 있도록 하는 조치를 취하였다.

[2] 비용 계상한 금액보다 정규영수증 수취비율이 낮은 경우 해명요구

국세청은 이제 통합전산망에 의하여 사업자별로 정규영수증을 수취한 내용을 파악할 수 있으며, 사업자가 손익계산서 및 원가명세서에서 비용으로 처리한 금액과 정규영수증을 제출한 금액을 대조하여 그 차액이 중요하거나 정규영수증 제출비율(정규영수증 제출금액 ÷ 비용으로 계상한 금액)이 현저히 낮은 경우 과세자료 해명요구를 하게 된다.

[3] 지급명세서 제출의무

임직원의 급여, 퇴직금, 일용근로자에 대한 임금, 물적시설이 없는 개인으로부터 인적용역을 제공받고, 그 대가를 지급하는 경우 등은 정규영수증을 수취할 수 없으므로 세법에서 그 지급 및 세금징수에 대한 명세서인 지급명세서를 의무적으로 제출하도록 규정하고 있으며, 제출하지 않은 경우 그 지급금액의 1%를 가산세로 추징한다.

▣ 원천징수대상 소득의 종류 및 원천징수세율 요약표

소득 종류	원천징수세율	지급명세서 제출기한
• 이자소득	14%(금융기관) 25%(기타)	다음해 2월 말일
• 배당소득	지급금액의 14%	다음해 2월 말일
• 사업소득	지급금액의 3%	다음해 2월 말일
• 사업소득(인적용역)	지급금액의 3%	다음해 3월 10일
사업소득(봉사료)	지급금액의 5%	다음해 3월 10일
• 근로소득	간이세액표	다음해 3월 10일
근로소득(일용근로)	150,000원 초과금액 × 2.7%	지급일의 다음달 말일
• 기타소득	(지급액 - 필요경비)× 20%	다음해 2월 말일
• 퇴직소득	퇴직소득원천징수편 참고	다음해 3월 10일

[4] 개인사업자로서 매출액이 일정 규모 이상인 사업자의 성실신고확인제도

성실신고확인제도란 해당 과세기간의 수입금액이 일정 규모 이상인 개인사업자에 대해서 세무사 등에게 장부 기장내용의 정당성 여부를 확인받아 종합소득세 과세표준 확정신고의 특례를 받을 수 있는 제도를 말하며, 이 제도는 개인사업자의 성실신고를 장려하여 과세표준을 양성화하고, 세무조사에 따른 행정력의 낭비를 방지하려는데 그 취지가 있다.

한편, 성실신고확인대상자에 대하여 종합소득세 신고기한을 1개월 연장하여 주고, (종합소득세 신고기한 다음해 5월 31일 → 6월 30일) 사업자가 공제받을 수 없는 교육비, 의료비, 월세 지출액에 대하여 근로자에 준하여 소득공제를 하여 주는 대신 사후에 성실신고를 하였는지 여부에 대하여 국세청 통합전산망에 의한 분석, 세무조사 등을 실시하여 소득을 탈루한 금액이 중요한 경우 성실신고 확인을 하여 준

세무대리인에 대하여 자격정지 등의 강력한 조치를 취함으로서 세무대리인이 사업자의 지출에 대한 증빙이 없음에도 장부상 가짜로 비용계상을 하거나 확인가능한 수익을 누락하여 세금을 탈세할 수 없도록 하였다.

▶ 성실신고확인대상자에 해당하는 업종별 기준금액(2023년 귀속분)

업 종 별	기준금액
1. 농업·임업 및 어업, 광업, 도매 및 소매업, 부동산매매업 그 밖에 제2호 및 제3호에 해당하지 아니하는 사업	15억원
2. 제조업, 숙박 및 음식점업, 전기·가스·증기 및 수도사업, 하수·폐기물처리·원료재생 및 환경복원업, 건설업(비주거용 건물 건설업은 제외하고, 주거용 건물 개발 및 공급업을 포함한다), 운수업, 출판·영상·방송통신 및 정보서비스업, 금융 및 보험업	7.5억원
3. 부동산 임대업, 전문·과학 및 기술 서비스업, 사업시설관리 및 사업지원서비스업, 교육 서비스업, 보건업 및 사회복지 서비스업, 예술·스포츠 및 여가관련 서비스업, 수리 및 기타 개인 서비스업, 가구내 고용활동	5억원

4 소득은 증가하지 않았는데도 세금은 왜 증가하는가?

위에서 살펴본 바와 같이 국세청이 납세자가 세금을 성실하게 신고하지 않으면 안 되록 통합전산시스템을 구축하고, 사업자의 신고내용에 대하여 성실신고 여부를 지속적으로 관리하는 한편, 세무조사시 탈루한 세액뿐만 아니라 세법의 규정에 의한 각종 의무규정을 지키지 아니한 경우(세금계산서 발급시기 잘못, 착오에 의하여 세법적용 잘못 등) 일벌백계로 단호한 세금 추징 등의 조치를 하고, 법인세, 소득세 등의 신고업무를 대행한 세무대리인이 지출에 증빙 등이 없음에도 이를 비용으로 계상하여 소득을 탈루한 금액이 중요한 경우 세무사 자격정지를 시키는 등 강력한 조치를 취하게 된다.

사업자의 경우 과거 관행적으로 소득을 실제보다 줄여 신고하여 세금을 적게 내었으나 과세관청이 세금탈세를 막기 위하여 위와 같은 강력한 조치를 함으로서 이제는 사업자 및 세무대리인이 사업에서 발생한 소득을 성실하게 신고함으로 인하여 과거보다 세금이 증가하게 된 것이다.

❷ 세무리스크

> 세무리스크란 사업자가 예측하지 못한 추가적인 세금부담의 위험을 말하며, 본 절에서는 이러한 위험에 대비하여 살펴보기로 한다.

1 개요

기업의 세무리스크는 대부분 과세관청의 과세자료 해명요구 및 세무조사에 의하여 발생하거나 각종 신고 이후 세무신고 담당자가 당초 신고내용에 대한 세법 적용의 착오 등을 발견하고, 이를 수정신고하는 경우로서 신고 및 납부하였던 세금 보다 추가적으로 납부할 세액 및 가산세로 인하여 발생하며, 그 형태는 매우 다양하다

2 세무리스크의 형태

세무리스크는 다양한 형태로 발생하며 기업들이 당면할 수 있는 세무리스크는 다음과 같이 다양하다.

[1] 세법에 대한 지식 부족

(1) 부가가치세 관련
1. 매입세액불공제 차량의 취득 및 유지비용에 대한 매입세액공제
2. 세금계산서를 발급할 수 없는 사업자(항공요금, 고속철도사업자, 간이과세자 등)에게 신용카드로 결제한 금액을 매입세액공제받는 경우
3. 매입세액을 공제받은 종업원 선물 지급시 부가가치세 신고누락
4. 대손세액공제대상이 아님에도 대손세액공제를 신청하는 경우
5. 과세사업자가 면세공급이 있음에도 매입세액을 안분하지 않은 경우
6. 시설투자 등에 의한 조기환급 신청시 세금계산서 작성일자와 거래시기가 일치하지 않는 경우

7. 업종별로 제출하여야 하는 서류를 제출하지 않은 경우
8. 영세율 대상이 아님에도 영세율을 적용하는 경우

(2) 법인세 관련

1. 일정한 조건을 충족하는 건설업 등의 경우 공사진행률에 의하여 수입금액을 계상하여야 함에도 이를 누락한 경우
2. 국고보조금 및 고용관련 보조금 수익을 누락한 경우
3. 임원에게 적법한 절차를 거치지 아니하고, 급여·퇴직금, 상여금을 지급하는 경우
4. 대손상각 요건을 충족하지 아니함에도 대손상각처리한 경우
5. 가지급금인정이자가 있음에도 지급이자를 손금불산입하지 않은 경우
6. 건설자금이자 등 자본적 지출을 수익적 지출로 처리하는 경우
7. 법인세 감면대상이 아님에도 감면을 받는 경우
8. 주식의 양도양수에 대한 신고누락

(3) 원천세 관련

1. 인적공제 대상이 아님에도 인적공제를 받는 경우
2. 근로소득 공제대상이 아님에도 공제를 하는 경우
3. 이중근로자에 대한 종전 근무지 근로소득 합산을 누락한 경우
4. 기타소득의 필요경비율 공제 착오
5. 지급명세서 제출을 누락하는 경우

[2] 업무 착오

세법의 규정을 인지하고 있음에도 착오에 의하여 이를 신고누락하거나 신고를 잘못하는 경우

1. 착오에 의한 매출 누락
2. 매입세금계산서를 이중으로 처리함
3. 간이과세자 또는 폐업자로부터 세금계산서를 수취하여 매입세액공제
4. 세금계산서를 공급시기 이후에 발급함
5. 세금계산서의 공급받는자 착오 기재
6. 과세 및 면세 겸업사업자의 면세계산서 제출누락
7. 자본금을 증자하였으나 장부기장을 누락하는 경우

[3] 의사 결정 및 사실 판단의 오류

세무와 관련한 의사결정 과정에서 발생하는 오류로서 이러한 오류에 대한 세무리스크는 주로 세무조사과정에서 문제가 된다.

1. 접대비에 해당함에도 다른 비용 항목(광고선전비, 판매촉진비 등)으로 처리하여 접대비 시부인계산에 포함하지 않음으로서 법인세가 추징되는 경우
2. 무형자산에 해당함에도 비용으로 처리하여 법인세가 추징되는 경우
3. 자본적 지출에 해당함에도 수익적지출로 처리하여 법인세가 추징되는 경우
4. 비업무용토지의 판단 오류

[4] 법리 해석에 관한 내용

법령, 기존의 예규 등을 참고하여 세무처리를 하였으나 과세관청의 해석이 달라 법인세 등을 추징하는 사례가 발생할 수 있으며 이 경우 불복청구를 하여 승소하면, 추징된 세금을 돌려받을 수 있다.

[5] 의도적인 탈세

세금이 추징될 것임을 알고도 세금을 줄이기 위한 행위로서 이 경우 국세청 통합전산망에 의하여 추적을 받게 되거나 세무조사시 문제가 된다.

1. 매출누락
2. 지출증빙없이 경비처리하는 경우
3. 계약금액을 부풀린 다음 계약금액과 실제 비용과의 차액을 수주업체로부터 되돌려 받는 경우(대표이사의 개인명의 또는 지인명의)
4. 자료상으로부터 매입세금계산서를 수취하여 경비처리하는 경우
5. 자본적지출에 해당함에도 수익적지출로 처리하여 법인세를 줄이는 경우
6. 감면대상에 해당하지 않음에도 중소기업특별세액 감면을 받는 경우
7. 세액공제 대상이 아님에도 부당하게 연구인력개발비세액공제를 받는 경우
8. 특수관계자간의 부당거래

❸ 세무리스크와 세금절세

세무리스크를 줄이기 위해서는 세법에 대한 전반적인 내용을 숙지하고, 중요한 사안의 경우 철저한 검증을 하여 사후 발생할 수 있는 세무적인 문제들을 제거하는 것이 최선일 것이다.

세법의 규정이 불분명하거나 사실 판단할 문제가 있는 경우 세금을 더 내는 방향으로 처리하면, 세무상 문제가 되지 않는다. 다만, 납세자 입장에서 내지 않아도 될 세금을 낼 수도 있으므로 이 경우 세무리스크를 줄이면서 세금절세를 위한 방안을 검토하여야 할 것이다.

예를 들어 법인의 임원 상여금을 비용으로 처리하는 경우 세무조사시 쟁점이 될 가능성이 높다하여 이익의 처분으로 처리한다면, 세무리스크는 없으나 임원상여금을 적법한 절차를 거치는 경우 비용으로 처리하여 세금을 절세할 수도 있으므로 다음의 심판 및 판례를 참고하여 비용처리하는 방안을 모색하여야 할 것이다.

■ 예규, 심판 및 판례 → 국세법령정보시스템

◆ 조심 2014서4752 , 2015.02.23
쟁점상여금이 정관·임원급여지급규정·주주총회 결의 등에 의하여 결정된 급여지급기준에 의하여 지급된 점 등에 비추어 처분청이 쟁점 상여금을 이익처분에 의한 상여금으로 보아 손금불산입하여 법인세를 과세한 처분은 잘못이 있음

◆ 대법원 2014두12758 , 2015.01.15
대표이사에게 주주총회를 통한 보수지급 한도내에서 지급된 금액에 대하여 사회통념상 과다한 비용으로 보아 손금부인한 처분은 부당함

2 유형별 세무리스크 체크 포인트

1 법인세

❶ 수익 누락

[1] 매출을 신고 누락한 내용에 대하여 법인세 등 추징

1) 세금계산서를 발급하였으나 매출신고를 누락한 경우 매입자가 제출한 매입처별 세금계산서합계표에 의하여 매출누락이 확인됨
2) 매출에 대하여 세금계산서를 발급하지 아니하였으나 거래처 세무조사과정에서 거래처가 세금계산서를 수취하지 않은 사항에 대하여 매출누락이 확인됨

▶ 건설업자의 매출 누락에 대하여 법인세 등 추징 사례

내용	1. 건설업을 영위하는 A법인은 병원 인테리어 공사를 하고 면세사업자인 병원을 공급받는 자로 하여 전자세금계산서를 발급함. 2. 공급받는 자가 면세사업자인 경우 세금계산서 합계표를 제출하지 않은 경우가 많아 확인이 어려울 것으로 판단하여 A법인은 부가가치세 신고 누락함
조치 결과	1. 면세사업자의 경우에도 매입처별 세금계산서합계표를 제출하도록 하고 있으나(소득세법 제163조의2 제1항), 신규사업자 등은 제출하지 않은 경우가 많으며, 종전 종이 세금계산서는 이에 대한 검증이 어려웠음. 2. 전자세금계산서는 발급과 함께 국세청에 즉시 전송되기 때문에 거래 상대방 제출과 관계없이 신고여부를 확인할 수 있음. 3. 세금계산서를 발급하고 신고를 누락한 건설업자 등을 대상으로 부가가치세 등 총 45억원 추징(437명)

[2] 부산물 등의 매출 누락에 대하여 법인세 및 부가가치세 추징

작업과정에서 발생하는 설물(제품의 제조중 또는 가공 후에 필연적으로 생기는 원재료의 절삭편, 가루 등 재료 폐물)을 매각하였으나 그 수익을 신고누락한 사실이 세무조사 과정에서 확인되어 법인세 및 부가가치세 등을 추징함

[3] 거래처에 자금을 무상으로 빌려준 것으로 처리하여 이자수익 누락

법인의 자금으로 특수관계자가 아닌 거래처에 자금을 빌려주는 경우 법인의 익금산입하지 않는다는 규정을 이용하여 실제로는 대표이사가 이자를 받았음에도 이자수익을 누락한 내용에 대하여 세무조사과정에서 확인되어 법인세 등을 추징함

○ 법인46012-4132, 1995.11.10.
법인이 판매확대를 위하여 특수관계없는 거래처에 무상으로 금전을 대여하는 경우에는 법인세법시행령 제47조「인정이자 등의 계산」및 동법 제18조의 2「접대비 등의 손금불산입」규정을 적용하지 아니하는 것임.

[4] 자체 식당을 운영하면서 직원에게 받은 식대 수익 누락분 법인세 추징

회사에서 식당을 자체적으로 운용하고, 식대의 일부를 직원으로부터 받고 있으나 수입금액을 누락한 사실이 세무조사과정에서 확인되어 법인세 및 부가가치세 등을 추징함

[5] 기술개발 관련 국고보조금의 익금산입 누락분 법인세 추가 납부

기술개발관련 국고보조금을 지원받았으나 이를 회계상 자산 차감 항목으로만 처리하고, 세무조정에서 익금산입하지 않은 내용에 대하여 국세청이 중소기업청등으로부터 자료를 수집하여 기술개발지원자금의 익금산입 여부에 대한 세무서의 과세자료 해명 통보를 받고 법인세 과세표준을 수정하여 익금산입하고 법인세를 추가 납부함

◆ 법인이 수령하는 국고보조금은 교부통지서를 수령한 날이 속하는 사업연도에 익금에 산입하는 것임 [법인세법기본통칙 40-71…7]
연구개발출연금등을 지급받아 연구개발비로 지출하는 경우 해당 지출금액은 연구·인력개발비를 산정할 때 제외하는 것임[법인-673, 2011.09.15.]

[6] 고용노동부의 고용촉진 및 유지 관련 지원금 누락분 법인세 추가 납부
고용촉진 및 유지관련 지원금, 직무교육 관련 고용노동부환급금, 두루누리지원금 등 정부지원금은 수익으로 계상을 하여야 함에도 이를 누락한 내용에 대하여 세무서의 과세자료 해명 통보를 받고 법인세 과세표준을 수정하여 익금산입하고 법인세를 추가 납부함

[7] 판매장려금 등의 수익 누락분 법인세 추가 납부
거래처로부터 판매장려금을 받는 경우 수익으로 계상을 하여야 하나 이를 누락한 내용에 대하여 세무서의 과세자료 해명 통보를 받고 법인세 과세표준을 수정하여 익금산입하고 법인세를 추가 납부함

[8] 공사진행기준에 의한 수익 누락에 대하여 법인세 추가 납부
건설업 등의 경우 공사진행 기준에 수익을 인식하여야 함에도 수익을 인식하지 아니하여 과세자료 해명 요구를 받고, 법인세를 수정신고 및 추가납부함

▶ **공사진행 기준에 의한 수익 인식**
건설·제조 기타 용역의 제공으로 인한 익금과 손금은 그 목적물의 건설 착수일이 속하는 사업연도부터 그 목적물의 인도일이 속하는 사업연도까지 그 목적물의 건설 등을 완료한 정도(작업진행률)를 기준으로 하여 계산한 수익과 비용을 각각 해당 사업연도의 익금과 손금에 산입한다. 다만, 다음 각 호의 어느 하나에 해당하는 경우에는 그 목적물의 인도일이 속하는 사업연도의 익금과 손금에 산입할 수 있다.
1. 중소기업인 법인이 수행하는 계약기간이 1년 미만인 건설등의 경우
2. 기업회계기준에 따라 그 목적물의 인도일이 속하는 사업연도의 수익과 비용으로 계상한 경우

[9] 자회사 매출채권을 지연회수한데 대한 인정이자를 익금산입하고 법인세를 추징함
해외자회사에 대한 매출채권을 정당한 사유 없이 지연 회수한 데 대하여 처분청이 거래통화인 미국 달러에 대한 LIBOR금리를 적용하여 쟁점인정 이자를 계산한뒤 익금에 산입하고, 차입금과 관련된 쟁점지급이자를 손금에 불산입하여 법인세를 과세한 처분은 잘못이 없음 (조심2010부2514 , 2012.03.30. 기각)

❷ 비용 과다 계상 등

[1] 제조원가·공사원가·매출원가를 과다 계상한 경우 법인세 추징
1) 실물거래 없는 가공매입세금계산서를 수취하여 원재료비로 처리한 내용에 대하여 차후 매출자가 자료상으로 확인되어 과세자료 해명요구에 의하여 법인세 및 부가가치세, 근로소득세 등이 추징됨
2) 원재료의 매입단가를 실제 보다 과대 계상한 내용에 대하여 세무조사에 의하여 법인세 및 부가가치세, 근로소득세 등이 추징됨
3) 잉여 자재를 공사원가로 계상한 내용에 대하여 세무조사에 의하여 법인세 및 근로소득세 등이 추징됨

[2] 실제 근무하지 않은 직원 급여를 손금불산입하고 법인세를 추징함
1) 실제 근무하지 않는 직원의 인건비를 지급한 것으로 처리한 내용에 대하여 세무조사에 의하여 법인세 및 근로소득세 등을 추징함
2) 해외유학 중인 자녀를 직원으로 등재하여 인건비를 과다 계상한 법인에 대하여 세무조사 등에 의하여 손금불산입하고, 법인세를 추징함

▶ 가공인건비를 계상하여 탈세한 업체에 대한 법인세 등 추징 사례

내용	제조업을 영위하는 OO법인은 신용불량자·노숙자 등의 명의를 이용한 가공 인건비, 실제 지급하지 않은 외주비를 허위로 계상하고, 증빙없는 경비를 손익계산서의 기타 항목에 기재하여 법인세 신고
조치 결과	손익계산서 등의 급여 지급내역 및 소득자의 인적사항, 외주비 지급 내역과 법인이 제출한 해명자료 등을 비교 분석하여 가공계상 급여, 외주비 OO억원 등을 손금부인하고, 법인세와 대표자 상여처분에 의한 소득세 등 OO억원 추징 비슷한 유형의 가공경비 계상 혐의자를 대상으로 기획분석을 실시하여 법인세 등 0,000억원 추징

[3] 적법한 절차없이 지급한 임원상여금을 손금불산입하고, 법인세 추징
임원 상여금을 주주총회의 결의를 거쳐 상여금 지급기준을 의결하여 지급하였지만 개별적·구체적 지급기준 및 성과평가방법 없이 지급한 상여금을 손금불산입하고, 법인세를 추징함 (조심 2008서3044, 2008.12.30, 기각)

[4] 적법한 절차없이 지급한 임원퇴직금을 손금불산입하고 법인세 추징

주주총회의 결의에 의하여 임원 퇴직금을 지급하였다 하더라도 구체적인 산정기준없이 과다하게 지급한 내용에 대하여 세무조사에 의하여 손금불산입하고, 법인세 및 근로소득세 등을 추징함 (국심2006구2190, 2006.11.06, 기각)

[5] 대표이사 급여액을 초과하여 이사에게 지급한 급여를 손금불산입함

원고의 이사가 원고의 경영전반의 정책결정과 업무집행에 직·간접적으로 참여하였다는 등의 기여도를 고려하더라도 원고가 지급한 보수는 이사의 직무수행에 대하여 합리적인 대가관계가 인정되는 금액이라고 보기는 어려우므로 원고가 이사에게 대표이사의 보수액을 초과하여 이 사건 급여액을 지급한 데에는 정당한 사유를 인정하기는 어렵다고 할 것임 (수원지방법원2012구합8336, 2012.11.28. 국승)

[6] 출자회사에 파견한 직원의 급여를 손금불산입한 사례

출자회사에 대한 관리업무를 담당하고 있는 부서와 직원이 별도로 있었던 점 등에 비추어 출자회사에 파견한 직원에게 지급한 임금차액보전액은 업무와 관련 없는 비용에 해당하며, 자가운전보조금을 지급하는 것과는 별도로 유류대와 현지비용을 한 달 단위로 정산하여 지급한 점 등에 비추어 동 보조금은 실비 변상적 비과세근로소득에 해당하지 아니함 (조심2010서2010, 2012.03.14, 기각)

[7] 복리후생비로 계상한 금액을 급여·상여금, 기부금으로 처분한 사례

1) 대표이사의 개인적인 지출을 복리후생비로 처리한 내용에 대하여 세무조사시 손금불산입하고, 대표이사에 대한 상여로 처분함
2) 접대비를 복리후생비로 처리한 내용에 대하여 세무조사시 접대비한도초과액에 대하여 손금불산입하고, 법인세를 추징함
3) 직원에 대한 학자금, 주택 임차자금 등의 지원금액을 복리후생비로 처리하여 근로소득세를 과소납부한 내용에 대하여 세무조사시 해당 근로자에 대한 급여로 처분하여 근로소득세를 추징함
4) 단체협약에 따라 노동조합에 장학사업용으로 지출한 금액을 복리후생비로 처리하였으나 세무조사시 특별회비(지정기부금)로 보아 손금불산입하고 법인세를 추징함
(국심2005서3991, 2006.02.06, 기각)

◘ 임직원이 법인카드를 사적·접대용으로 사용한 금액을 복리후생비 등에 분산 계상하여 법인세 탈루

내용	제약업을 영위하는 △△법인은 20××사업연도 결산 시 임직원이 사적, 접대용으로 사용한 법인카드 사용금액을 복리후생비, 회의비 등 타계정에 분산 계상하여 법인세를 신고 * 특정 임원들 간의 경영관리 회의와 단합 등을 위한 골프장 이용금액은 해당 임원의 상여로 처분(서면인터넷방문상담2팀-1259, 2005.8.3.) * 사회통념상 인정될 수 있는 회의비를 초과하는 금액과 유흥을 위하여 지출한 금액은 이를 접대비로 봄(법인세 기본통칙 25-0…4)
조치 결과	법인신용카드 사용내역 중 유흥업소, 골프장, 상품권 등 구매내역과 해명자료 등을 검토하여 복리후생비 등으로 계상한 00억원을 손금 부인하고, 상여처분 및 접대비 한도액 시부인계산하여 법인세 등 0억 원 추징 유사한 유형의 법인카드 사적 사용액 등 기획분석을 실시하여 법인세와 근로소득세 00억원추징

[8] 판매 부대비용, 회의비 등을 접대비로 처분한 사례

1) 접대비 한도초과로 접대비를 광고선전비, 복리후생비 등 다른 계정과목으로 분산 처리한 내용에 대하여 세무조사시 손금불산입하고, 법인세를 추징함

2) 특정거래처에 한하여 지급한 판매장려금을 판매부대비용으로 처리하였으나 세무조사시 접대비로 보아 한도초과액을 손금불산입하고, 법인세를 추징함
(국심2003중3669 , 2004.05.11 , 기각)

3) 특정거래처에 사전약정 없이 매출할인을 하여 준 금액에 대하여 매출할인으로 보아 매출에서 차감하였으나 일반적인 판매부대비용의 범위를 넘어서는 것으로 보아 세무조사시 접대비로 보아 한도초과액을 손금불산입하고, 법인세를 추징함
(국심2006중2221 , 2006.11.09 , 기각)

4) 법인이 회의비로 계상하였으나 세무조사시 통상적인 회의비를 초과하는 금액과 유흥을 위하여 지출하는 금액을 접대비로 보아 시부인계산하고, 접대비한도 초과액을 손금불산입하고 법인세를 추징함 (국심1999경1550 , 1999.12.07 , 기각)

5) 협력업체 직원들의 야근식대를 업무수행경비, 기타용역 외주비, 프로젝트 회의비 등의 명목으로 각 해당 사업연도의 손금에 산입하였으나 세무조사시 접대비로 보아 한도초과액을 손금불산입하고, 법인세를 추징함
(서울행정법원2006구합19181, 2007.05.23. 국승)

[9] 보험료로 계상한 금액을 손금불산입하고, 귀속자 상여로 처분한 사례

1) 법인이 납부한 보험료 중 수익자가 대표이사임에도 손금산입한 내용에 대하여 세무조사시 손금불산입하여 법인세를 추징하고, 대표이사에 대한 상여로 처분함
2) 수익자가 임원 또는 종업원인 경우에는 납입한 보험료 중 정관, 주주총회 또는 이사회의 결의에 의해 결정된 **급여지급기준의 초과하는 금액**은 손금에 산입할 수 없으나 손금산입한 금액에 대하여 세무조사시 손금불산입하고, 법인세를 추징함
(국세청 예규 서면2팀-1662, 2006.8.30. 참조)

[10] 수선비로 계상한 금액을 손금불산입한 사례

자본적 지출이란 법인이 소유한 감가상각자산의 내용연수를 연장시키거나 당해 자산의 가치를 현실적으로 증가시키기 위하여 지출로 해당 자산의 취득가액에 가산한 다음 당초 신고한 내용연수기간의 상각률에 따라 감가상각을 하여 비용화하여야 한다. 그런데 자본적 지출에 해당하는 비용을 그 발생연도에 전액 수선비 등으로 처리한 경우(수익적 지출) 세무조사시 법인세를 추징당하게 된다.

[11] 대손상각비로 처리한 금액을 손금불산입한 사례

거래처가 폐업하였다는 사실만으로는 대손상각할 수 없음에도 세무서장이 직권폐업 처리하였다는 사정만으로 대손상각비로 계상한 금액에 대하여 세무조사시 손금불산입하고, 법인세를 추징함 (서울행정법원-2014-구합-8025 , 2014.09.02 , 국승)

[12] 지급이자로 계상한 금액을 손금불산입한 사례

장기연불조건에 따른 자산을 취득하는 경우 기업회계기준에 따라 적법한 현재가치할인차금을 계상하지 아니한 이상 해당 자산의 취득가액에 포함하여야 함에도 이를 지급이자로 계상한 금액에 대하여 세무조사시 손금불산입하고, 법인세를 추징함
(서울행정법원2007구합24296 , 2008.01.10 , 국승)

[13] 부동산임대법인의 차량 유지 비용을 손금불산입한 사례

부동산임대업을 영위하는 법인의 대표이사가 사용하는 승용차의 유지비용은 손금산입대상이 아님에도 자동차에 대한 감가상각비, 차량 운전기사 급여, 승용차 유지비용 등 관련비용을 손금산입한 내용에 대하여 세무조사시 업무무관비용으로 보아 손금불산입하고, 법인세를 추징함 (대법원2014두43028 , 2015.02.12 , 국승)

❸ 부당하게 조세 감면을 받은 금액에 대한 세액추징

[1] 부당하게 R&D세액공제를 받은 법인에 대하여 법인세 추징

(1) 신고내용
자동차부품 제조업을 영위하는 □□법인은 완성차업체의 의뢰에 따라 세부 디자인을 위해 지출한 디자인인력 인건비와 일반사무업무 직원 인건비 등에 대해 R&D세액공제를 적용하여 법인세 신고

(2) 검증결과
1. 관련계약서와 인건비 지급내역 등을 검토하여 디자인소속 부서 인건비, 프로그램 사용료, 일반사무직원 인건비 등에 대하여 R&D세액공제를 부인하고 법인세 00억 원 추징
2. 같은 유형의 부당공제 혐의자에 대한 분석을 실시하여 법인세 000억 원 추징

연구업무만을 전담하지 아니하고 다른 업무를 겸직하는 연구원의 인건비는 연구·인력개발비 세액공제 대상에 해당되지 아니하며, 연구전담요원으로 표기된 해당 임원들이 접대·영업업무를 수행한 것으로 보아 쟁점인건비는 연구·인력개발비 세액공제 대상에서 배제 처분됨 (조심2014중3244, 2014.08.11.)

[2] 외국에서 가공하여 판매하는 경우 제조업에 해당하지 않음에도 중소기업특별세액감면을 받은 내용에 대하여 법인세 추징
[조심2011서2389, 2012.04.30, 기각]
외국에 재위탁하여 납품한 쟁점외주업체에 제품생산을 위탁한 청구법인에게 조세감면을 허용할 경우 국내 제조업의 생산기반을 유지·발전시키고자 하는「조세특례제한법」제7조의 취지에 맞지 아니하므로 이 건 감면규정상의 외주업체는 국내에서 제품을 생산하는 업체로 한정하여 해석함이 타당함

1. 처분개요
가. 청구법인은 2003년경 설립되어 수도권내 소재하는 사업장에서 남성의류, 와이셔츠 및 패션잡화 등을 주로 외주업체에 위탁제조하여 판매하는 법인으로, 2006 ~ 2007사

업연도에 「조세특례제한법」(2007.12.31. 법률 제8827호로 개정되기 전의 것) 제7조 제1항 제2호 나목의 수도권 안에서 제조업을 영위하는 소기업에 해당하는 것으로 보아 100분의 20의 중소기업특별세액감면비율을 적용, 2006사업연도 OOO원, 2007사업연도 OOO원을 세액감면하여 법인세를 신고를 하였다.

나. OOO지방국세청장(이하 "조사청"이라 한다)은 2011.1.10.부터 2011.2.7.까지 청구법인에 대한 법인세통합조사를 실시하여 청구법인이 「조세특례제한법」 제7조의 중소기업에 대한 특별세액감면 요건에 해당하지 아니하는 것으로 보아 이를 처분청에 통보하였고, 처분청은 이에 근거하여 2011.4.11. 청구법인에게 법인세 2006사업연도분 OOO원, 2007사업연도분 OOO원을 경정·고지하였다.

▶ 외주가공한 제품을 판매하는 경우에도 제조업으로 볼 수 있는 조건

자기가 제품을 직접 제조하지 아니하고 제조업체(사업장이 국내 또는 개성공업지구에 소재하는 업체에 한함)에 의뢰하여 제조하는 사업으로서 그 사업이 다음 각 호의 요건을 충족하는 경우 제조업과 유사한 사업으로 보아 중소기업에 해당하는 업종을 영위하는 것으로 본다. (조칙 제2조)

1. 생산할 제품을 직접 기획(고안·디자인 및 견본제작 등을 말함)할 것
2. 당해 제품을 자기명의로 제조할 것
3. 당해 제품을 인수하여 자기책임하에 직접 판매할 것

[3] 중소기업이 아님에도 중소기업특별세액을 감면받은 경우 법인세 추징

(1) 신고내용
관계회사로 (주)OOO, (주)XXX를 두고 광학부품 제조업을 영위하는 H법인은 법인세 신고 시 중소기업으로 분류하여 R&D세액공제, 고용창출투자세액공제, 생산성향상시설투자세액공제 등 OO억원을 공제감면 신청

(2) 검증결과
1. 관계기업의 상시 종업원수, 매출액, 자산총액 등을 출자비율에 따라 합산한 결과 중소기업 졸업기준을 초과한 사실을 확인하고, 중소기업이 아닌 일반기업으로 재분류, 부당하게 공제받은 세액을 부인하여 법인세 OO억 원 추징
2. 같은 유형의 부당감면 혐의자에 대한 기획분석을 실시하여 법인세 OOO억 원 추징

2 부가가치세

❶ 매출 누락 및 세금계산서 관련

[1] 영세율 적용대상이 아님에도 영세율 세금계산서를 발급한 경우

영세율 적용대상이 아님에도 영세율 세금계산서를 발급한 내용에 대하여 부가가치세 및 가산세를 추징함

▶ 영세율 적용대상이 아님에도 영세율 세금계산서를 발급한 경우 추징 사례

내용	방위산업물자 임가공용역을 제공하는 업체 D는 방위산업체로부터 방산물자에 대한 임가공용역을 의뢰받아 해당 용역을 공급하고 영세율 세금계산서를 발행함
조치 결과	과세관청에서 현장정보 수집 및 기획분석을 실시하여 과세분을 영세율로 부당 적용하여 신고누락한 사실을 확인하여 부가가치세 35억원을 추징함

[해설] 영세율 적용대상 수출재화의 임가공용역은 영세율 적용 가능하므로 방위산업체의 경우에도 이에 해당하는 것으로 오인하여 영세율 세금계산서를 발행하였으나 방위사업법에 의하여 지정을 받은 방위산업체가 공급하는 방산물자의 경우 영(0)의 세율 적용이 가능하나, 하도급을 받아 공급하는 방산물자에 대한 임가공용역은 영세율 적용 대상이 아님으로 인하여 부가가치세 및 가산세가 추징된 것임

▶ 임가공업자가 수출품생산업자에게 영세율 세금계산서를 발급한 경우 추징 사례

임가공업자가 수출업자에게 임가공계약서 등에 의하여 직접 납품하는 경우 영세율이 적용되나 수출품생산업자에게 납품하는 경우에는 영세율이 적용되지 아니함에도 영세율을 적용한 내용에 대하여 부가가치세 및 가산세를 추징함

◆ 국심2001중2717, 2002.01.16, 기각

청구인은 제조업(임직, 편직 임가공업)을 영위하는 사업자로 청구외 (주)○○○화섬등 3개 업체와 직접 수출품 임가공계약을 체결하고 2000.1-12월기간중 원사를 공급받아 원단을 임직, 가공하고 임가공료를 지급받고 영세율 세금계산서를 교부하여 부가가치세 신고를 하였으나 처분청은 위 거래처와의 임가공용역은 부가가치세법 시행령 제26조

제1항 제2호에 의한 수출업자와의 직접 도급계약에 의한 수출물품 임가공용역이 아니고 「내국신용장에 의하여 임가공한 재화를 타수출업자에게 공급하는 자」와의 거래이므로 영세율에 해당되지 않는다 하여 영세율로 신고한 임가공용역에 일반세율을 적용, 2001.7.16 2000.1-2기 부가가치세 45,085,750원을 과세하였다.

[2] 프랜차이즈 본사로부터 수집한 POS 자료로 매출누락 확인하여 과세
프랜차이즈 가맹점 본사를 통해 수집한 POS 매출자료를 활용하여 매출신고 과소혐의자에 대하여 수정신고를 안내하여 부가가치세 총 24억원 추징

[3] 승용차 처분시 세금계산서를 발급하지 않은 경우 미발급 가산세부과
당초 매입세액을 공제받지 못한 승용자동차 등의 매각시에도 세금계산서를 발급하고 부가가치세를 납부하여야 함에도 이를 신고 누락한 법인에게 부가가치세를 추징함

[4] 과세자료 수집에 의한 매출 누락분 부가가치세 및 법인세 추징
부가가치세 신고시 매출을 누락한 경우 과세관청이 과세자료 수집 및 신고서를 분석하여 매출누락에 대한 부가가치세 및 가산세를 추징함

▣ 건설 시공사를 건축주로 허위신고하여 공사매출액을 누락한 건축업자에 대하여 부가가치세 추징

내용	건축업을 운영하는 "B"법인의 경우 ○ 건축시공관련 수입금액을 신고누락하기 위하여 건축주가 직접 건축할 수 있는 소규모 건물에 대해 시공사를 건축주 개인으로 허위신고하고 당해 공사매출액을 누락함
조치결과	사업자가 제출한 세금계산서와 시공자료를 분석한 결과 매출 누락한 사실을 확인하여 부가가치세 ○○백만원을 추징함

▣ 아파트 발코니 확장·새시공사를 면세 신고한 건설업체 부가가치세 추징

내용	1. 아파트를 분양하는 건설업체가 입주예정자와 발코니 확장·새시공사 도급계약을 별도로 체결하고 대금도 별도로 수취함 2. 아파트 발코니 확장·새시공사 용역의 대가는 과세대상임에도 부가가치세 면세분으로 신고함
조치결과	발코니 확장·새시공사 용역을 부가가치세 면세분으로 잘못 적용한 건설업체에 대하여 과세예고 통지 후 부가가치세 405억원 추징(13건)

❷ 매입 세금계산서 및 매입세액

[1] 중간지급조건부 거래시기 이후 발급받은 세금계산서 매입세액 불공제
중간지급조건부 거래의 경우 대가를 받기로 한 날을 작성일자로 하여 세금계산서를 발급받아야 함에도 거래시기가 속하는 과세기간의 확정신고기한[2022..2.15. 이후 확정신고기한의 다음날부터 1년 이내] 이후에 발급받아 부가가치세 환급신청을 한 내용에 대하여 매입세액을 불공제함.

□ 부가가치세법 시행령 제75조(세금계산서 등의 필요적 기재사항이 사실과 다르게 적힌 경우 등에 대한 매입세액 공제) 법 제39조제1항제2호 단서에서 "대통령령으로 정하는 경우"란 다음 각 호의 어느 하나에 해당하는 경우를 말한다. <개정 2016. 2. 17., 2019. 2. 12., 2021. 2. 17., 2022. 2. 15., 2023. 2. 28.> -요약-
3. 재화 또는 용역의 공급시기 이후에 발급받은 세금계산서로서 해당 공급시기가 속하는 과세기간에 대한 확정신고기한까지 발급받은 경우
7. 재화 또는 용역의 공급시기가 속하는 과세기간에 대한 확정신고기한이 지난 후 세금계산서를 발급받았더라도 그 세금계산서의 발급일이 확정신고기한 다음 날부터 1년 이내이고 다음 각 목의 어느 하나에 해당하는 경우
가. 과세표준수정신고서와 경정 청구서를 세금계산서와 함께 제출하는 경우
나. 해당 거래사실이 확인되어 납세지 관할 세무서장)이 결정 또는 경정하는 경우

□ 부가가치세법 제60조(가산세) -요약-
② 사업자가 다음 각 호의 어느 하나에 해당하면 각 호에 따른 금액을 납부세액에 더하거나 환급세액에서 뺀다. <개정 2018. 12. 31., 2019. 12. 31.>
1. 제34조에 따른 세금계산서의 발급시기가 지난 후 해당 재화 또는 용역의 공급시기가 속하는 과세기간에 대한 확정신고 기한까지 세금계산서를 발급하는 경우 그 공급가액의 1퍼센트
2. 제34조에 따른 세금계산서의 발급시기가 지난 후 해당 재화 또는 용역의 공급시기가 속하는 과세기간에 대한 확정신고 기한까지 세금계산서를 발급하지 아니한 경우 그 공급가액의 2퍼센트

▶ **중간지급조건부 [부령 제18조]**

중간지급조건부로 재화를 공급하는 경우란 계약금을 받기로 한 날의 다음 날부터 재화를 인도하는 날 또는 재화를 이용가능하게 하는 날까지의 기간이 6개월 이상인 경우로서 그 기간 이내에 계약금 외의 대가를 분할하여 받는 경우를 말한다.

[2] 완성도지급 조건부 거래시기 이후 발급받은 세금계산서 매입세액 불공제

완성도지급 조건부 거래의 경우 대가를 받기로 한 날을 작성일자로 하여 세금계산서를 발급받아야 함에도 거래시기가 속하는 과세기간의 확정신고기한[20[22..2.15. 이후 확정신고기한의 다음날부터 1년 이내] 이후 발급받아 부가가치세 환급신청한 내용에 대하여 매입세액을 불공제함. 단, 지연하여 발급받은 경우 매입세액은 공제받을 수 있으나 세금계산서불성실가산세는 부담하여야 한다.

▶ **완성도기준지급조건**

완성도기준지급조건에 의한 용역의 공급은 도급에 의한 건설공사용역과 같이 용역을 공급함에 있어서 당해 용역의 제공이 완료되기 전에 건설공사의 완성도에 따라 그 완성비율만큼 대가를 지급하기로 한 계약에 의한 공급을 말하는 것으로서 계약금을 지급하기로 한 날로부터 잔금을 지급하기로 한 날까지의 기간이 6월 미만인 경우에도 용역의 제공이 완료되기 이전에 완성도에 따라 그 완성비율에 해당하는 대가를 받기로 하는 경우에는 부가가치세법 시행령 제22조 제2호 규정의 완성도기준지급 조건부 공급에 해당한다. (부가46015-217, 1998.02.06)

[3] 대가지급없이 세금계산서를 선수취한 경우 세금계산서 매입세액 불공제

공급시기가 도래하기 전에 세금계산서를 발급받기 위해서는 반드시 세금계산서 발급금액에 대한 대가를 지급하여야 함에도 대가를 지급하지 아니하고, 세금계산서를 미리 발급받은 금액에 대하여 매입세액을 불공제 처분함

◆ 조심2012서4327 , 2012.12.26 , 기각

처분청은 청구법인의 2011년 제2기 부가가치세 환급신고에 대한 현장 확인을 실시하여 쟁점1,2세금계산서가 공급시기가 도래하기 전에 대금의 수수 없이 발급된 세금계산서에 해당한다고 보아 해당 매입세액 OOO원을 불공제하고 2012.4.3. 청구법인에게 OOO원을 환급결정하였다.

▶ 세금계산서 선발급

사업자가 공급시기가 도래하기 전에 대가의 전부 또는 일부를 받고(반드시 대가를 받은 경우에 한함) 세금계산서를 발급하는 경우에는 그 발급하는 때를 당해 재화 또는 용역의 공급시기로 한다. 한편, 사업자가 재화 또는 용역의 거래시기가 도래하기 전에 세금계산서를 발급하고 그 세금계산서 발급일로부터 **7일 이내**에 대가를 지급받는 경우에는 그 세금계산서를 발급한 때를 재화 또는 용역의 공급시기로 본다.

단, 다음 각호의 요건을 모두 충족하는 경우에는 세금계산서를 발급받은 날로부터 7일 경과 후 대가를 지급받더라도 그 발급받은 때를 재화 또는 용역의 공급시기로 본다.

1. 거래 당사자 간의 계약서.약정서 등에 대금청구시기와 지급시기가 별도로 기재될 것
2. 대금청구시기와 지급시기가 30일(2022.2.15. 이후 6개월) 이상 차이가 나지 않을 것

[개정 세법] 선발행 세금계산서 발급 사유 확대(부가가치세법 제17조)
세금계산서 발급 후 동일 과세기간 이내에 대가를 받는 경우
단, 조기환급을 받기 위해서는 30일 이내에 대가를 지급받아야 함
<시행 시기> 2018.1.1. 이후 재화 또는 용역을 공급하는 분부터 적용

[개정 세법] 선발급된 세금계산서의 매입세액공제 인정범위 확대 (부가령 §75)
(현행) 세금계산서 발급일로부터 공급시기가 30일 이내에 도래
(개정) 세금계산서 발급일로부터 공급시기가 6개월 이내에 도래
<적용시기> 2022년 2월 15일 이후 재화 또는 용역을 공급하는 분부터 적용

[4] 가공 및 위장 매입세금계산서에 의한 매입세액을 추징함

가공이란 실물거래없이 세금계산서만을 수령한 것을 말하며, 위장이란 실제 매입한 거래처가 아닌 다른 거래처명의의 세금계산서를 수령한 것으로 가공 및 위장 매입 세금계산서의 경우 공급가액의 3%를 가산세로 부담하고, 그 매입세액은 불공제된다. 가공 세금계산서를 수취한 경우 공급가액 전액을 익금산입하고, 법인의 대표이사에게 상여처분함으로서 무거운 세금을 부과당하게 되므로 실물거래없이 세금계산서를 수취하는 일은 없어야 한다.

[개정 세법] 가공세금계산서 가산세 : 2% → 3%
재화·용역의 공급 없이 세금계산서를 수수하거나 신용카드매출전표 등을 발급한 경우
<적용시기> 2018.1.1. 이후 재화 또는 용역을 공급하는 분부터 적용

[5] 종업원 선물에 대한 세금계산서 매입세액공제시 간주공급으로 부가가치세를 신고하여야 함에도 신고 누락하여 부가가치세가 추징됨

종업원 선물을 구입하고 매입세액을 공제받은 경우 종업원에게 선물 지급시 시가를 과세표준으로 부가가치세를 신고납부하지 아니한 내용에 대하여 부가가치세가 추징됨 (매입세액을 불공제한 경우에는 간주공급에 해당하지 않음)

[세법 개정] 재화의 공급으로 보지 않는 경조사 관련 재화 범위 확대(부가령 § 19의2)
[종전] 2019년 이후 1인당 연간 10만원 이내의 경조사와 관련된 재화는 개인적공급에서 제외하므로 매입세액을 공제받는 경우에도 과세하지 않는다.
[개정] 경조사를 ①과 ②의 경우로 구분하여 각각 1인당 연간 10만 원 이하 재화
① 경조사와 관련된 재화
② 명절·기념일 등*과 관련된 재화
* 설날·추석·창립기념일·생일 등 포함
- 연간 10만원을 초과하는 경우 초과금액에 대해서 재화의 공급으로 봄
<적용시기> 2020.10.7.이 속하는 과세기간에 재화를 공급하는 분부터 적용

[6] 사업과 무관한 매입세액에 대하여 부가가치세 추징

사업과 직접 관련 없는 다음의 매입세액은 불공제 대상임에도 불구하고, 부당하게 공제받은 혐의가 있는 업체에 대하여 사후검증을 실시하여 현금영수증.신용카드 수취를 통한 매입세액 부당공제를 적출하고, 동일, 유사 유형으로 탈루한 화장품 대리점, 휴대폰 판매점 등에 대하여 부가가치세 15억원 추징함
1. 가전제품 구입비용에 대하여 해명요구
2. 종업원이 없음에도 대표자 식대를 매입세액공제받은 내용에 대하여 소명요구

[7] 과세 및 면세 겸업사업자가 공통매입세액 안분계산을 하지 않은 경우

과세 및 면세 겸업사업자의 경우 공통매입세액에 대하여 안분계산을 하여야 함에도 안분계산을 누락한 경우 부가가치세가 추징됨

내용	건물 신축공사를 주업으로 하는 건설업 법인 B는 국민주택규모 초과 주택(과세) 및 국민주택(면세) 신축공사를 하는 과·면세 사업을 겸영하는 사업자임에도 공통매입금액 전체에 대해 부가가치세 환급 신고함.
조치 결과	신고내용 분석 및 정보 수집 내용을 토대로 국민주택규모 초과 주택(과세) 및 국민주택(면세) 신축공사와 관련된 과면세 공통재화에 대한 매입세액 중 면세 관련 매입세액 불공제하여 부가가치세 35억원 추징(319건)

[8] 사업용 오피스텔을 주거용으로 임대한 경우 공제받은 매입세액 추징

오피스텔을 매입하여 과세사업(사업장임대 또는 사업장)에 사용하는 경우 그 매입세액을 공제받을 수 있으나 이를 주거용으로 임대한 경우 공제받은 매입세액을 납부하여야 함에도 오피스텔을 주거로 전용한 이후 공제받은 매입세액을 추가 납부하지 않아 부가가치세가 추징됨

[9] 간이, 면세사업자 등으로부터 수취한 신용카드매출전표로 부당하게 매입세액 공제받은 사업자에 대하여 부가가치세를 추징함

간이과세자나 면세사업자 등으로부터 수취한 신용카드매출전표는 매입세액 공제가 안 됨에도 불구하고 신용카드 매출전표 수령명세서에 기재하여 부당하게 공제받은 사실이 있어 부가가치세 ○○백만원을 추징함

[10] 접대목적 골프회원권 매입세액공제에 대하여 부가가치세를 추징함

접대목적의 골프회원권을 매입한 경우 그 매입세액을 공제받을 수 없음에도 이를 공제한 해당 법인에 대하여 부가가치세를 추징함

[11] 유흥업소 신용카드결제금액에 대하여 공제받은 매입세액을 추징함

유흥업소 신용카드 결제금액을 복리후생비로 처리하여 매입세액공제를 받았으나 국세청이 **신용카드매출전표등 수령금액합계표**의 공급자 사업자등록번호를 조회하여 공급자의 업종이 유흥업소인 경우 과세자료 해명 요구를 하여 접대비에 해당하는 경우 매입세액을 불공제하여 부가가치세 수정신고를 하도록 하고, 접대비 한도초과 금액에 대하여는 법인세를 수정신고하여 추가 납부하도록 함

[12] 토지 조성을 위한 자본적 지출에 대하여 발급받은 매입세금계산서의 매입세액을 공제받은 내용에 대하여 부가가치세를 추징함

토지 조성을 위한 공사비용에 대하여 수취한 세금계산서의 매입세액은 공제를 받을 수 없음에도 공제를 받아 부가가치세 및 가산세가 추징됨

검증 내용	산업단지조성과 관련하여 투입한 공사비용 중 토지관련 자본적 지출 혐의가 있는 금액에 대하여 구축물로 매입세액 공제 신고하여 부가가치세를 환급받음
조치 결과	매입세액 부당환급 혐의가 있는 제조업 법인에 대하여 관할 지자체로부터 직접 수집한 자료를 분석 후 조사대상자로 선정하여 현지조사를 실시하였고 부가가치세를 환급받은 토지관련 매입세액을 확인하여 당초 부당하게 환급받은 부가가치세 21억 원을 추징함

[13] 매입세액 공제받은 승용차 렌트비용에 대하여 부가가치세를 추징함

부가가치세 신고시 제출한 **매입처별세금계산서합계표** 중 렌트카 회사의 사업자등록번호가 있는 경우 매입세액 공제의 정당성 여부에 대한 세무서의 과세자료 해명 통보를 받고 부가가치세를 수정하여 매입세액불공제처리하고 가산세를 추가로 부담함

[14] 신용카드매출전표로 매입세액공제받은 항공요금의 부가가치세 추징

부가가치세 신고시 매입세액을 공제받기 위하여 제출한 **신용카드매출전표등 수령 금액합계표 내용** 중 세금계산서를 발급할 수 없는 항공사, 고속철도의 사업자등록번호가 있는 경우 매입세액 공제의 적법성 여부에 대한 세무서의 과세자료 해명 통보를 받고, 매입세액불공제 처리하고 가산세를 추가로 부담함

▶ **신용카드매출전표 · 현금영수증으로 매입세액을 공제받을 수 있는 지출**
1. 종업원 식대 및 회식비용, 작업복 구입비용
2. 화물차, 승합차, 밴차량, 경승용차(모닝, 마티즈 등)의 유류대 및 수선비
3. 사업과 관련한 소모품, 비품 등 구입비

▶ **신용카드매출전표 및 현금영수증으로 매입세액을 공제받을 수 없는 지출**
1. 거래처 접대비
2. 여객운송사업자(항공사, 고속철도, 고속버스 등)에게 결제한 것
3. 상품권 또는 입장권 결제금액

4. 승용차(배기량 1,000cc 초과)의 유류대 및 수선비, 기타 유지비용
5. 면세물품(쌀, 화환, 도서구입비) 구입비용
6. 개인 사업주의 본인 식대
7. 사업과 관련없는 사업주 개인용도 지출
8. **간이과세자로부터 수취한 현금영수증 또는 신용카드매출전표**
9. **폐업자가 폐업일 이후 발행한 현금영수증 또는 신용카드매출전표**

▶ **일반 과세사업자가 간이과세자로부터 세금계산서를 발급받은 경우 및 신용카드 매출전표를 수취한 경우 매입세액을 공제받을 수 없음**

간이과세자는 세금계산서를 발급할 수 없으므로 일반 과세사업자가 간이과세자로부터 세금계산서를 발급받은 경우 또는 신용카드매출전표를 수취한 경우 그 매입세액을 공제받을 수 없으므로 실무에서 유의하여야 한다.

단, 2021.7. 이후 전년도 매출액이 4800만원 이상 8000만원 미만인 세금계산서를 발급할 수 있는 간이과세자로부터 수취한 신용카드매출전표의 매입세액은 공제를 받을 수 있다.

Q & A 간이과세자로부터 물품 등을 매입하고, 세금계산서 또는 현금영수증을 발급받은 경우 매입세액을 공제받을 수 있나요?

직전연도 매출액이 4800만원 미만인 간이과세자로부터 현금영수증을 수취하거나 신용카드로 결제한 경우 매입세액을 공제받을 수 없습니다만,
세금계산서 발급이 가능한 간이과세자(직전연도 매출액이 4800만원 이상 8000만원 미만인 간이과세자)로부터 세금계산서, 현금영수증을 발급받거나 신용카드매출전표를 수취한 경우 매입세액을 공제를 받을 수 있으며, 간이과세자로서 세금계산서 발급이 가능한 간이과세자인지 여부는 홈택스에서 조회할 수 있습니다.

홈택스 → 조회발급 → 사업자상태 → 사업자등록번호로 조회

◆ 세금계산서 발급이 가능한 간이과세자인 경우 홈택스 표시
○ 부가가치세 간이과세자(세금계산서 발급사업자)로 표시

[15] 폐업자로부터 폐업일 이후 발급받은 매입세금계산서의 매입세액을 공제받은 내용에 대하여 부가가치세를 추징함

폐업일 이후 발급받은 매입세금계산서의 매입세액은 공제를 받을 수 없음에도 매입세액공제를 받은 업체에 대하여 부가가치세를 추징함

[16] 포괄양도양수에 해당함에도 세금계산서를 발급한 경우 매입세액불공제

부가가치세법에 의한 포괄양도양수에 해당하는 경우 세금계산서를 발급할 수 없음에도 세금계산서를 발급한 경우 매입자는 매입세액을 공제받을 수 없으므로 사업을 양도양수하는 경우 포괄양도양수 해당 여부를 면밀히 검토하여야 한다.

▶ **포괄양도양수에 해당하지 않음에도 세금계산서를 발급할 수 있는 경우**

사업의 포괄양도 해당 여부가 불분명할 때는 세금계산서를 수수하고 대리납부를 하면 추후 포괄양수도에 해당되지 않는다해도 세금계산서 미발급, 납부지연 등의 불이익을 최소화할 수 있다.

즉, 재화의 공급으로 보지않는 사업양도 거래에 대해 사업양도인이 세금계산서를 발급하고 사업양수인이 부가가치세를 대리납부하였다면, 사업양도인은 세금계산서 매출로 신고하고, 부가가치세 신고서 사업양수자의 대리납부 기납부세액란에 부가가치세액을 기재하여 신고하면 된다.

[부가가치세법 제52조(대리납부), 부가가치세법 시행령 제95조(대리납부)]

[18] 과세사업자의 면세 계산서 미제출에 대한 가산세 추징

과세사업자가 면세되는 재화 또는 용역을 제공받고 계산서를 수취한 경우 다음해 2월 10일까지 매입계산서합계표를 제출하지 아니한 경우 국세청은 매출자가 제출한 **매출계산서합계표**에 의하여 매입자의 계산서합계표 제출누락 여부를 확인하여 계산서합계표불성실 가산세(공급가액의 1천분의 5)를 추징하게 된다.

가산세 실무

국세기본법의 가산세

01 무신고 가산세 [국세기본법]

❶ 일반무신고가산세 및 부정무신고가산세

1 일반무신고가산세 [국세기본법 제47조의2]

납세의무자가 법정신고기한까지 세법에 따른 국세의 과세표준 신고(예정신고 및 **중간신고를 포함**하며, 「교육세법」, 「농어촌특별세법」 및 「종합부동산세법」에 따른 신고는 제외한다)를 하지 아니한 경우에는 신고로 납부하여야 할 세액(가산세와 세법에 따라 가산하여 납부하여야 할 이자 상당 가산액이 있는 경우 그 금액은 제외)**의 100분의 20**에 상당하는 금액을 가산세로 한다.

다만, 「소득세법」에 의한 복식부기의무자 및 「법인세법」에 의한 법인이 과세표준 신고를 하지 아니한 경우에는 각각 무신고납부세액의 100분의 20에 상당하는 금액과 수입금액에 1만분의 7을 곱하여 계산한 금액 중 큰 금액을 가산세로 하고,

「부가가치세법」에 따른 사업자가 신고를 하지 아니한 경우로서 영세율이 적용되는 과세표준(영세율과세표준)이 있는 경우에는 무신고납부세액의 100분의 20에 상당하는 금액과 영세율과세표준의 1천분의 5에 상당하는 금액을 합한 금액을 가산세로 한다.

2 부정무신고가산세 [국세기본법 제47조의2]

[1] 부정한 방법으로 무신고한 과세표준에 대한 가산세액
과세표준 중 부정한 방법으로 무신고한 과세표준에 상당하는 금액이 과세표준에서 차지하는 비율을 산출세액에 곱하여 계산한 금액의 100분의 40에 상당하는 금액을 가산세로 한다. 다만, 복식부기의무자 또는 법인이 소득세 과세표준신고서 또는 법인세 과세표준신고서를 제출하지 아니한 경우는 부정무신고가산세액과 부정한 방법으로 무신고한 과세표준과 관련된 수입금액에 1만분의 14를 곱하여 계산한 금액 중 큰 금액으로 한다.

[2] 부정감면·공제분에 대한 가산세액
부정세액감면·공제를 받은 금액 × 40%

▶ 부정한 방법의 유형 [조세범 처벌법 제3조 제6항]
"사기나 그 밖의 부정한 행위"란 다음 각 호의 어느 하나에 해당하는 행위로서 조세의 부과와 징수를 불가능하게 하거나 현저히 곤란하게 하는 적극적 행위를 말한다.
1. 이중장부의 작성 등 장부의 거짓 기장
2. 거짓 증빙 또는 거짓 문서의 작성 및 수취
3. 장부와 기록의 파기
4. 재산의 은닉, 소득·수익·행위·거래의 조작 또는 은폐
5. 고의적으로 장부를 작성하지 아니하거나 비치하지 아니하는 행위 또는 계산서, 세금계산서 또는 계산서합계표, 세금계산서합계표의 조작
6. 전사적 기업자원관리설비의 조작 또는 전자세금계산서의 조작
7. 그 밖에 위계(僞計)에 의한 행위 또는 부정한 행위

❷ 기한 후 신고 및 가산세 감면

1 기한 후 신고 [국세기본법 제45조의3]

법정신고기한까지 과세표준신고서를 제출하지 아니한 자는 관할 세무서장이 세법에 따라 해당 국세의 과세표준과 세액을 결정하여 통지하기 전까지 기한후과세표

준신고서를 제출할 수 있다. 단, 기한 후 신고를 하는 경우 무신고가산세, 납부지연가산세 등이 적용되며, 기한 후 과세표준신고를 하려는 자는 기한후과세표준신고서를 관할 세무서장에게 제출하여야 한다.

2 기한 후 신고시 가산세 감면

법정신고기한이 지난 후 국세기본법 제45조의3에 따라 기한 후 신고를 하는 경우 다음의 구분에 따른 금액을 감면한다. 단, 과세표준과 세액을 결정할 것을 미리 알고 기한후과세표준신고서를 제출한 경우는 제외한다. [국세기본법 제48조]

[개정 세법] 기한 후 신고시 무신고 가산세 감면율 조정 및 세분화(국기법 §48②)
(종전) 1개월 이내 : 50% 감면, 1 ~ 6개월 이내: 20% 감면
(개정) 기한 후 신고시 무신고가산세 감면율 조정 및 세분화
- 1개월 이내 : 50% 감면
- 1 ~ 3개월 이내: 30% 감면
- 3 ~ 6개월 이내: 20% 감면

<적용시기> 2020.1.1. 이후 기한 후 신고하는 분부터 적용

◆ 기한후 신고를 하는 경우 중소기업특별세액감면, 창업 중소기업등에 해당 감면은 받을 수 없음

□ 조세특례한법 제128조(추계과세 시 등의 감면배제)
② 「소득세법」 제80조제1항 또는 「법인세법」 제66조제1항에 따라 결정을 하는 경우와 「국세기본법」 제45조의3에 따라 기한 후 신고를 하는 경우에는 제6조, 제7조, 제12조제1항·제3항, 제12조의2, 제31조제4항·제5항, 제32조제4항, 제62조제4항, 제63조제1항, 제63조의2제1항, 제64조, 제66조부터 제68조까지, 제85조의6제1항·제2항, 제96조, 제96조의2, 제96조의3, 제99조의9제2항, 제99조의11제1항, 제99조의12, 제102조, 제104조의24제1항, 제121조의8, 제121조의9제2항, 제121조의17제2항, 제121조의20제2항, 제121조의21제2항, 제121조의22제2항을 적용하지 아니한다. 〈개정 2020. 12. 29.〉

02 과소신고가산세 [국세기본법]

❶ 일반과소신고가산세

납세의무자가 법정신고기한까지 세법에 따른 국세의 과세표준 신고를 한 경우로서 납부할 세액을 신고하여야 할 세액보다 적게 신고(과소신고)하거나 환급받을 세액을 신고하여야 할 금액보다 많이 신고(초과신고)한 경우에는 과소신고한 납부세액과 초과신고한 환급세액을 합한 금액(세법에 따른 가산세와 세법에 따라 가산하여 납부하여야 할 이자 상당 가산액이 있는 경우 그 금액은 제외)에 과소신고납부세액 등의 100분의 10에 상당하는 금액을 가산세로 한다. [국세기본법 제47조의3]

■ **영세율과세표준 과소신고 가산세**

사업자가 부가가치세 신고를 한 경우로서 영세율과세표준을 과소신고하거나 신고하지 아니한 경우 그 과소신고되거나 무신고된 영세율과세표준의 1천분의 5에 상당하는 금액을 가산세로 부담하여야 한다. [국세기본법 제47조의3 ② 2]

□ 법정신고기한 경과 후 2년이내에 수정신고하는 경우 가산세 감면율
- 1개월 이내 : 90% 감면
- 3개월 이내 : 75% 감면
- 3 ~ 6개월 이내 : 50% 감면
- 6개월 ~ 1년 이내 : 30% 감면
- 1년 ~ 1년 6개월 이내: 20% 감면
- 1년 6개월 ~ 2년 이내: 10% 감면

❷ 부정과소신고가산세

부정한 방법으로 과소신고한 과세표준이 있는 경우에는 다음의 금액을 합한 금액을 납부할 세액에 가산하거나 환급받을 세액에서 공제한다.

과세표준 중 부정한 방법으로 과소신고한 과세표준에 상당하는 금액이 과세표준에서 차지하는 비율을 산출세액에 곱하여 계산한 금액의 100분의 40에 상당하는 금액 다만, **복식부기의무자 또는 법인**이 신고한 과세표준이 세법에 따라 신고하여야 할 소득세 과세표준 또는 법인세 과세표준에 미치지 못하는 경우에는 부정과소신고가산세액과 부정한 방법으로 과소신고한 과세표준과 관련된 수입금액에 1만분의 14를 곱하여 계산한 금액 중 큰 금액으로 한다.

■ 수정신고와 일반과소신고가산세, 부정과소신고가산세

부정과소신고가산세는 사기나 그 밖의 부정한 행위로 부정하게 과소신고한 것으로 조세범 처벌법 제3조 제6항 각 호의 어느 하나에 해당하는 행위를 말하는 것으로, 착오에 의한 이중매입이나 단순 매출누락 등은 이에 해당하지 아니한다. 즉, 고의적인 장부조작 등이 아닌 다음의 경우 일반과소신고가산세를 적용하면 될 것으로 판단된다.

1. 착오로 수입금액을 일부 누락하여 법인세 또는 종합소득세를 수정신고하는 경우
2. 착오로 경비를 이중으로 계상하여 법인세 또는 종합소득세를 수정신고하는 경우
3. 착오에 의하여 부가가치세 매입세액을 공제받은 금액을 수정신고하는 경우

❸ 수정신고 과소신고가산세 감면[국세기본법 제48조]

과세표준신고서를 법정신고기한까지 제출한 자가 법정신고기한이 지난 후 수정신고한 경우에는 다음의 내용에 따른 금액을 감면받을 수 있다. 단, 과세표준과 세액을 경정할 것을 미리 알고 과세표준수정신고서를 제출한 경우는 제외한다

☐ 법정신고기한 경과 후 2년이내에 수정신고하는 경우 가산세 감면율
- 1개월 이내 : 90% 감면
- 3개월 이내 : 75% 감면
- 3 ~ 6개월 이내 : 50% 감면
- 6개월 ~ 1년 이내 : 30% 감면
- 1년 ~ 1년 6개월 이내: 20% 감면
- 1년 6개월 ~ 2년 이내: 10% 감면

03 납부·환급불성실가산세 [국세기본법]

❶ 납부 및 환급불성실가산세

납세의무자가 세법에 따른 납부기한까지 국세의 납부(중간예납·예정신고납부·중간신고납부 포함)를 하지 아니하거나 납부하여야 할 세액보다 적게 납부(과소납부)하거나 환급받아야 할 세액보다 많이 환급(초과환급)받은 경우에는 다음 각 호의 금액을 합한 금액을 가산세로 한다. [국세기본법 제47조의4]

1. 납부하지 아니한 세액 또는 과소납부분 세액 × 납부기한의 다음 날부터 자진납부일 또는 납세고지일까지의 기간 × 2.5/10,000
2. 초과환급받은 세액 × 환급받은 날의 다음 날부터 자진납부일 또는 납세고지일까지의 기간 × 2.5/10,000

[개정 세법] 납부지연가산세 [국세기본법 시행령 제27조의4]
2019년 2월 11일 이전의 미납기간 : 1일 0.03%
2019년 2월 12일 이후의 미납기간 : 1일 0.025%
2022년 2월 15일 이후의 미납기간 : 1일 0.022%

□ **인지세 가산세 [국세기본법 제47조의4 ⑨]**
⑨ 「인지세법」 제8조제1항에 따른 인지세(같은 법 제3조제1항제1호의 문서 중 부동산의 소유권 이전에 관한 증서에 대한 인지세는 제외한다)의 납부를 하지 아니하거나 과소납부한 경우에는 납부하지 아니한 세액 또는 과소납부분 세액의 100분의 300에 상당하는 금액을 가산세로 한다. 다만, 다음 각 호의 어느 하나에 해당하는 경우(과세표준과 세액을 경정할 것을 미리 알고 납부하는 경우는 제외한다)에는 해당 호에 따른 금액을 가산세로 한다. <신설 2018. 12. 31., 2020. 12. 22., 2022. 12. 31.>
1. 「인지세법」에 따른 법정납부기한이 지난 후 3개월 이내에 납부한 경우: 납부하지 아니한 세액 또는 과소납부분 세액의 100분의 100
2. 「인지세법」에 따른 법정납부기한이 지난 후 3개월 초과 6개월 이내에 납부한 경우: 납부하지 아니한 세액 또는 과소납부분 세액의 100분의 200

❷ 원천징수대상 국세의 납부지연가산세 등

국세를 징수하여 납부할 의무를 지는 자가 징수하여야 할 세액(제2항제2호의 경우에는 징수한 세액)을 법정납부기한까지 납부하지 아니하거나 과소납부한 경우에는 납부하지 아니한 세액 또는 과소납부분 세액의 100분의 50(제1호의 금액과 제2호 중 법정납부기한의 다음 날부터 납부고지일까지의 기간에 해당하는 금액을 합한 금액은 100분의 10)에 상당하는 금액을 한도로 하여 다음 각 호의 금액을 합한 금액을 가산세로 한다. <개정 2019. 12. 31., 2020. 12. 29.> [국세기본법 제47조의5]

1. 납부하지 아니한 세액 또는 과소납부분 세액의 100분의 3에 상당하는 금액
2. 납부하지 아니한 세액 또는 과소납부분 세액 × 납부기한의 다음 날부터 자진 납부일 또는 납세고지일까지의 기간 × 2.5/10,000

[개정 세법] 납부지연가산세 [국세기본법 시행령 제27조의4]
2019년 2월 12일 이후 : 1일 0.025%
2022년 2월 15일 이후 : 1일 0.022%

▶ 원천징수
① 국내에서 **거주자**나 **비거주자**에게 원천징수대상소득(이자소득, 배당소득, 원천징수대상 사업소득, 연금소득, 기타소득, 근로소득, 퇴직소득)을 지급하는 자는 소득세법에서 정한 소득세를 징수하여 그 징수일이 속하는 달의 다음 달 10일까지 원천징수 관할 세무서에 신고 및 납부를 하여야 한다. [소득세법 제127조, 128조]

② 이자소득의 금액을 내국법인에게 지급하는 자(원천징수의무자)가 그 금액을 지급하는 경우에는 지급하는 금액에 100분의 14(비영업대금의 이익인 경우에는 100분의 25)의 세율을 적용하여 계산한 금액에 상당하는 법인세(법인에게 이자소득을 지급하는 경우 소득세법에 의한 이자소득세가 아니라 법인세법에 의한 법인세를 징수하여 신고 및 납부)를 원천징수하여 그 징수일이 속하는 달의 다음 달 10일까지 납세지 관할 세무서등에 납부하여야 한다. [법인세법 제73조]

단, 법인이 금융회사 등(은행, 새마을금고, 신용협동조합, 금융보험업을 영위하는 법인 등)에게 지급되는 이자소득금액에 대하여는 원천징수를 하지 아니한다.

04 원천징수 관련 무신고에 대한 가산세

❶ 무신고가산세 및 신고불성실가산세

원천징수의무자가 원천징수이행상황신고서를 제출하지 않은 경우 또는 과소신고한 경우 무신고가산세 또는 신고불성실가산세는 적용하지 않는다.

❷ 납부지연가산세

① + ② (미납금액의 10% 한도)
① 미납부금액의 3%
② 미납기간 1일 1만분의 2.2 (미납부금액 × 미납일수 × 2.5/10,000)

[개정 세법] 납부(환급)불성실가산세 인하
- 2019년 2월 11일 이전의 미납기간 : 1일 0.03%
- 2019년 2월 12일 이후의 미납기간 : 1일 0.025%
- 2022년 2월 15일 이후의 미납기간 : 1일 0.022%

❸ 원천세분 지방소득세 가산세

① + ② (미납액의 10% 한도)
① 미납부금액의 3%
② 미납기간 1일 1만분의 2.2(미납부금액 × 미납일수 × 2.5/10,000)

[개정 세법] 납부지연가산세 세율 인하(지방세기본법 시행령 §34)
(종전) 1일 0.025% (연 9.125%)
(개정) 1일 0.022%(연 8.030%)
<적용시기> 2022.6.7. 이후 가산세를 부과하는 분부터 적용

❹ 지급명세서 미제출에 대한 가산세

지급명세서를 그 지급일이 속하는 연도의 다음 연도 2월 말일(이자소득, 배당소득, 기타소득) 또는 3월 10일(근로소득, 퇴직소득, 원천징수대상사업소득)까지 관할세무서에 제출하지 아니한 경우 및 불분명한 경우 지급금액의 1%를 가산세로 부담하여야 한다. 단, 제출기한경과 후 3개월 이내에 제출하는 경우 지급금액의 0.5%로 한다.

▣ 지급명세서 제출불성실 가산세 [법인세법 제75조의7] [소득세법 제81조의11]

종 전	개 정
☐ 지급명세서 제출불성실 가산세 ○ 지급금액의 2%(지연제출시 1%)	○ 지급금액의 1%(지연제출시 0.5%)

<적용시기> 2018년 1월 1일 이후 지급명세서 제출기한이 도래하는 분부터 적용

❺ 연말정산 과다공제에 대한 가산세 적용

1 수정신고

근로자가 연말정산시 과다공제 또는 부당공제분이 있을 경우에는 당초 근로소득연말정산을 실시하고 원천징수이행의무를 이행한 원천징수의무자가 당초 신고한 내용에 대하여 수정제출, 납부하거나 근로자 본인이 직접 주소지 관할세무서에 신고할 수 있다. [국세기본법 제45조]

2 가산세 적용

▶ **회사가 수정신고하는 경우**
회사가 기존의 연말정산을 수정신고하는 경우 회사에게는 원천징수납부지연가산세를 부담하여 수정신고 및 납부를 하여야 하며, 이 경우 회사의 납세의무는 종결되는 것이나 근로자에게는 세무서에서 과소(부정)신고가산세가 부과하게 된다.

▶ **원천징수의무자 : 원천징수납부지연가산세**
미납세액 × 3% + 미납세액 × 미납일수 × 2.2/10000 (미납세액의 10% 한도)

▶ **근로자 : 과소신고가산세**
산출세액 × 추가로 납부할 세액 × 10%(부당과소의 경우 40%)

▶ 근로자가 직접 수정신고하는 경우
근로자가 직접 연말정산 내용에 대하여 수정신고하는 경우 납부지연가산세와 과소(부정)신고가산세가 적용된다.

1. 일반과소신고.초과환급신고가산세

> 과소신고한 납부세액 + 초과신고한 환급세액 × 10%

2. 부정과소신고.초과환급신고가산세

> 과소신고한 납부세액 + 초과신고한 환급세액 × 40%

◆ 부정과소신고·초과환급신고가산세 적용기준(가산세 중과 40%)
부정한 방법이란 거짓 증빙 또는 거짓 문서의 작성 및 수취 등의 적극적인 방법을 말하는 것으로 이에 해당하지 아니한 경우에는 일반과소신고가산세를 적용한다.

◆ 연말정산 수정신고 시 가산세 적용방법
소득, 소득세과-0882 , 2011.10.28
원천징수의무자인 법인이 종업원(근로소득자)에 대한 총급여액을 일부 누락하여 「소득세법」 제137조에 따른 근로소득세액의 연말정산 후, 누락된 근로소득에 대해 원천징수이행상황신고서를 수정신고하여 추가 납부할 세액을 납부하는 경우
원천징수의무자는 「소득세법」제81조 제1항(지급명세서 가산세)과 같은 법 제158조 제1항(원천징수납부 불성실가산세)에 따른 가산세를 부담하는 것이며, 근로소득자는 「국세기본법」 제47조의3(과소신고·초과환급신고가산세)에 따른 가산세를 부담하지 아니하는 것이나 부당한 방법으로 해당 근로소득을 누락한 경우에는 「국세기본법」 제47조의3에 따른 가산세를 부담하는 것입니다.

2. 수정신고 및 경정청구

01 국세기본법에 의한 수정신고와 가산세 감면

❶ 법정신고기한이 지난 후 2년 이내에 수정신고하는 경우

법정신고기한이 지난 후 수정신고하는 경우 국세기본법 제47조의3의 규정에 의한 과소신고 또는 초과환급신고가산세를 법정신고기한이 지난 기간에 따라 다음의 금액을 감면받을 수 있다. 다만, 과세표준과 세액을 경정할 것을 미리 알고 과세표준수정신고서를 제출한 경우에는 감면하지 아니한다.

[개정 세법] 수정신고시 과소신고 가산세 감면율 조정 및 세분화(국기법 §48 ②)

종 전	개 정
□ 법정신고기한 경과 후 - 6개월 이내 : 50% 감면 - 6개월 ~ 1년 이내: 20% 감면 - 1 ~ 2년이내 : 10% 감면 * 다만, 과세관청이 과세표준·세액을 경정할 것을 미리 알고 수정신고시 감면 배제	□ 법정신고기한 경과 후 - 1개월 이내 : 90% 감면 - 3개월 이내 : 75% 감면 - 3 ~ 6개월 이내 : 50% 감면 - 6개월 ~ 1년 이내 : 30% 감면 - 1년 ~ 1년 6개월 이내: 20% 감면 - 1년 6개월 ~ 2년 이내: 10% 감면

<적용시기> 2020.1.1. 이후 수정신고하는 분부터 적용

▶ **부정과소신고가산세가 적용되는 경우 가산세 감면**

납세자가 **경정할 것을 미리 알고** 제출한 경우 가산세 감면을 받을 수 없으나 부정과소신고금액에 대하여 **납세자 스스로** 이를 수정하여 신고하는 경우에는 감면을 배제하는 근거 규정이 없으므로 수정신고 기한에 따른 가산세 감면은 적용받을 수 있는 것으로 판단된다.

❷ 제출 등의 기한 경과 후 1개월 내 제출시 가산세 감면

세법에 따른 제출, 신고, 가입, 등록, 개설의 기한이 지난 후 1개월 이내에 해당 세법에 따른 제출 등의 의무를 이행하는 경우 해당 가산세액의 100분의 50에 상당하는 금액을 감면한다. [국세기본법 제48조 제2항 제3호]

❸ 가산세 감면을 받을 수 없는 경우

[1] 세액을 결정 또는 경정할 것을 미리 알고 수정신고하거나 기한 후 신고를 하는 경우

과세표준과 세액을 결정 또는 경정할 것을 미리 알고 수정신고하거나 기한 후 신고를 하는 경우에는 가산세 감면을 받을 수 없다.

◆ 결정 또는 경정할 것을 미리 알고 제출한 경우 [국세기본법 시행령 제20조]
1. 해당 국세에 관하여 세무공무원이 조사에 착수한 것을 알고 과세표준수정신고서 또는 기한후과세표준신고서를 제출한 경우
2. 해당 국세에 관하여 관할 세무서장으로부터 과세자료 해명 통지를 받고 과세표준수정신고서를 제출한 경우

[2] 수정신고시 자진납부하지 아니한 경우 가산세 감면 배제

납세자가 법인세, 종합소득세, 부가가치세 등의 신고 및 납부를 한 후 과세표준수정신고서를 제출하는 경우로서 이미 납부한 세액이 과세표준수정신고액에 상당하는 세액에 미치지 못할 때에는 그 부족한 금액과 국세기본법 또는 세법에서 정하는

가산세를 과세표준수정신고서 제출과 동시에 추가하여 납부하여야 하며, 국세를 수정신고에 의하여 추가하여 납부하여야 할 자가 납부하지 아니한 경우에는 가산세의 감면을 적용하지 아니한다.

❹ 수정신고와 조세특례제한법에 의한 감면세액 추가

① 사업자가 스스로 법인세 신고내용에 오류, 탈루, 착오 등이 있음을 알고 수정신고하는 경우에는 증액된 과세표준으로 산출세액을 계산하고, 중소기업특별세액감면세액을 추가로 적용받을 수 있으며, 과세자료 해명을 받고 수정신고를 하는 경우라도 부정행위가 아니면, 수정신고로 증가한 산출세액에 대한 중소기업에 대한 특별세액 감면 등을 추가 감면받을 수 있다.

◆ 서면인터넷방문상담2팀-6, 2006.01.03
법인이 관할세무서장으로부터 과세자료 소명 안내문을 송달받은 후 과소신고 소득금액을 「국세기본법」 제45조의 규정에 의하여 수정신고하는 경우에는 「조세특례제한법」 제128조 제3항 규정의 감면 배제 사유에 해당하지 아니하는 것임

③ 관할 세무서로부터 과세자료 확인 해명안내를 받고 수정신고를 하는 경우 과세표준과 세액을 경정할 것을 미리 알고 제출한 경우로 보며, **부정행위로 인한 과소신고분**이라면, 중소기업특별세액감면을 받을 수 없다.

◆ 법인, 조심-2015-서-4339 , 2015.11.01 , 기각 , 완료
매출누락액에 대한 수정신고는 해당 국세에 관하여 세무공무원이 경정할 것을 미리 알고 제출한 경우에 해당한다 할 것이므로 처분청이 매출누락액에 대한 중소기업에 대한 특별세액감면 적용을 배제하여 법인세를 과세한 이 건 처분은 잘못이 없음

02　수정신고 및 가산세 한도

❶ 수정신고 사유 및 수정신고 기한

1 수정신고 사유

과세표준신고서를 법정신고기한내에 제출한 자는 다음의 하나에 해당하는 때에는 관할 세무서장이 각 세법의 규정에 의하여 당해 국세의 과세표준과 세액을 결정 또는 경정하여 통지를 하기 전까지 과세표준수정신고서를 제출할 수 있다. 단, 환급이 발생하는 경우에는 경정청구서를 제출하여야 한다.

1. 과세표준신고서에 기재된 과세표준 및 세액이 세법에 의하여 신고하여야 할 과세표준 및 세액에 미달하는 때
2. 과세표준신고서에 기재된 결손금액 또는 환급세액이 세법에 의하여 신고하여야 할 결손금액 또는 환급세액을 초과하는 때
3. 기타 세무조정 과정에서의 누락 등의 사유로 인하여 불완전한 신고를 한 때

2 수정신고 기한

관할 세무서장이 각 세법에 따라 해당 국세의 과세표준과 세액을 결정 또는 경정하여 통지하기 전으로서 국세기본법 제26조의2제1항에 따른 기간(국세 부과의 제척기간)이 끝나기 전까지 과세표준수정신고서를 제출할 수 있다.

국세부과의 제척기간이란 해당 국세를 부과할 수 있는 기간으로 다음에 정하는 제척기간이 경과하면, 해당 국세를 부과할 수 없다.

1. 사기나 그 밖의 부정한 행위로 인한 경우 : 10년,
2. 납세자가 법정신고기한까지 과세표준신고서를 제출하지 아니한 경우 : 7년
3. 제1호 및 제2호에 해당하지 아니하는 경우: 5년

❷ 수정신고서 작성방법

1　부가가치세 수정신고서 작성방법

① 당초 신고내용에 탈루 또는 오류가 있는 경우 수정신고서를 제출할 수 있으며, 수정신고서에는 수정신고내용을 검은 색으로 기재하고 상단에 당초 신고내용을 붉은 색으로 기재한다.
② 매입매출처별세금계산서 합계표를 수정하는 경우 거래처별 사업자등록번호 및 공급가액의 수정신고내용을 검은 색으로 기재하고, 상단에 당초 신고내용을 붉은 색으로 기재한다.

2　법인세 수정신고서 작성방법

당초 신고내용에 탈루 또는 오류가 있는 경우 수정신고서를 제출할 수 있으며, 수정신고서에는 수정신고내용을 검은 색으로 기재하고, 상단에 당초 신고내용을 붉은 색으로 기재하여야 한다.

3　원천세 수정신고서 작성방법

① 수정신고서는 별지로 작성하여 제출하며, 귀속연월과 지급연월은 반드시 당초 신고서와 동일하게 기재한다.

② 당초의 숫자는 상단에 빨강색으로, 수정 후 숫자는 하단에 검정색으로 기재한다.

③ 수정신고로 인한 납부세액 또는 환급세액은 **당월분 원천징수이행상황신고서의 수정신고(A90)란에 옮겨 적어 조정 환급하여야 한다.** 즉, 수정신고서의 수정신고(세액) A90란은 기재하지 않는 것이며 수정신고서의 총합계(A99)란의 차액은 수정신고 월의 정기신고서 '수정신고(A90)'란에 옮겨 기재한다. 따라서 수정신고는 수정신고용 원천징수이행상황신고서와 함께 당월분(또는 반기분)신고서를 제출하여야 한다.

④ 별지 작성한 수정 신고서의 총합계(A99)의 납부세액 차액(수정신고 납부할 세액 - 당초신고.납부세액)은 당월 신고서 수정신고(A90)란의 징수세액란에 옮겨 적고, 신고 및 납부하여야 한다.

4 종합소득세 수정신고서 작성방법

당초 신고내용에 탈루 또는 오류가 있는 경우 수정신고서를 제출할 수 있으며, 수정신고서에는 수정신고내용을 검은 색으로 기재하고, 상단에 당초 신고내용을 붉은 색으로 기재하여야 한다. 다만, 종합소득세 신고서 내용 중 수정내용이 없는 명세서 등은 작성하지 아니하고 수정신고서를 제출할 수 있다.

❸ 가산세 한도 [국세기본법 제49조]

□ 국세기본법 제49조(가산세 한도) -요약-
① 다음 각 호의 어느 하나에 해당하는 가산세에 대해서는 그 의무위반의 종류별로 각각 5천만원(「중소기업기본법」 제2조제1항에 따른 중소기업이 아닌 기업은 1억원)을 한도로 한다. 다만, 해당 의무를 고의적으로 위반한 경우에는 그러하지 아니하다.
<개정 2019. 12. 31., 2020. 12. 22.>
1. 「소득세법」 제81조, 제81조의3, 제81조의6, 제81조의7, 제81조의10, 제81조의11 및 제81조의13에 따른 가산세
2. 「법인세법」 제75조의2, 제75조의4, 제75조의5, 제75조의7, 제75조의8(제1항제4호는 제외한다) 및 제75조의9에 따른 가산세
3. 「부가가치세법」 제60조제1항(같은 법 제68조제2항에서 준용되는 경우를 포함한다), 같은 조 제2항제1호·제3호부터 제5호까지 및 같은 조 제5항부터 제8항까지의 규정에 따른 가산세
4. 「상속세 및 증여세법」 제78조제3항·제5항(같은 법 제50조제1항 및 제2항에 따른 의무를 위반한 경우만 해당한다)·제12항·제13항 및 제14항에 따른 가산세
5. 「조세특례제한법」 제30조의5제5항 및 제90조의2제1항에 따른 가산세

부가가치세법에 의한 의무불이행에 대한 가산세

01 부가가치세 관련 가산세 요약 [부법 제60조]

가산세종류	의무위반사항 및 가산세 등	가산세
미등록가산세	사업개시일부터 20일 이내에 사업자 등록을 신청하지 아니한 경우	공급가액 100분의 1
세금계산서 미발급 등 가산세	세금계산서의 발급시기가 지난 후 해당 재화 또는 용역 공급시기가 속하는 과세기간에 대한 확정신고 기한까지 세금계산서를 발급하지 아니한 경우	공급가액의 2%
	재화 또는 용역을 공급받지 아니하고 세금계산서를 발급받은 경우	공급가액의 3%
	재화 또는 용역을 공급하고 실제로 재화 또는 용역을 공급하는 자가 아닌 자 또는 실제로 재화 또는 용역을 공급받는 자가 아닌 자의 명의로 세금계산서를 발급한 경우	공급가액의 2%
	재화 또는 용역을 공급받고 실제로 재화 또는 용역을 공급하는 자가 아닌 자의 명의로 세금계산서를 발급받은 경우	공급가액의 2%
	재화 또는 용역을 공급하지 아니하고 세금계산서를 발급한 경우	공급가액의 3%
전자세금계산서 미발급 가산세	전자세금계산서 발급의무대상사업자(법인 및 직전년도 매출액이 1억원 이상인 개인사업자)가 전자세금계산서를 발급하지 아니하거나 종이세금계산서를 발급한 경우: 공급가액의 1%	공급가액 100분의 2

가산세종류	의무위반사항 및 가산세등	가산세
전자세금계산서 발급명세 지연 전송 가산세	전자세금계산서 발급의무대상사업자(법인 및 전년도 매출액이 1억원 이상인 개인사업자)가 기한이 경과한 후 공급시기가 속하는 과세기간에 대한 확정신고기한까지 국세청장에게 전자세금계산서 발급명세를 전송하는 경우	공급가액의 0.3%
세금계산서 지연발급 가산세	세금계산서의 발급시기가 지난 후 해당 재화 또는 용역의 공급시기가 속하는 과세기간에 대한 확정신고기한까지 세금계산서를 발급하는 경우, 단, 확정신고기한 이후 1년내 발급하는 경우(공급자 2%, 공급받는자 0.5%)	공급가액의 1% (매입자 0.5%)
세금계산서 불성실 가산세	세금계산서의 필요적 기재사항의 전부 또는 일부가 착오 또는 과실로 적혀 있지 아니하거나 사실과 다른 경우	공급가액의 1%
세금계산서합계표 불성실 가산세	매출처별 세금계산서합계표를 제출하지 아니한 경우	공급가액의 0.5%
	매출처별 세금계산서합계표의 기재사항 중 거래처별 등록번호 또는 공급가액의 전부 또는 일부가 적혀 있지 아니하거나 사실과 다르게 적혀 있는 경우 단, 착오 기재의 경우 제외함	공급가액의 0.5%
	예정신고누락분 매출처별 세금계산서합계표를 확정신고시 제출하는 경우	공급가액의 0.3%
	매입처별 세금계산서합계표의 기재사항 중 공급가액을 사실과 다르게 과다하게 적어 신고한 경우	공급가액의 1%
영세율과세표준 불성실 가산세	과소신고분 영세율과세표준의 1천분의 5에 상당하는 금액을 합한 금액을 가산세로 한다.	공급가액의 0.5%
현금매출명세서 미제출 가산세	부동산업, 전문, 과학 및 기술서비스업, 보건업, 예식장업, 부동산중개업, 산후조리업 등을 영위하는 사업자가 현금매출명세서를 제출하지 아니한 경우	공급가액의 1%
부동산임대 공급가액명세서 미제출 가산세	부동산임대사업을 하는 사업자가 부동산임대공급가액명세서를 제출하지 아니하거나 제출한 수입금액이 사실과 다르게 적혀 있는 경우	공급가액의 1%

[개정 세법] 세금계산서를 지연발급한 경우 세금계산서불성실 가산세
1) 공급시기 이후 해당 과세기간의 다음달 25일 이내에 발급하는 경우
* 공급자 : 공급가액의 1%
* 공급받는자 : 공급가액의 0.5% (매입세액은 공제됨)
2) 공급시기 이후 해당 과세기간의 다음달 26일 이후 6개월 이내 발급하는 경우
* 공급자 : 공급가액의 2%
* 공급받는자 : 공급가액의 0.5% (매입세액은 공제됨)

[개정 세법] 공급시기 이후 발급된 세금계산서의 매입세액공제 확대(부가령 §75)

종 전	개 정
□ 공급시기가 지난 후 발급된 세금계산서에 대한 매입세액공제 인정 요건	□ 세금계산서 발급기한 확대
○ 확정신고기한 다음날부터 6개월 이내에 세금계산서를 발급받고	○ 6개월 이내 → 1년 이내
❶ 납세자가 경정청구, 수정신고 하거나, ❷ 관할 세무서장이 거래사실 확인 후 결정·경정하는 경우	(좌 동)

<적용시기> 2022.2.15. 이후 재화 또는 용역을 공급하는 분부터 적용

[개정 세법] 전자세금계산서 의무발급 대상 확대 (부가가치세법 시행령 제68조)

종 전	개 정
□ 전자세금계산서 의무발급 사업자 ○ 모든 법인사업자 ○ 직전연도 사업장별 재화·용역의 공급가액 합계액이 2억원 이상인 개인사업자	□ 의무발급 개인사업자 확대 ○ (좌 동) ○ 2억원 → 1억원 이상

<적용시기> 2023.7.1. 이후 재화 또는 용역을 공급하는 분부터 적용

02 (전자)세금계산서 발급 의무 및 가산세

❶ 세금계산서 및 전자세금계산서 발급 의무등

1 개요

① 일반과세자로 세금계산서를 발급하여야 하는 업종인 제조업, 도매업, 건설업 등을 영위하는 사업자로서 부가가치세가 과세되는 재화 또는 용역을 사업자에게 공급하는 경우에는 그 공급시기에 반드시 세금계산서를 발급하여야 한다.

② 제조업, 도매업, 건설업 등을 영위하는 사업자가 사업자등록이 없는 개인에게 재화 또는 용역을 공급하는 경우에는 주민등록기재분(비고란에 기재)으로 세금계산서를 발급하여야 한다. 단, 거래상대방이 물품대금을 신용카드로 결제하는 경우 거래상대방이 사업자이든 개인이든 세금계산서를 발급하지 아니할 수 있다.
[부가가치세법 제33조 제2항]

③ 영수증 발행사업자(소매, 음식숙박업, 여객운송업 등)는 세금계산서 발급의무가 없는 것이나 영수증 발행사업자 중 소매, 음식숙박업 등은 거래상대방의 요구가 있는 경우 세금계산서를 발급하여야 한다.

▶ **부동산을 매각하는 경우 계산서 발급의무 면제 및 세금계산서 발급**
1) 부동산(토지 및 건축물)을 공급하는 경우 토지에 대하여는 계산서 발급의무가 면제되며, 영수증을 발급할 수 있다. 다만, 재화 또는 용역을 공급받은 사업자가 사업자등록증을 제시하고 계산서 발급을 요구하는 때에는 계산서를 발급하여야 한다. [법인세법 제121조 ④, 소득세법 시행령 제211조 ② 4]
2) 법인이 영수증 발행사업자에 해당하지 아니하는 경우에는 부가가치세가 과세되는 건물을 비사업자에게 공급하는 때에 공급받는 자의 주민등록번호를 기재하여 세금계산서를 발급하여야 한다.

2 전자세금계산서 발급 의무

법인 및 **직전연도 공급가액이 1억원 이상인 개인사업자**는 반드시 전자세금계산서를 발급하여야 하며, 공급가액은 사업장별 과세대상 재화·용역의 공급가액만을 기준으로 하며, 과세대상 고정자산 매각금액 및 면세매출금액을 포함한다.

[개정 세법] 면세매출 포함
[종전] 2018년 이전 면세매출 포함하지 않음
[개정] 2018년 이후 면세매출 포함 → 2019년 7월 이후 전자세금계산서 발급

[개정 세법] 전자세금계산서 의무발급 개인사업자 확대(부가령 §68)
전년도 사업장별 재화·용역의 공급가액 합계액이 1억원 이상인 개인사업자
<적용시기> '23.7.1. 이후 재화 또는 용역을 공급하는 분부터 적용
- '22년 사업장별 재화·용역의 공급가액 합계액을 기준으로 1억원 이상 여부를 판단

[개정 세법] 전자세금계산서 의무발급 대상 확대 (부가가치세법 시행령 제68조)
○ (대상) 직전연도 사업장별 공급가액 합계액이 8천만원 이상인 개인사업자
○ (기간) 당해연도 7.1.부터 계속하여 발급
<적용시기> 2024.7.1. 이후 재화 또는 용역을 공급하는 분부터 적용

3 전자세금계산서 전송 의무

전자세금계산서를 발급하는 경우 반드시 발급일의 **다음날**까지 국세청에 전송하여야 하며, 발급일의 다음날 이후 전송하는 경우 지연전송 또는 미전송가산세를 부담하여야 한다.

❷ 세금계산서 공급시기 및 발급일자

1 공급시기

공급시기란 거래가 발생한 시점으로 일반과세자로 등록한 사업자는 **재화 또는 용**

역을 공급하는 때(거래시기)에 재화 또는 용역을 공급받는 자에게 세금계산서를 발급하여야 한다. 다만, 영수증발급대상 사업자는 세금계산서 발급의무가 면제되므로 발급하지 아니한다.

단, 영수증발급대상 사업자라 하더라도 소매, 음식숙박업은 거래상대방이 발급을 요구하는 경우에는 세금계산서를 발급하여야 한다.

▶ **영수증 발급대상사업자 [부가가치세법 시행령 제73조, 시행규칙 제53조]**
1. 소매업, 음식점업(다과점업 포함), 숙박업
2. 목욕·이발·미용업
3. 여객운송업
4. 입장권을 발행하여 영위하는 사업
5. 우정사업조직이 소포우편물을 방문접수하여 배달하는 용역을 공급하는 사업
6. 무도학원 및 자동차운전학원
7. 변호사업, 변리사업, 법무사업, 공인회계사업, 세무사업, 경영지도사업, 기술지도사업, 감정평가사업, 기술사업, 건축사업, 도선사업, 측량사업 기타 이와 유사한 사업서비스 및 행정사업(사업자에게 공급하는 것 제외)
8. 주로 사업자가 아닌 소비자에게 재화 또는 용역을 공급하는 사업인 도정업, 제분업중 떡방앗간, 양복점업·양장점업·양화점업, **주거용 건물공급업**(주거용 건물을 자영건설하는 경우 포함), 주거용 건물 수리·보수 및 개량업, 운수업과 주차장운영업, 부동산중개업, 개인서비스업, 가사서비스업 등
9. 자동차제조업 및 자동차판매업

▣ **영수증 발급의무자 중 세금계산서를 발급하여야 하는 경우**
일반과세자가 영수증 발급의무자로부터 재화 또는 용역을 공급받고, 공급자에게 세금계산서 발급을 요구하는 때에는 영수증 발급의무자는 세금계산서를 발급하여야 한다. 한편, **목욕·이발·미용업, 여객운수업(전세버스 운송사업은 제외함), 입장권을 발행하여 영위하는 사업**의 경우에는 공급받는 자가 세금계산서의 발행을 요구하여도 공급자는 세금계산서를 발행할 수 없으나 감가상각자산을 공급하는 경우에 공급받는 사업자가 세금계산서 발급을 요구할 때에는 세금계산서를 발급하여야 한다.

2 세금계산서 발급시기

① 세금계산서는 사업자가 재화 또는 용역의 공급시기에 재화 또는 용역을 공급받는 자에게 발급하여야 한다.(거래일자 = 작성일자 = 발급일자)

② 제1항에도 불구하고 다음 각 호의 어느 하나에 해당하는 경우에는 재화 또는 용역의 공급일이 속하는 달의 다음 달 10일(그 날이 공휴일 또는 토요일인 경우에는 바로 다음 영업일을 말한다)까지 세금계산서를 발급할 수 있다.
1. 거래처별로 **1역월(1曆月)**의 공급가액을 합하여 해당 달의 말일을 작성 연월일로 하여 세금계산서를 발급하는 경우
2. 거래처별로 1역월 이내에서 사업자가 임의로 정한 기간의 공급가액을 합하여 그 기간의 종료일을 작성 연월일로 하여 세금계산서를 발급하는 경우
3. 관계 증명서류 등에 따라 **실제거래사실이 확인되는 경우**로서 해당 거래일을 작성 연월일로 하여 세금계산서를 발급하는 경우

3 세금계산서 발급일자

[1] 원칙
재화 또는 용역을 공급하는 때(발급시기)

[2] 공급일의 다음달 10일까지 세금계산서를 발급할 수 있는 경우
① 거래처별로 1역월의 공급가액을 합계하여 당해 월의 말일자를 작성일자로 하여 세금계산서를 발급하는 경우
② 거래처별로 1역월 이내에서 사업자가 임의로 정한 기간의 공급가액을 합계하여 그 기간의 종료일자를 작성일자로 하여 세금계산서를 발급하는 경우
③ 관계증빙서류등에 의하여 실제거래사실이 확인되는 경우로서 당해 거래일자를 발행일자로 하여 세금계산서를 발급하는 경우

[3] 중간지급조건부 거래 세금계산서 발급일자
중간지급조건부 거래의 경우 **계약서상 대가를 받기로 한 날**이 세금계산서 발급일(작성일자)이다. 중간지급조건부로 재화 또는 용역을 공급하는 경우라 함은 재화가

인도되기 전 또는 용역의 제공이 완료되기 전에 계약금 이외의 대가를 분할하여 지급하는 경우로서 계약금을 지급하기로 한 날의 다음날부터 잔금을 지급하기로 한 날까지의 기간이 **6개월 이상**이고, **중도금을 1회 이상 분할하여** 지급받기로 한 계약을 말한다.

[4] 공급시기 도래 전 세금계산서 발급일자

다음 각 호의 어느 하나에 해당하는 경우에는 재화 또는 용역을 공급하는 사업자가 그 재화 또는 용역의 공급시기가 되기 전에 세금계산서를 발급하고 그 세금계산서 발급일부터 7일이 지난 후 대가를 받더라도 해당 세금계산서를 발급한 때를 재화 또는 용역의 공급시기로 본다.

1. 거래 당사자 간의 계약서·약정서 등에 대금 청구시기(세금계산서 발급일을 말한다)와 지급시기를 따로 적고, 대금 청구시기와 지급시기 사이의 기간이 30일 이내인 경우
2. 재화 또는 용역의 공급시기가 세금계산서 발급일이 속하는 과세기간 내(공급받는 자가 조기환급을 받은 경우에는 세금계산서 발급일부터 30일 이내)에 도래하는 경우

[개정 세법] 선발행 세금계산서 발급 사유 확대(부가가치세법 제17조)
세금계산서 발급 후 동일 과세기간 이내에 대가를 받는 경우
단, 조기환급을 받기 위해서는 30일 이내에 대가를 지급받아야 함
<시행 시기> 2018.1.1. 이후 재화 또는 용역을 공급하는 분부터 적용

[개정 세법] 선발급 세금계산서 공급시기 특례 요건 완화(부가법 §17③)
(종전) 동일 과세기간 내에 공급시기 도래 및 대가수령
(개정) 동일 과세기간 내에 공급시기 도래
<적용시기> 2022.1.1. 이후 재화 또는 용역을 공급하는 분부터 적용

[개정 세법] 착오로 선발급된 세금계산서의 매입세액공제 인정범위 확대(부가령 §75)
(종전) 세금계산서 발급일로부터 공급시기가 30일 이내에 도래
(개정) 세금계산서 발급일로부터 공급시기가 6개월 이내에 도래
<적용시기> 2022.2.15. 이후 재화 또는 용역을 공급하는 분부터 적용

❸ 세금계산서 및 전자세금계산서 관련 가산세 사례

1 세금계산서를 공급시기에 발급하지 못하고, 지연발급한 경우

세금계산서는 부가가치세법의 규정에 의한 **공급시기를 작성일자**로 하여 반드시 **공급시기가 속하는 달의 다음달 10일**까지 발급하여야 하며, 지연발급하는 경우

[1] 공급시기와 전자세금계산서 작성일자가 다른 경우 세무상 문제

공급시기(거래일자)와 세금계산서 작성일자가 착오로 잘못 기재한 경우 작성일자를 수정하여 수정세금계산서를 발급하여야 한다. 다만, 세금계산서는 발급시기가 속하는 달의 다음달 10일까지 발급을 하여야 하므로 수정한 작성일자의 다음달 10일 이내에 수정세금계산서를 발급하여야 가산세 적용이 없다.

[2] 작성일자를 잘못 기재하여 해당 공급시기가 속하는 달의 다음달 10일 이후 수정발급하는 경우

공급자가 세금계산서를 공급시기 이후의 날을 공급시기로 하여 지연발급한 경우 공급자에게는 공급가액의 1%가 공급받는자에게는 공급가액의 0.5%에 해당하는 가산세가 적용된다.

[3] 공급자가 세금계산서를 공급시기가 속하는 달의 다음달 11일 이후 발급한 경우

공급자가 세금계산서를 공급시기 이후 지연발급한 경우 공급자에게는 공급가액의 1%가 적용되며, 공급받는자에게는 공급가액의 0.5%의 가산세가 적용된다.
[부가가치세법 제60조 제2항(매출자 가산세) 제7항(매입자 가산세)]

단, 공급시기가 속하는 부가가치세 확정신고기한일의 다음달 이후 발급하는 경우 세금계산서를 발급하지 않은 것으로 보아 공급자는 공급가액의 2%를 가산세로 부담하여야 하며. 공급받는자는 매입세액을 공제받을 수 없다.

[개정 세법] 공급시기 이후 발급된 세금계산서의 매입세액공제 인정범위 확대(부가령 §75)
(종전) 공급시기가 지난 후 발급된 세금계산서에 대한 매입세액공제 인정 요건

확정신고기한 다음날부터 6개월 이내에 세금계산서를 발급받고 납세자가 경정청구, 수정신고 하는 경우
(개정) 6개월 → 1년
<적용시기> 2022. 2. 15 이후 재화 또는 용역을 공급하는 분부터

▶ 세금계산서 지연발급가산세
- 매출자 : 공급가액의 1%
- 매입자 : 공급가액의 0.5%

◆ 매출거래와 반품거래를 모두 기재누락한 경우 공급가액(절대값)의 합계액에 대하여 합계표 미제출가산세 적용됨
(부가, 부가46015-726 , 1998.04.14)
사업자가 매출거래와 반품거래에 대하여 각각 세금계산서를 교부하였으나 부가가치세 신고시 제출하는 매출세금계산서합계표에 이들 모두 기재누락한 경우에는 당해 세금계산서 각각 공급가액 합계액(음수의 경우 절대값으로 합계)에 대하여 부가가치세법 제22조 제3항의 매출세금계산서합계표 불성실가산세를 적용한다.

◆ 공급받는 자 세금계산서 지연수취 가산세
(부가, 전자세원과-394 , 2011.07.25, 부가46015-3980, 2000.12.11)
사업자가 재화 또는 용역의 공급시기 이후에 공급받은 세금계산서로서 당해 공급시기가 속하는 과세기간 내에 세금계산서를 교부받아 부가가치세법 제17조 제2항 제1호의2 단서규정에 의하여 매입세액을 공제받는 경우에는 부가가치세법 제22조 제4항 제1호에 규정하는 가산세를 적용하는 것임.

2 전자세금계산서 의무발급자가 종이 세금계산서를 발급한 경우

전자세금계산서 의무발급 대상자가 전자세금계산서를 발급하지 아니하고 종이 세금계산서를 발급한 경우 세금계산서 불성실가산세(공급가액의 100분의1)가 적용된다. 단, 매입자의 경우에는 귀책사유가 없으므로 매입세액을 공제받을 수 있다.

❹ 전자세금계산서 수정발급과 가산세 적용

1 계약 해제 또는 반품 관련 수정세금계산서 발급

[1] 개요
① 계약이 해제된 경우 계약해제일을 작성일자로 적고 비고란에 처음 세금계산서 작성일을 덧붙여 적은 후 붉은색 글씨로 쓰거나 음(陰)의 표시를 하여 발급한다.
② 재화를 공급한 후 하자 등의 사유로 반품된 경우 재화가 **환입된 날을 작성일자**로 하여 비고란에 당초 세금계산서 작성일자를 부기한 후 붉은색 글씨로 쓰거나 부(負)의 표시를 하여 발급한다.

▶ 환입 또는 계약의 해제로 그 사유가 발생한 날 정당하게 세금계산서를 수정 발급한 경우 매출자 및 매입자 모두 가산세 적용은 없다.

2 계약의 해제시 수정 전자세금계산서 발급

[1] 계약의 해제로 재화 또는 용역이 공급되지 아니한 경우
계약이 해제된 때에 그 작성일은 계약해제일로 적고 음(陰)의 표시를 하여 발급한다. (종이세금계산서의 경우 비고란에 처음 세금계산서 작성일을 덧붙여 기재함)

[2] 계약의 해지 등에 따라 공급가액에 가감되는 금액이 발생한 경우
증감 사유가 발생한 날을 작성일로 적고 추가되는 금액은 양수로, 차감되는 금액은 음(陰)의 표시를 하여 발급한다.

▶ **사업연도 이후 계약 해제 또는 환입된 경우 매출 차감**
상품·제품 또는 기타의 생산품을 판매한 경우 그 손익의 귀속시기는 그 상품 등을 인도한 날이 속하는 사업연도로 하는 것이며, 판매한 상품 등이 반품된 경우에는 그 반품일이 속하는 사업연도에 매출의 취소로 보아 매출액에서 차감하는 것임 (법인-1434, 2009.12.28.)

[3] 재화 또는 용역의 공급없이 세금계산서를 잘못 발행한 경우

재화나 용역을 공급함이 없이 매출 세금계산서를 잘못 발급한 경우에는 수정세금계산서 발급사유에 해당하지 아니하므로 수정세금계산서를 발급할 수 없으며, 매출 세금계산서를 발급한 공급자는 공급가액의 3%를 가산세로 부담하여야 한다. 한편, 거래없이 타 사가 세금계산서를 잘못 발행한 매입세금계산서를 수취한 해당 업체는 매입세액을 불공제처리 하여야 하며, 매입세액공제를 받은 경우에는 수정신고를 하여야 하고, 수정신고시 신고불성실가산세 및 납부지연가산세를 추가로 부담하여야 한다.

[4] 반품시 전자세금계산서 수정발급

(1) 처음 공급한 재화가 환입(還入)된 경우
재화가 환입된 날을 작성일로 입력하고, 음(陰)의 표시를 하여 발급한다. (종이 세금계산서의 경우 비고란에 처음 세금계산서 작성일을 덧붙여 기재함)

(2) 불량재화는 반품받고 동일 제품으로 교환하여 주는 경우
부가가치세가 과세되는 재화의 공급에 해당되지 아니하므로 반품에 따른 수정세금계산서 및 교환에 따른 세금계산서 발급대상이 아니다.

(3) 불량재화는 반품받고 동종 유사 제품으로 교환하여 주는 경우
반품에 따른 수정세금계산서 및 교환에 따른 세금계산서를 각각 발급한다.

(4) 불량재화를 반품받지 아니하고 동종 유사 제품을 무상으로 주는 경우
무상 공급시 시가를 과세표준으로 하여 세금계산서를 발급하여야 한다.

3 필요적 기재사항을 잘못 기입한 경우

[1] 필요적 기재사항을 착오로 잘못 입력한 경우
처음에 발급한 세금계산서의 내용대로 세금계산서를 음(陰)의 표시를 하여 발급하고, 수정하여 발급하는 세금계산서는 양수로 작성하여 발급한다. 다만, 다음의 어느 하나에 해당하는 경우로서 과세표준 또는 세액을 경정할 것을 미리 알고 있는 경우는 제외한다.
1. 세무조사의 통지를 받은 경우
2. 세무공무원이 과세자료의 수집 또는 민원 등을 처리하기 위하여 현지출장이나 확인업무에 착수한 경우
3. 세무서장으로부터 **과세자료 해명안내 통지**를 받은 경우

[2] 필요적 기재사항을 <u>착오 외의</u> 사유로 잘못 입력한 경우

재화나 용역의 공급일이 속하는 과세기간에 대한 **확정신고기한**까지 세금계산서를 작성하되, 처음에 발급한 세금계산서의 내용대로 세금계산서를 음(陰)의 표시를 하여 발급하고, 수정하여 발급하는 세금계산서는 양(陽)의 표시를 하여 작성한다. 다만, 과세표준 또는 세액을 경정할 것을 미리 알고 있는 경우는 수정 전자세금계산서를 발급할 수 없다.

[국세상담센터] 공급자 및 공급받는 자 수정이 착오인지
[문] 당초 공급자 또는 공급받는 자를 잘못 기재한 경우 착오로 인한 수정발급에 해당하나요?
[답] 당초 공급자 및 공급받는 자를 잘못 기재한 것은 착오로 보지 않습니다.
○ 부가 46015-3833(2000.11.27.)

[개정 세법] 착오외의 경우 수정세금계산서 발급기한 확대(부가령 §70①)
[종전] 확정신고기한까지
[개정] 확정 신고기한 다음날부터 1년까지
<적용시기> 2022. 2. 15. 이후 재화 또는 용역을 공급하는 분부터 적용

▶ 폐업자에게 세금계산서를 발급한 경우

재화 또는 용역을 공급받는 자가 사업자가 아닌 경우(폐업자 포함)에는 공급받는 자의 주소·성명 및 주민등록번호 기재하여 발급하여야 한다. 단, 매입자가 폐업자인줄 모르고 사업자번호로 세금계산서를 발행한 경우 재화 및 용역의 공급일이 속하는 과세기간에 대한 **확정신고기한(22.2.15 이후 확정 신고기한 다음날부터 1년)**까지 수정세금계산서를 작성 발급할 수 있는 것으로 이 경우 당초분은 취소하고 공급받는자의 주민등록번호를 기재한 수정세금계산서를 발급할 수 있으며, 이 경우 가산세 적용은 없다.

[3] 사업자를 주민등록기재분으로 세금계산서 발급한 경우

공급자가 거래 상대방이 사업자인 것을 모르고 주민등록번호를 기재하여 발행한 세금계산서는 주민등록번호를 사업자등록번호로 수정한 세금계산서를 발급할 수 있다. 이 경우 **세무서장이 경정하여 통지하기 전까지** 당초에 발급한 세금계산서의 내용대로(당초 작성일자) 세금계산서를 수정하여 발급한다. 다만, 공급받는 자가 사업자등록을 하기 전에 공급받는 자의 주민등록번호를 기재하여 발급한 세금계산서에 대하여는 사업자등록번호로 수정한 세금계산서를 발급할 수 없다.

[국세상담센터] 주민번호의 사업자번호로 수정이 착오인지
[문] 당초 주민번호 기재 발급분을 사업자번호로 수정하는 경우 착오로 인한 수정발급에 해당하나요?
[답] 당초 착오로 주민등록번호를 기재하여 발급한 세금계산서를 추후 사업자등록번호로 수정발급하는 경우는 착오로 보는 것입니다.
○ 부가 46015-2135(1999.7.26.)

④ 공급가액 및 세액 수정과 세금계산서 발급

[1] 착오에 의하여 공급가액 및 세액을 과다 발급한 경우

착오에 의하여 공급가액 및 세액을 잘못 기입한 경우 세금계산서를 수정하여 발급할 수 있으며, 수정세금계산서를 발급하는 경우 세금계산서(합계표)와 관련한 가산세는 적용되지 않는다. 또한 과세기간을 달리하여 발급하여도 세금계산서(합계표)와 관련한 가산세는 발생하지 않는다. 다만, 과소납부한 세액이 있는 경우 신고불성실가산세 및 납부지연가산세는 추가로 부담을 하여야 한다.

[2] 착오에 의하여 공급가액 및 세액을 과소 발급한 경우

착오에 의하여 공급가액 및 세액을 과소 기재한 경우 세금계산서를 수정하여 발급할 수 있으며, 수정세금계산서를 발급하는 경우 세금계산서(합계표)와 관련한 가산세는 적용되지 않는다. 또한 과세기간을 달리하여 발급하여도 세금계산서(합계표)와 관련한 가산세는 발생하지 않는다. 다만, 과소납부한 세액이 있는 경우 신고불성실가산세 및 납부지연가산세는 추가로 부담을 하여야 한다.

[3] 계약의 변경 등에 따라 공급가액이 가감되는 경우
계약의 변경 등에 따라 공급가액에 추가되거나 차감되는 금액이 발생한 경우에는 증감 사유가 발생한 날을 작성일로 적고 증감되는 금액을 기재하여 수정세금계산서를 발급하는 것이며, 이 경우 적용되는 가산세는 없다.

5 기타 수정 전자세금계산서 발급 및 가산세

[1] 착오로 전자세금계산서를 이중으로 발급한 경우
① 매출자는 처음에 발급한 세금계산서의 내용대로 음(陰)의 표시를 하여 발급 : 전자세금계산서를 착오에 의한 이중으로 발급한 경우 당초 작성일자로 하여 부(-)의 수정세금계산서를 발행하고 당초 과세기간분에 대하여 '경정청구'하여 환급을 받아야 한다. 이 경우 가산세 적용은 없다.
② 매입자는 매입세액을 공제받은 사실이 없는 경우 가산세 적용은 없으나 매입세액을 중복으로 공제받았다면, 수정신고를 하여야 하며, 수정신고시 신고불성실 및 납부지연가산세가 적용된다. 단, 수정전자세금계산서를 발급받고 수정신고시에는 매입처별세금계산서합계표불성실가산세는 적용되지 않는다.

[2] 재화 또는 용역의 공급없이 세금계산서를 잘못 발행한 경우
재화나 용역을 공급함이 없이 매출 세금계산서를 잘못 발급한 경우에는 수정세금계산서 발급사유에 해당하지 아니하므로 수정세금계산서를 발급할 수 없으며, 재화나 용역을 공급함이 없이 매출세금계산서를 발급한 공급자는 공급가액의 3%를 가산세로 부담하여야 한다. 단, 재화 또는 용역을 공급하고, 반품 또는 계약이 해제된 경우 반품 또는 계약해제일을 작성일자로 하여 감액 수정세금계산서를 발급할 수 있으며, 이 경우 가산세 적용은 없다. 한편, 거래없이 타 사가 세금계산서를 잘못 발행한 매입세금계산서를 수취한 해당 업체는 매입세액을 불공제처리하여야 하며, 매입세액공제를 받은 경우에는 수정신고를 하여야 하고, 수정신고시 신고불성실가산세 및 납부지연가산세를 추가로 부담하여야 한다.

[3] 세금계산서를 발행하여야 하나 면세 계산서를 발행한 경우
부가가치세가 과세되는 재화 또는 용역을 공급하였으나 면세 계산서를 발급한 경우 소급하여 세금계산서를 발급할 수 없는 것이며, 세금계산서 미발급가산세(공급가액의 2%) 또는 지연발급가산세(공급가액의 1%) 및 신고불성실가산세, 납부지연가산세가 적용된다.

[4] 면세 계산서를 발행하여야 하나 세금계산서를 발행한 경우

부가가치세가 면제되는 재화나 용역을 공급하면서 착오로 계산서가 아닌 세금계산서로 발급한 경우 부가가치세법의 가산세 또는 법인세법 또는 소득세법의 규정에 의한 계산서 미발급가산세가 적용되지 아니한다.

◆ 면세 계산서 발급대상 거래에 대하여 세금계산서를 발급한 경우 계산서 미발급 가산세가 적용되는지 여부
[법인세제과-1279, 2019.9.18.]
의료업을 영위하는 비영리내국법인이 부가가치세가 면제되는 용역을 공급하면서 계산서를 교부하는 대신 부가가치세가 과세되는 것으로 착오하거나 부지로 부가가치세법상 세금계산서를 교부한 경우에는 「법인세법」(2018.12.24., 법률 제16008호로 개정되기 전의 것) 제121조제6항에 따라 계산서를 작성·발급한 것으로 보아 같은 법 제76조제9항에 따른 계산서미발급가산세를 적용하지 않는 것임

<종전 규정> 계산서 지연발급가산세(1%) 또는 미발급가산세(2%) 적용

❺ 세금계산서합계표 미제출 가산세

1 매출처별세금계산서합계표 미제출가산세

사업자가 다음 각 호의 어느 하나에 해당하면 각 호에 따른 금액을 납부세액에 더하거나 환급세액에서 **뺀다**. 다만, 착오로 적힌 경우로서 사업자가 발급한 세금계산서에 따라 거래사실이 확인되는 부분의 공급가액에 대하여는 그러하지 아니하다.

1. 매출처별 세금계산서합계표를 제출하지 아니한 경우에는 매출처별 세금계산서합계표를 제출하지 아니한 부분의 **공급가액에 0.5퍼센트를** 곱한 금액

2. 예정신고를 할 때 제출하지 못하여 해당 예정신고기간이 속하는 과세기간에 확정신고를 할 때 매출처별 세금계산서합계표를 제출하는 경우에는 그 공급가액에 **0.3 퍼센트**를 곱한 금액과 납부지연가산세(세금계산서의 매출세액 × 2.2/10,000 × 예정신고기한의 다음날부터 확정신고기한일까지의 일수)를 추가 부담하여야 한다.

[개정 세법] 세금계산서합계표 미제출 등 가산세 인하 [부가가치세법 제60조 제6항]
□ 세금계산서합계표 미제출 및 불성실가산세
(종전) 공급가액의 1% → (개정) 공급가액의 0.5%
□ 세금계산서합계표 지연제출 가산세(예정신고분을 확정신고시 제출하는 경우)
(종전) 공급가액의 0.5% → (개정) 공급가액의 0.3%
<적용시기> 2017년 1월 1일 이후 공급하는 분부터 적용

2 매입처별세금계산서합계표 미제출가산세

과세사업자가 매입처별세금계산서합계표 제출을 누락한 경우에는 사업자가 공제받을 수 있는 매입세액을 공제받지 않은 것이므로 가산세 적용은 없다. 단, 면세사업을 하는 법인이나 복식부기의무자인 개인사업자로서 면세사업을 하는 경우 매입처별세금계산서합계표를 다음해 **2월 10일**까지 반드시 제출하여야 하며, 제출하지 않는 경우 세금계산서합계표불성실가산세(공급가액의 0.5%)를 부담하여야 한다.

❻ 부가가치세 매입자 납부 특례와 관련한 가산세

부가가치세 매입자 납부제도는 자료상 등이 고액의 세금계산서만 발급하고, 폐업한 후 부가가치세 및 법인세 등을 납부하지 아니하고, 거래상대방(매입자)은 실물거래 없이 세금계산서를 수취하여 매입세액을 공제받고, 비용으로 처리함으로서 부가가치세 및 법인세(개인사업자의 경우 소득세)를 탈루하는 문제점을 보완하기 위한 제도로서 **매입자 납부특례대상 품목(금지금, 고금, 구리스크랩, 금스크랩, 철스크랩)**의 경우 매출자가 발급한 세금계산서의 부가가치세를 매입자로 하여금 납부하게 하는 제도이다. 즉, 매출자가 매입자로부터 부가가치세를 징수하지 아니하고, 매입자가 부가가치세를 국세청이 정한 지정금융기관에 입금한 후 지정금융기관이 부가가치세를 국세청에 납부하는 것을 말한다.

[개정 세법] 부가가치세 매입자 납부특례 가산세 인하 (조세특례제한법 제106조의4 ⑦, 제106조의9 ⑥)
(종전) 전용거래계좌 미사용에 대한 가산세 : 공급가액의 20%
(개정) 전용거래계좌 미사용에 대한 가산세 : 공급가액의 10%
<적용시기> 2016.1.1. 이후 공급하거나 공급받는 분부터 적용

[개정 세법] 부가가치세 매입자납부특례의 부가가치세액 입금기한 및 지연입금 가산세 부과 기산일 개선 (조세특례제한법 제106조의4, 제106조의9)
(종전) 금 관련 제품 및 스크랩 등을 공급받거나 세금계산서를 발급받은 날 당일
(개정) 당일 → 다음 날
<적용시기> 2019.1.1. 이후 가산세를 징수하는 분부터 적용

[개정 세법] 부가가치세 매입자납부특례 관련 지연입금 가산세 인하
2019년 2월 11일 이전의 미납기간 : 1일 0.03%
2019년 2월 12일 이후의 미납기간 : 1일 0.025%
2022년 2월 15일 이후의 미납기간 : 1일 0.022%
<적용시기> 2022. 2. 15 이후 부과하는 경우부터 적용

□ 조세특례제한법 제106조의9(스크랩등에 대한 부가가치세 매입자 납부특례) -요약-
① 다음 각 호의 어느 하나에 해당하는 물품(스크랩등)을 공급하거나 공급받으려는 사업자 또는 수입하려는 사업자(스크랩등사업)는 스크랩등 거래계좌(스크랩등거래계좌)를 개설하여야 한다. <개정 2015. 12. 15.>
1.「관세법」제84조에 따라 기획재정부장관이 고시한「관세·통계통합품목분류표」중 구리의 웨이스트 및 스크랩과 잉곳(ingot) 또는 이와 유사한 재용해(再溶解)구리의 웨이스트와 스크랩으로부터 제조된 괴상의 주조물
2. 구리가 포함된 합금의 웨이스트 및 스크랩으로서 구리함유량이 100분의 40 이상인 물품
3.「관세법」제84조에 따라 기획재정부장관이 고시한「관세·통계통합품목분류표」중 철의 웨이스트와 스크랩, 철강의 재용해용 스크랩 잉곳 또는 그 밖에 이와 유사한 것으로서 대통령령으로 정하는 물품

03 부가가치세 신고시 명세서 등 제출 및 가산세

❶ 현금매출명세서 제출의무 및 미제출에 대한 가산세

1 현금매출명세서 제출의무

현금매출명세서 제출대상 사업을 하는 사업자가 현금매출명세서를 제출하지 아니하거나 제출한 수입금액(현금매출명세서의 경우 현금매출)이 사실과 다르게 적혀 있으면 제출하지 아니한 부분의 수입금액 또는 제출한 수입금액과 실제 수입금액과의 차액에 1퍼센트를 곱한 금액을 납부세액에 더하거나 환급세액에서 뺀다.

▶ **특정 업종의 현금매출명세서 제출 의무**
다음의 사업을 하는 사업자는 예정신고 또는 확정신고를 할 때 현금매출명세서를 함께 제출하여야 한다. [부가가치세법 제55조 제1항]

(1) 부가가치세법 제55조
부동산업, 전문서비스업, 과학서비스업 및 기술서비스업, 보건업, 그 밖의 개인서비스업
(2) 부가가치세법 시행령 제100조 및 제109조 제2항제7호
예식장업, 부동산중개업, 보건업(병원과 의원으로 한정한다), 변호사업, 심판변론인업, 변리사업, 법무사업, 공인회계사업, 세무사업, 경영지도사업, 기술지도사업, 감정평가사업, 손해사정인업, 통관업, 기술사업, 건축사업, 도선사업, 측량사업, 공인노무사업, 의사업, 한의사업, 약사업, 한약사업, 수의사업과 그 밖에 이와 유사한 사업서비스업으로서 기획재정부령으로 정하는 것
(3) 부가가치세법 시행규칙 제71조
과자점업, 도정업, 제분업 및 떡류 제조업 중 떡방앗간
양복점업, 양장점업, 양화점업
그 밖에 자기가 공급하는 재화의 50퍼센트 이상을 최종소비자에게 공급하는 사업으로서 국세청장이 정하는 것

② 현금매출명세서 미제출가산세

현금매출명세서 제출대상 사업을 하는 사업자가 현금매출명세서를 제출하지 아니하거나 제출한 수입금액(현금매출명세서의 경우 현금매출)이 사실과 다르게 적혀 있으면 제출하지 아니한 부분의 수입금액 또는 제출한 수입금액과 실제 수입금액과의 차액에 1퍼센트를 곱한 금액을 납부세액에 더하거나 환급세액에서 뺀다.
[부가가치세법 제60조 ⑧]

▶ **제출, 신고, 가입, 등록, 개설 제출의무 위반에 대한 가산세 감면**
세법에 따른 제출, 신고, 가입, 등록, 개설의 기한이 지난 후 1개월 이내에 해당 세법에 따른 제출등의 의무를 이행하는 경우(제출등의 의무위반에 대하여 세법에 따라 부과되는 가산세만 해당한다) 해당 가산세액의 100분의 50에 상당하는 금액을 감면한다. [국세기본법 제48조 제②항 제3호]

❷ 부동산임대공급가액명세서 제출의무 및 미제출가산세

① 부동산임대공급가액명세서 제출의무

부동산임대업자는 부동산임대공급가액명세서를 예정신고 또는 확정신고를 할 때 함께 제출하여야 한다. [부가가치세법 제55조 제2항]

② 부동산임대공급가액명세서 미제출가산세

부동산임대업을 하는 사업자가 부동산임대공급가액명세서를 제출하지 아니하거나 제출한 수입금액이 사실과 다르게 적혀 있으면 제출하지 아니한 부분의 수입금액 또는 제출한 수입금액과 실제 수입금액과의 차액에 1퍼센트를 곱한 금액을 납부세액에 더하거나 환급세액에서 뺀다. [부가가치세법 제60조 ⑧]

❸ 영세율 적용사업자의 서류 제출 의무 및 가산세

1 영세율 적용사업자의 영세율 신고 및 서류 제출 의무

① 영세율이란 재화 또는 용역의 공급에 대하여 **영의 세율**을 적용하여 부가가치세를 징수하지 않는 것을 말한다. 영세율 적용대상은 부가가치세법 및 조세특례제한법에서 규정하고 있으나 실무에서 접하는 영세율은 대부분 **수출업자** 및 **수출업자에게 수출물품을 납품하는 수출품생산업자**의 경우이다.
② 부가가치세법 제21조부터 제24조까지의 규정에 따라 영세율이 적용되는 재화 또는 용역을 공급하는 사업자는 예정신고 및 확정신고를 할 때 예정신고서 및 확정신고서에 수출실적명세서 등의 서류를 첨부하여 제출하여야 한다.
③ 영세율 관련 서류를 첨부하지 아니한 부분에 대하여는 예정신고 및 확정신고로 보지 아니한다. [부가가치세법 제56조]

▶ 영세율 첨부서류

1) 수출하는 재화
수출실적명세서 다만, 소포우편(EMS 등)에 의하여 수출한 경우에는 당해 우체국장이 발행하는 소포수령증으로 한다.

2) 수출품생산업자가 수출업자에게 공급하는 재화 또는 용역
내국신용장 또는 구매확인서 사본

3) 수출재화 임가공용역
임가공계약서 사본 및 당해 수출업자가 발급한 납품사실증명서 또는 수출대금입금증명서

4) 기타 영세율
외화입금증명서 등 → 부가가치세법 시행령 제101조(영세율 첨부서류의 제출)

2 영세율 과소신고 및 첨부서류 미제출에 대한 가산세

① 사업자가 부가가치세 신고를 한 경우로서 영세율과세표준을 과소신고(신고하지

아니한 경우 포함)한 경우에는 과소신고분(신고하여야 할 금액에 미달한 금액) 영세율과세표준의 **1천분의 5**에 상당하는 금액을 합한 금액을 가산세로 한다.
② 사업자가 부가가치세 신고시 영세율 과세표준이 있는 경우에는 법령에 정한 영세율 첨부서류를 반드시 제출하여야 하며, 미제출시에는 영세율과세표준의 **1천분의 5**에 해당되는 가산세가 적용된다.
③ 법정신고기한 내에 영세율 과세표준을 기재하여 부가가치세 신고를 하였으나 영세율 첨부서류를 제출하지 않은 사업자가 영세율 첨부서류를 제출하여 수정신고 하는 경우 국세기본법 제48조 제2항에 따라 가산세가 감면된다.

□ 법정신고기한 경과 후 2년이내에 수정신고하는 경우 가산세 감면율
- 1개월 이내 : 90% 감면
- 3개월 이내 : 75% 감면
- 3 ~ 6개월 이내 : 50% 감면
- 6개월 ~ 1년 이내 : 30% 감면
- 1년 ~ 1년 6개월 이내: 20% 감면
- 1년 6개월 ~ 2년 이내: 10% 감면

③ 내국신용장 또는 구매확인서가 거래시기 이후 발급된 경우

당초 내국신용장 또는 구매확인서가 개설되지 아니하여 세금계산서를 발급하였으나 공급시기가 속하는 과세기간 종료 후 25일 이내에 내국신용장 또는 구매확인서가 개설된 경우 다음과 같이 수정 세금계산서를 발급한다.
1. 재화 또는 용역의 공급일을 작성일자로 하여 세금계산서를 발급한다.
2. 내국신용장 또는 구매확인서가 개설된 때에 처음 발급한 세금계산서(1의 세금계산서)는 발급한 세금계산서의 내용대로 음(陰)의 표시를 하여 발급한다.
3. 처음 세금계산서 작성일로 하여(비고란에 내국신용장 개설일 등을 덧붙여 적음) 영세율 세금계산서를 발급한다.

▶ **세금계산서를 발급하여야 하나 영세율 세금계산서를 발급한 경우**
세금계산서를 발급하여야 하나 영세율 세금계산서를 발급하고, 예정신고기간 또는 확정신고기간이 지난 이후 수정세금계산서를 발급하는 경우 매출자는 부가가치세 과소납부에 따른 신고불성실가산세 및 납부지연가산세를 추가로 부담하여야 한다.

04 사업자등록의무 및 미등록가산세

❶ 사업자등록의무

1 사업자등록 신청기한

사업자는 사업장마다 사업 개시일부터 20일 이내에 사업장 관할 세무서장에게 사업자등록을 신청하여야 한다. 다만, 신규로 사업을 시작하려는 자는 사업 개시일 이전이라도 사업자등록을 신청할 수 있다. [부가가치세법 제8조]

사업자란 사업상 독립적으로 재화(물품 등) 또는 용역(서비스)을 계속, 반복적으로 공급하는 자를 의미한다. 예를 들어 중고자동차를 계속, 반복적으로 공급하는 경우에는 사업자에 해당하지만, 개인 목적으로 사용하던 차량을 매각하는 경우는 계속 반복적으로 재화를 공급하는 것이 아니므로 사업자에 해당하지 않는 것이다.

2 사업자 구분

[1] 과세사업자와 면세사업자

사업자는 과세사업자와 면세사업자로 구분하며, 과세사업자는 일반과세자와 간이과세자로 구분한다.
과세사업자란 **부가가치세**가 과세되는 재화 또는 용역을 공급하는 사업자를 말하며, 다음의 면세사업자에 해당하지 않는 사업자는 과세사업자에 해당한다.

반면, 면세사업자란 부가가치세 징수의무가 면제되는 사업자를 말하며, 다음의 업종을 영위하는 자로서 면세사업자는 부가가치세 신고 및 납부의무가 없다.
1. 가공되지 아니한 식료품(쌀, 미가공 농·축·수산물 등)
2. 병원, 의원(단, 성형목적의 의료시술은 과세됨)
3. 허가 또는 인가를 받은 학원, 강습소, 기타 비영리단체 등

4. 도서, 신문, 토지의 공급 및 주택과 그 부수토지의 임대용역
5. 개인이 일의 성과에 따라 수당 또는 이와 유사한 성질의 대가를 받는 인적용역(직업 강사, 번역 전문인) 등
6. 국민주택(전용면적 85㎡) 이하의 공급 및 당해 주택의 건설용역

[2] 일반사업자와 간이사업자 구분

① 개인사업자의 경우 간이과세자에 해당하지 않는 사업자는 모두 일반과세자에 해당한다.

② 간이과세자란 연간 공급대가 예상액이 **8,000만원 미만**인 개인사업자로서 간이과세자로 신청한 경우 간이과세자가 된다. 다만, 아래 사업자는 연간 공급대가 예상액이 8,000만원 미만이라도 간이과세를 적용받을 수 없다.
1. 제조업 (단, 과자점, 떡방앗간, 양복, 양장점은 간이과세 가능)
2. 도매업 (소매업 겸업시 도, 소매업 전체), 부동산매매업
3. 시 이상 지역의 과세유흥장소
4. 전문직사업자 (변호사, 법무사, 공인회계사, 세무사, 약사업 등)
5. 현재 일반과세자로 사업을 하고 있는 자가 새로이 사업자등록을 낸 경우 (다만, 개인택시, 용달, 이발.미용업은 제외)

❷ 미등록가산세

부가가치세법에 의한 과세사업자가 사업자등록을 신청하지 아니한 경우 사업 개시일부터 등록을 신청한 날의 직전일까지 공급가액 합계액의 1퍼센트에 해당하는 금액을 미등록가산세로 추가 부담하여야 한다.

□ 부가가치세법 제60조(가산세)
① 사업자가 다음 각 호의 어느 하나에 해당하면 각 호에 따른 금액을 납부세액에 더하거나 환급세액에서 뺀다. <개정 2014. 1. 1., 2016. 12. 20.>
1. 제8조제1항 본문에 따른 기한까지 등록을 신청하지 아니한 경우에는 사업 개시일부터 등록을 신청한 날의 직전일까지의 공급가액 합계액의 1퍼센트

05 부가가치세 관련 가산세 실무 사례

❶ 부가가치세 예정분 매출세금계산서 누락시 가산세

부가가치세 예정신고시 매출세금계산서를 누락한 경우 확정신고시 예정신고누락분으로 제출할 수 있으며, 이 경우 적용되는 가산세는 다음과 같다.

[1] 추가 납부할 세액
신고누락한 매출세액

[2] 매출처별세금계산서합계표불성실가산세
공급가액 × 3/1,000

[3] 납부지연가산세
매출세액 × 2.2/10,000 × 미납일수
- 2019년 2월 11일 이전의 미납기간 : 1일 0.03%
- 2019년 2월 12일 이후의 미납기간 : 1일 0.025%
- 2022년 2월 15일 이후의 미납기간 : 1일 0.022%

[4] 과소신고가산세
과소납부세액 × 10/100 × [1 - 감면율]

[개정 세법] 수정신고시 과소신고 가산세 감면율 조정 및 세분화(국기법 §48 ②)

수정신고 기일	감면율	수정신고 기일	감면율
1개월 이내	90% 감면	6개월 ~ 1년 이내	30% 감면
3개월 이내	75% 감면	1년 ~ 1년 6개월 이내	20% 감면
3 ~ 6개월 이내	50% 감면	1년 6개월 ~ 2년 이내	10% 감면

<적용시기> 2020.1.1. 이후 수정신고하는 분부터 적용

❷ 매출세금계산서 누락 등 매출세액 과소 신고시 가산세

[1] 추가 납부할 세액
과소신고한 매출세액

[2] 매출처별세금계산서합계표불성실가산세
공급가액 × 0.5/100

▶ 매출세금계산서를 발급하지 아니한 경우
매출처별세금계산서합계표 가산세 적용대상이 아니며, 세금계산서 미발급가산세(공급가액의 2%) 적용 단, 종이세금계산서를 발급한 경우 가산세 : 공급가액의 1%

▶ 매출처별세금계산서합계표 가산세 감면
신고기한일로부터 1개월 이내 수정신고하는 경우 매출처별세금계산서합계표불성실가산세의 50% 감면됨

▶ 세금계산서 발급대상이 아닌 경우에는 가산세 없음
신용카드매출, 세금계산서 발급의무가 없는 소매등의 경우로서 매출누락에 대하여 수정신고하는 경우 매출처별세금계산서합계표 가산세는 적용하지 않는다.

[3] 납부지연가산세
과소납부한 세액 × 2.2/10,000 × 미납일수(신고납부 기한일의 다음날부터 수정신고 납부일까지의 기간 일수)
- 2019년 2월 11일 이전의 미납기간 : 1일 0.03%
- 2019년 2월 12일 이후의 미납기간 : 1일 0.025%
- 2022년 2월 15일 이후의 미납기간 : 1일 0.022%

[4] 신고불성실가산세 (일반과소신고가산세)
과소신고한 세액 × 10/100 × [1- 감면율]

[5] 부동산임대공급가액명세서 또는 현금매출명세서 미제출가산세

부동산임대업자 또는 현금매출명세서 제출대상사업자가 부동산임대공급가액명세서 또는 현금매출명세서를 제출하지 않은 경우 미제출가산세를 부담하여야 한다.
부동산임대공급가액명세서 또는 현금매출명세서 미제출가산세 : 제출하지 아니한 수입금액 × 1% (1개월 이내 제출시 50% 감면)

❸ 매입세금계산서 세액 과다 신고시 가산세

[1] 추가 납부할 세액 → 과다공제 매입세액

[2] 매입처별세금계산서합계표불성실가산세
공급가액 × 0.5/100
- 1개월 이내 수정신고하는 경우 매입처별세금계산서합계표불성실가산세의 50% 감면

◆ 매입세액불공제분을 공제받은 경우 가산세
매입세액을 공제받을 수 없는 비영업용승용자동차를 구입하고 세금계산서를 수취한 경우 매입세액을 공제받을 수 없으나 매입처별세금계산서합계표를 제출하고 매입세액공제를 받고, 이를 수정신고하는 경우 신고불성실가산세 및 납부지연가산세는 적용되나 매입처별세금계산서합계표불성실가산세는 적용하지 아니한다.

[3] 납부지연가산세
부당공제매입세액 × 2.2/10,000 × 미납일수(신고납부 기한일의 다음날부터 수정신고 납부일까지의 기간 일수)
- 2019년 2월 11일 이전의 미납기간 : 1일 0.03%
- 2019년 2월 12일 이후의 미납기간 : 1일 0.025%
- 2022년 2월 15일 이후의 미납기간 : 1일 0.022%

[4] 신고불성실가산세 (일반과소신고가산세)
초과공제세액 × 10/100 × [1- 감면율]

 법인세법에 의한 의무불이행에 대한 가산세

01 주식등변동상황명세서 미제출 가산세

❶ 주주등변동상황명세서 제출의무

① 사업연도 중에 주식등의 변동사항이 있는 법인(대통령령으로 정하는 조합법인 등은 제외한다)은 법인세 신고기한까지 주식등변동상황명세서를 납세지 관할 세무서장에게 제출하여야 한다. [법인세법 제119조]

② 다음 각 호의 어느 하나에 해당하는 주식등에 대하여는 제1항을 적용하지 아니한다.
1. 주권상장법인으로서 해당 사업연도 중 주식의 명의개서 또는 변경을 취급하는 자를 통하여 1회 이상 주주명부를 작성하는 법인의 지배주주등 외의 소액주주등이 소유하는 주식등
2. 제1호 외의 법인: 해당 법인의 소액주주가 소유하는 주식등

▶ **소액주주 [법인세법 시행령 제161조 ④]**
소액주주등(발행주식총수 또는 출자총액의 100분의 1에 미달하는 주식 또는 출자지분을 소유한 주주등)으로서 다음 각 호의 어느 하나에 해당하는 주주등을 말한다.
1. 유가증권시장상장법인의 경우 보유하고 있는 주식의 액면금액의 합계액이 3억원에 미달하고 그 주식의 시가의 합계액이 100억원 미만인 주주

2. 코스닥시장상장법인의 경우 보유하고 있는 주식의 액면금액의 합계액이 3억원에 미달하고 그 주식의 시가의 합계액이 100억원 미만인 주주. 다만, 코스닥시장 상장 전에 주식을 취득한 경우에는 해당 주식의 액면금액의 합계액이 500만원 이하인 주주와 중소기업의 주식을 코스닥시장을 통하여 양도한 주주
3. 제1호 및 제2호 외의 법인의 경우 보유하고 있는 주식의 액면금액 또는 출자총액의 합계액이 500만원 이하인 주주등

▶ 주식양도에 대한 등기 및 법인의 회계처리

주주간 주식의 양도양수는 주주간의 거래로 법인의 회계처리대상이 아니며, 주식의 변동에 대해서는 별도의 등기 또는 등록을 요하지 않는다.

❷ 주주등변동상황명세서 미제출가산세

납세지 관할 세무서장은 내국법인이 사업연도 중에 주식등의 변동사항이 있을 때 주식등변동상황명세서를 제출하지 아니하거나 다음 각 호의 어느 하나의 경우에 해당하면 미제출, 누락제출 및 불분명하게 제출한 주식등의 **액면금액 또는 출자가액의 100분의 1**에 상당하는 금액을 가산한 금액을 법인세로서 징수하여야 한다. 이 경우 산출세액이 없는 경우에도 가산세는 징수한다. [법인세법 제75조의2 ②]

1. 명세서를 제출하지 아니한 경우
2. 명세서에 주식등의 변동사항을 누락하여 제출한 경우
3. 제출한 명세서가 불분명한 경우에 해당하는 경우

▶ 제출한 명세서가 불분명한 경우
(1) 제출된 변동상황명세서에 필요적 기재사항의 전부 또는 일부를 기재하지 아니하였거나 잘못 기재하여 주식등의 변동상황을 확인할 수 없는 경우
(2) 제출된 변동상황명세서의 필요적 기재사항이 주식등의 실제소유자에 대한 사항과 다르게 기재되어 주식등의 변동사항을 확인할 수 없는 경우

▶ 필요적 기재사항
(1) 주주등의 성명 또는 법인명, 주민등록번호·사업자등록번호 또는 고유번호
(2) 주주등별 주식등의 보유현황, 사업연도 중의 주식등의 변동사항

02   주식 양도양수와 관련한 세무실무

> 주식양도양수란 주주의 구성원을 변경하는 것을 말하는 것으로 아래의 절차를 거쳐 주식을 양도·양수한다. 단, 주식의 이동에 대하여는 별도의 등기 또는 등록을 요하지 않는다.

❶ 주식양도양수 계약서 작성

주식양도양수의 경우 주주간에 주식양수도 계약서를 작성한다. 취득가액과 양도가액이 동일한 경우에는 증권거래세만 납부하면 되나 비상장법인의 주식으로서 취득가액 이상으로 양도시 양도차익에 대하여 양도소득세를 납부하여야 한다.

❷ 증권거래세 신고 및 납부

① 주식을 **유상**으로 양도한 자는 주식양도일이 속하는 분기의 말일부터 2개월 이내에 '증권거래세과세표준신고서'(주식매매계약서 첨부)를 주식양도인의 주소지 관할세무서에 제출하여야 하며, **양도가액의 0.35%**를 증권거래세로 납부하여야 한다.
② 주식을 증여 등에 의하여 **무상**으로 양도하는 경우에는 증권거래세 신고·납부의무는 없다.

▶ 증권거래세 무신고 가산세
납세의무자가 증권거래세 과세표준신고서를 제출하지 아니하거나 납부하여야 할 세액에 미달하는 때에는 국세기본법에 의한 무신고가산세 및 납부지연가산세가 부과된다.
1. 무신고 가산세 : 무신고세액의 20%(일반 무신고) 또는 40%(부당 무신고)
2. 납부지연 가산세 : 미달 납부한 세액 × 미납기간의 일수 × 3/10,000

[개정 세법] 증권거래세율 인하(증권거래세법 §8, 시행령 §5)

종 전	개 정
□ 증권거래세 세율 ㅇ (코스피) 0.1%* 　* 농어촌특별세 0.15% 별도 ㅇ (코스닥) 0.25% ㅇ (코넥스) 0.1% ㅇ (비상장·장외거래) 0.45%	□ 세율 단계적 인하(△0.1%p) | 구분	종전	'21~'22년	'23년
---	---	---	---
코스피*	0.1%	0.08%	0%
코스닥	0.25%	0.23%	0.15%
코넥스	0.1%	0.1%	0.1%
기 타	0.45%	0.43%	0.35%	 　* 농어촌특별세는 0.15% 현행 유지

<적용시기> '21.1.1. 이후 양도하는 분부터 적용

[개정 세법] 증권거래세 인하(증권령 §5)

종 전	개 정
□ '23년부터 세율 인하 ㅇ (코스피) '22년 0.08% → '23년 0% ㅇ (코스닥) '22년 0.23% → '23년 0.15% ※ 코넥스, 기타(비상장, 장외거래 등) 현행 유지 		'22년	'23년~
---	---	---
코스피	0.08%	0%
코스닥	0.23%	0.15% | ※ 농어촌특별세(코스피분)는 0.15%	□ 코스피·코스닥 세율 인하시기 조정 ㅇ (코스피) '22년 0.08% →'23년 0.05% → '25년 0% ㅇ (코스닥) '22년 0.23% → '23년 0.20% → '25년 0.15% ※ (좌 동) |	'22년	'23~'24년	'25년~
---	---	---	---
코스피	0.08%	0.05%	0%
코스닥	0.23%	0.20%	0.15%	 ※ (좌 동)

<적용시기> '23.1.1. 이후 양도하는 분부터 적용

❸ 주식 양도에 대한 양도소득세 신고 및 납부

[1] 개요
비상장법인의 주식 양도에 따른 **양도차익**이 발생한 경우 양도일이 속하는 반기의 말일부터 2월 이내에 양도인의 주소지 관할세무서에 양도소득세를 신고·납부하여야 하며, 양도소득세의 10%(중소기업 대주주 또는 일반법인의 경우 20%)를 지방소득세로 납부하여야 한다. 단, 건물, 부동산에 관한 권리의 가액의 합계액이 80% 이상인 부동산 과다 보유 법인의 주식양도에 대하여는 기타자산으로 과세한다.

[2] 양도소득세 세율 [소득세법 제104조 ① 11]
① 중소기업 주식(대주주가 아닌 경우) : 10%
② 중소기업의 대주주 : 20%(과세표준 3억원 초과분 25%)
③ 중소기업이 아닌 경우 : 20%(과세표준 3억원 초과분 25%)
④ 일반법인(중소기업이 아닌 법인)의 주식으로 1년 미만 보유 주식 : 30%

[세법 개정] 2018년 이후 대주주 주식 양도소득세율
○ 과세표준 3억원 이하분 20%
○ 과세표준 3억원 초과분 25%

[개정 세법] 비상장법인 주식 양도시 20%의 세율이 적용되는 대주주
주식등의 양도일이 속하는 사업연도의 직전사업연도 종료일 현재 주주 1인 및 특수관계자가 소유하고 있는 해당 법인의 주식등의 시가총액이 다음의 연도별 구분에 따른 금액 이상 또는 지분율 이상인 경우의 해당 주주 1인 및 특수관계자가 주식을 양도하는 경우 양도소득세율은 20%가 적용된다.

▶ 대주주의 범위 [소득령 제167조의8 삭제 <2022. 2. 15.>]
★ 2024년 이전 종전 법령 적용 → 금융투자소득세 시행시기 2025년 1월 1일
2017년 1월 1일 이후 : 지분율 4% 이상 또는 시가 총액 25억원 이상
2018년 4월 1일 이후 : 지분율 4% 이상 또는 시가 총액 15억원 이상
2020년 4월 1일 이후 : 지분율 4% 또는 시가 총액 10억원 이상
2021년 4월 1일 이후 : 지분율 4% 또는 시가 총액 10억원 이상(개정 전 3억원)

○ 양도, 서면인터넷방문상담4팀-686 , 2004.05.18.
주식의 양도일이 속하는 사업연도의 직전사업연도 종료일 현재 당해 법인의 주식지분율이 대주주 지분율에 미달하더라도 당해 사업연도 중 주식취득으로 대주주 지분율 이상 보유하게 되는 경우 그 취득일 이후부터 당해 사업연도 종료일까지 대주주로 봄

■ 주식 양도소득세 부과대상 대주주 범위 (소득령§157 · 167의8)
□ 대주주 지분비율 및 종목별 보유액 요건
○ '20.4.1. ~ '22.12.31.

구 분	지분율	종목별 보유액
코스피	1% 이상	
코스닥	2% 이상	10억원 이상
코넥스 · 비상장	4% 이상	

■ 금융투자소득세 (소득세법 제87조의6 ~ 제87조의27)
주식과 채권, 펀드, 파생상품 등 금융투자를 통해 발생한 일정 금액이 넘는 소득에 부과하는 세금을 말한다.

[현행] 대주주에 대해 국내 상장주식 양도소득세를 과세표준 3억원 이하는 20%, 3억원 초과분은 25%의 세율로 과세하고 있음
[개정] 금융투자소득세 시행 유보 : (당초) 2023년 → (개정) 2025년 이후 시행
1) 주식·채권·펀드·파생상품 등 금융투자로 얻은 소득은 대주주와 상관없이, 국내 상장주식 등에 대해서는 5000만원, 기타 금융투자 소득금액은 250만원을 기본공제를 한 후 과세표준 3억원 이하는 20%, 3억원 초과는 25%의 2단계 세율로 산출세액을 계산한다.
2) 주식·채권·펀드·파생상품 등 금융투자로 얻은 소득에서 5년간 금융투자 이월결손금을 공제를 받을 수 있음

▶ 주식을 양도한 경우 일반적인 양도소득세 산정방법
(1) 양도가액 - 취득가액 - 필요경비(증권거래세 등) = 양도차익
(2) 양도차익 = 양도소득금액
(3) 양도소득금액 - 양도소득기본공제(2,500,000원) = 과세표준
(4) 과세표준 × 세율 = 산출세액

[3] 예정신고 및 확정신고
① 주식의 양도일이 속하는 **반기의 말일부터 2월 이내**에 신고·납부하여야 한다.
② 예정신고기간에 신고를 하지 않았거나 예정신고를 잘못한 경우에 신고하며, 주식 등의 양도일이 속하는 연도의 다음연도 5월말까지 신고한다.

▶ **양도소득세 신고시 첨부할 서류**
① 양도소득과세표준신고 및 자진납부계산서
② 주식양도소득금액 계산명세서
③ 양도시 및 취득시의 실지매매계약서 사본 등

[4] 법인이 보유주식을 양도하는 경우
법인이 보유주식을 양도하는 경우 발생하는 양도차익은 법인의 소득에 추가되어 법인세를 납부하는 것으로 법인은 양도소득세 신고납부의무가 없다.

❹ 주식등변동상황명세서등 제출

① 사업연도 중에 주식등의 변동사항이 있는 법인(조합법인등 제외)은 법인세 신고 기한내에 '주식등변동상황명세서' 및 '주식·출자지분양도명세서'를 납세지 관할 세무서장에게 제출하여야 한다.

② 주식변동상황명세서를 제출하여야 할 내국법인이 주식변동상황명세서를 제출하지 아니하거나 변동상황을 누락하여 제출한 경우와 제출한 변동상황명세서가 불분명한 경우에 해당하는 경우 미제출·누락제출 및 불분명하게 제출한 주식등의 액면금액 또는 출자가액의 100분의1에 상당하는 금액 (산출세액이 없는 경우에도 가산세는 징수한다.)을 가산세로 징수한다.

▶ **제출한 명세서가 불분명한 경우**
1) 제출된 변동상황명세서에 필요적 기재사항의 전부 또는 일부를 기재하지 아니하였거나 잘못 기재하여 주식등의 변동상황을 확인할 수 없는 경우
2) 제출된 변동상황명세서의 <u>필요적 기재사항</u>이 주식등의 실제소유자에 대한 사항과 다르게 기재되어 주식등의 변동사항을 확인할 수 없는 경우

▶ 필요적 기재사항
1) 주주등의 성명 또는 법인명, 주민등록번호·사업자등록번호 또는 고유번호
2) 주주등별 주식등의 보유현황
3) 사업연도 중의 주식등의 변동사유

◆ 감심2005-92, 2005.09.01.
주식 등 변동상황명세서(갑)표만 제출하고 (을)표를 제출하지 않은 경우 가산세를 부과할 수 없음

◆ 주식변동상황명세서 착오제출에 대한 가산세 적용 여부
주식변동상황명세서를 제출하여야 할 내국법인이 제출된 변동상황명세서의 필요적 기재사항의 일부가 착오로 사실과 다르게 기재된 경우로서 그 밖의 기재사항에 의하여 주식등의 변동사항을 확인할 수 있는 경우에는 제외되는 것임
(법인, 법인세과 - 326 , 2009.03.24.)

❺ 신설법인의 주주등의 명세서 제출

[1] 주주등의 명세서 제출의무
법인을 새로 설립한 경우 그 설립등기일부터 2개월 이내에 법인 설립신고를 하여야 하며, 이 경우 주주등의 명세서를 첨부하여 납세지 관할 세무서장에게 신고하여야 한다.

[2] 주주등의 명세서 미제출 가산세
주주등의 명세서를 제출하여야 함에도 이를 제출하지 않은 경우 등 다음 각 호의 어느 하나에 해당하는 경우에는 해당 주주등이 보유한 주식등의 액면금액 또는 출자가액의 1천분의 5를 가산세로 설립일이 속하는 사업연도의 법인세액에 더하여 납부하여야 한다. [법인세법 제75조의2 ①]

1. 명세서를 제출하지 아니한 경우
2. 명세서에 주주등의 명세의 전부 또는 일부를 누락하여 제출한 경우
3. 제출한 명세서가 불분명한 경우에 해당하는 경우

◆ 법인설립 당시 주주명세서를 제출한 내국법인
(법인, 서면인터넷방문상담2팀-1190 , 2007.06.19)
법인설립당시 주주명세서를 제출한 내국법인이 최초사업연도에 대한 법인세과세표준과 세액을 신고시 주식 등의 변동내용이 없으므로 『주식등변동상황명세서』를 제출하지 아니한 경우에는 미제출가산세 적용되지 아니함.

❻ 주식 이동시 반드시 검토할 사항

① 과점주주의 국세 제2차 납세의무

법인(증권시장에 상장한 법인 제외)의 재산으로 그 법인에 부과되거나 그 법인이 납부할 국세·가산금과 체납처분비에 충당하여도 부족한 경우에는 그 국세의 납세의무 성립일 현재 다음 각 호의 어느 하나에 해당하는 자는 그 부족한 금액에 대하여 제2차 납세의무를 진다. 다만, 제2호에 따른 과점주주의 경우에는 그 부족한 금액을 그 법인의 발행주식 총수(의결권이 없는 주식은 제외) 또는 출자총액으로 나눈 금액에 해당 과점주주가 실질적으로 권리를 행사하는 주식 수 출자액을 곱하여 산출한 금액을 한도로 한다.

1. 무한책임사원
2. 주주 또는 유한책임사원 1명과 그의 특수관계인 중 다음에 정하는 자로서 그들의 소유주식 합계 또는 출자액 합계가 해당 법인의 발행주식 총수 또는 출자총액의 100분의 50을 초과하면서 그에 관한 권리를 실질적으로 행사하는 자들
• 친족관계
• 경제적 연관관계
• 경영지배관계 중 국세기본법 시행령 제1조의2제3항제1호가목 및 같은 항 제2호 가목 및 나목의 관계. 이 경우 같은 조 제4항을 적용할 때 같은 항 제1호가목 및 제2호나목 중 "100분의 30"은 "100분의 50"으로 본다.

♣ 특수한 관계에 있는 사람의 범위 → 국세기본법 제2조 및 시행령 제1조의2

[개정 세법] 세법상 특수관계인으로서 친족범위 합리화(국기령 §1의2①)

종 전	개 정
□ 세법상 특수관계인 중 친족의 범위 ○ 6촌 이내의 혈족 ○ 4촌 이내의 인척 ○ 배우자(사실상의 혼인관계에 있는 자 포함) ○ 친생자로서 다른 사람에게 친양자 입양된 자 및 그 배우자·직계비속 <추 가>	□ 특수관계인 중 친족 범위 축소 ○ 4촌 이내의 혈족 ○ 3촌 이내의 인척 ○ (좌 동) ○ 혼외 출생자의 생부·생모

<적용시기> '23.3.1. 이후 시행

② 과점주주의 취득세 납세의무 등

[1] 과점주주의 취득세 납세의무

① 과점주주가 아니었던 자가 과점주주가 될 경우 그 법인이 소유한 부동산, 차량, 건설기계, 골프회원권 등 취득세 과세대상 물건에 대하여 과점주주가 다시 취득한 것으로 보아 과세표준에 과점주주 비율을 곱한 금액을 취득세로 신고 및 납부하여야 하며, 과점주주란 **주주 1인과 그와 특수관계인**이 보유하는 주식 총수가 발행주식 총수의 100분의 50을 초과하는 자를 말한다.

② 과점주주는 취득세 대상 자산을 취득한 때에 취득세를 납부하는 것이 아니라 과점주주가 된 때에 납부하는 것으로 설립시점부터 과점주주인 경우에는 취득세를 중과하지 아니하나 설립 당시 과점주주인 자가 이후 **지분이 증가한 경우**에는 증가한 지분에 대하여 취득세를 납부할 의무가 발생한다. 예를 들어 특정 주주와 그와 친족 기타 특수관계에 있는 자가 해당 **법인의 발행주식 총수 또는 출자총액의 100분의 50 이상을 출자하고 있는 경우** 법인의 경영에 대하여 지배적인 영향력을 행사

하고 있는 경우로 보아 특정주주 집단과 당해 법인은 특수관계자에 해당하며, 법인의 임원 및 사용인은 법인과 특수관계자에 해당하므로 특정주주 집단과 법인의 임원 및 사용인은 특수관계자에 해당한다고 볼 수 있으므로 법인의 임원 및 사용인이 아닌 주주가 과점주주 집단에게 주식을 양도함으로써 과점주주 집단의 지분이 증가하는 경우 증가한 지분율에 대하여 취득세를 신고 및 납부하여야 하는 것이다.

③ 과점주주이었던 자가 지분의 양도등(증자 포함)으로 인해 과점주주에서 제외되었으나 지분 취득등으로 다시 과점주주가 된 경우로서 그 이전 과점주주 비율보다 지분율이 증가된 경우 이미 과점주주가 된 주주가 당해 법인의 주식 또는 지분을 취득함으로써 당해 법인의 주식 또는 지분의 총액에 대한 과점주주가 가진 주식 또는 지분의 비율이 증가된 경우에는 그 증가된 분을 취득으로 보아 취득세를 부과한다.

▶ 과점주주 지분 변동에 대한 취득세 과세 대상 여부

구 분	과점주주 지분 변동	취득세 과세 여부
당초 과점주주		취득세 과세대상 아님
과점주주(×) →과점주주(○)	51%	과점주주 지분율에 취득세 과세
과점주주(○) →과점주주(○)	55% → 70%	15% 지분에 대하여 취득세 과세
과점주주(○) →과점주주(○)	80 → 55%	취득세 과세대상 아님

□ 특수한 관계에 있는 사람의 범위 [지방세기본법 제2조 및 시행령 제1조의2]
34. "특수관계인"이란 본인과 다음 각 목의 어느 하나에 해당하는 관계에 있는 자를 말한다. 이 경우 이 법 및 지방세관계법을 적용할 때 본인도 그 특수관계인의 특수관계인으로 본다.

가. 혈족·인척 등 대통령령으로 정하는 친족관계 -요약-
▲ 제2조(특수관계인의 범위) ① 「지방세기본법」 제2조제1항제34호가목에서 "혈족·인척 등 대통령령으로 정하는 친족관계"란 다음 각 호의 어느 하나에 해당하는 관계를 말한다.
1. 6촌 이내의 혈족 < 국세 2023.3.1. 이후 4촌 이내의 혈족, 지방세는 변경 없음>
2. 4촌 이내의 인척 < 국세 2023.3.1. 이후 3촌 이내의 혈족, 지방세는 변경 없음>
3. 배우자(사실상의 혼인관계에 있는 사람을 포함한다)
4. 친생자로서 다른 사람에게 친양자로 입양된 사람 및 그 배우자·직계비속

03 기타 법인세법의 의무 및 가산세

❶ 주주등의 명세서 제출의무 및 미제출가산세

1 주주등의 명세서 제출의무

내국법인은 그 설립등기일부터 2개월 이내에 다음 각 호의 사항을 적은 법인 설립 신고서에 주주등의 명세서와 사업자등록 서류 등을 첨부하여 납세지 관할 세무서장에게 신고하여야 한다. [법인세법 제109조]
1. 법인의 명칭과 대표자의 성명
2. 본점이나 주사무소 또는 사업의 실질적 관리장소의 소재지
3. 사업 목적
4. 설립일

2 주주등의 명세서 미제출가산세

납세지 관할 세무서장은 내국법인이 다음 각 호의 어느 하나에 해당하는 경우에는 해당 주주등이 보유한 주식등의 액면금액 또는 출자가액의 **1천분의 5**에 해당하는 금액을 설립일이 속하는 사업연도의 법인세에 가산하여 징수하여야 한다. 이 경우 산출세액이 없는 경우에도 가산세는 징수한다. [법인세법 제75조의 2 ①]

1. 명세서를 제출하지 아니한 경우
2. 명세서에 주주등의 명세의 전부 또는 일부를 누락하여 제출한 경우
3. 제출한 명세서가 <u>불분명한 경우</u>에 해당하는 경우

▶ **제출한 명세서가 불분명한 경우 [법령 제152조]**
1. 주주등의 성명 또는 법인명, 주민등록번호·사업자등록번호 또는 고유번호
2. 주주등별 주식등의 보유현황

❷ 계산서 발급 및 계산서합계표 제출의무 및 가산세

1 계산서 발급 및 계산서합계표 제출의무

[1] 계산서의 작성·발급 등

법인이 재화나 용역을 공급하면 계산서나 영수증을 작성하여 공급받는 자에게 발급하여야 한다. 이 경우 계산서는 전자적 방법으로 작성한 계산서(전자계산서)를 발급하여야 한다. [법인세법 제121조]

[2] 계산서를 발급하지 않아도 되는 경우

1. 부동산을 매각하는 경우(토지 및 건축물을 공급하는 경우)
2. 부가가치세법에 의하여 세금계산서의 발급이 면제되는 업종(소매업등 주로 사업자가 아닌 소비자에게 재화 또는 용역을 공급하는 사업)을 영위하는 사업자가 면세되는 재화 또는 용역을 공급하는 경우

2 매출처별 및 매입처별계산서합계표 제출의무

[1] 계산서합계표의 작성 및 제출

법인은 발급하였거나 발급받은 계산서의 매출·매입처별합계표를 그 작성일자가 속하는 사업연도의 **다음해 2월 10일**까지 관할 세무서장에게 제출하여야 한다.

[2] 계산서합계표를 제출하지 않아도 되는 경우

1. 세관장으로부터 발급받은 계산서의 매입처별 합계표
2. 전자계산서를 발급하거나 발급받고 전자계산서 발급명세를 국세청장에게 전송한 경우에는 매출·매입처별 계산서합계표
3. 「부가가치세법」에 따라 세금계산서 또는 영수증을 작성·발급하였거나 매출·매입처별 세금계산서합계표를 제출한 경우

③ 계산서 미발급등 가산세 및 계산서합계표 미제출가산세

내국법인이 다음의 어느 하나에 해당하는 경우에는 다음 각 호의 구분에 따른 금액을 가산세로 해당 사업연도의 법인세액에 더하여 납부하여야 한다.
[법인세법 제75조의8]

[1] 계산서 등 미발급, 허위발급·수취 가산세 [법인세법 제75조의8 ① 4]

(1) 미발급·허위발급·허위수취 가산세 : 공급가액의 100분의 2
다음의 어느 하나에 해당하는 경우
1. 재화 또는 용역을 공급한 자가 계산서를 발급시기에 발급하지 아니한 경우
2. 재화 또는 용역을 공급하지 아니하고 신용카드 매출전표, 현금영수증 및 계산서를 발급한 경우
3. 재화 또는 용역을 공급받지 아니하고 계산서등을 발급받은 경우
4. 재화 또는 용역을 공급하고 실제로 재화 또는 용역을 공급하는 법인이 아닌 법인의 명의로 계산서등을 발급한 경우
5. 재화 또는 용역을 공급받고 실제로 재화 또는 용역을 공급하는 자가 아닌 자의 명의로 계산서등을 발급받은 경우

(2) 종이 계산서를 발급한 경우 : 공급가액의 100분의 1
전자계산서를 발급하지 아니하였으나 전자계산서 외의 계산서(종이 계산서)를 발급한 경우

[2] 계산서 지연발급 가산세 [법인세법 제75조의8 ① 4]
계산서의 발급시기가 지난 후 해당 재화 또는 용역의 공급시기가 속하는 사업연도 말의 다음 달 25일까지 계산서를 발급한 경우 가산세는 100분의 1로 한다

[개정 세법] 계산서 지연발급 가산세 신설 [법인세법 제75조의 8 ① 4]
(종전) 사업연도 말의 다음달 25일까지 미발급 : 공급가액의 2%
(개정) 사업연도 말의 다음달 25일까지 지연발급 : 공급가액의 1%
<적용시기> 2018.1.1. 이후 개시하는 과세연도 분부터 적용

[3] 계산서 불성실 가산세 [법인세법 제75조의8 ① 2]
발급한 계산서에 필요적 기재사항의 전부 또는 일부를 적지 아니하거나 사실과 다르게 적은 경우 : 공급가액의 100분의 1

▶ **필요적 기재사항 [소득세법 시행령 제211조 제1항]**
1. 공급하는 사업자의 등록번호와 성명 또는 명칭
2. 공급받는 자의 등록번호와 성명 또는 명칭. 다만, 공급받는 자가 사업자가 아니거나 등록한 사업자가 아닌 경우에는 법 제168조제5항에 따른 고유번호 또는 공급받는 자의 주민등록번호로 한다.
3. 공급가액
4. 작성연월일

◆ 가산세가 제외되는 경우
교부한 계산서의 필요적 기재사항중 일부가 착오로 사실과 다르게 기재되었으나 당해 계산서의 그 밖의 기재사항으로 보아 거래사실이 확인되는 경우

[4] 매입처별 세금계산서합계표 미제출등 가산세 [법인세법 제75조의8 ① 1]
면세되는 사업을 하는 법인이 매입처별 세금계산서합계표를 다음해 2월 10일까지 제출하지 아니한 경우 또는 제출하였더라도 그 매입처별 세금계산서합계표에 거래처별 사업자등록번호 또는 공급가액을 적지 아니하거나 사실과 다르게 적은 경우 적어야 할 사항의 전부 또는 일부를 적지 아니하거나 사실과 다르게 적은 경우 : 공급가액의 1천분의 5

◆ 가산세가 제외되는 경우
제출된 매입처별세금계산서합계표에 적어야 할 사항을 착오로 사실과 다르게 적은 경우로서 교부받은 세금계산서에 의하여 거래사실이 확인되는 경우 제외

[5] 매출·매입처별 계산서합계표 미제출등 가산세 [법인세법 제75조의8 ① 3]
매출·매입처별 계산서합계표를 다음해 2월 10일까지 제출하지 아니한 경우 또는 제출하였더라도 그 합계표에 적어야 할 사항의 전부 또는 일부를 적지 아니하거나 사실과 다르게 적은 경우 : 공급가액의 1천분의 5(지연제출시 0.3%)

[6] 계산서 지연전송가산세 [법인세법 제75조의8 ① 5]

재화 또는 용역의 공급시기가 속하는 사업연도 말의 다음 달 11일까지 국세청장에게 전자계산서 발급명세를 전송하는 경우 : 공급가액의 1천분의 3

[7] 계산서 미전송가산세 [법인세법 제75조의8 ① 6]

재화 또는 용역의 공급시기가 속하는 사업연도 말의 다음 달 11일까지 국세청장에게 전자계산서 발급명세를 전송하지 아니한 경우 : 공급가액의 1천분의 5

❸ 면세 법인의 전자계산서 발급 및 전송 의무

[1] 전자계산서 의무발급 및 가산세 적용 시기

1. 의무발급 시기 : 2015.7.1. 이후 거래하는 분부터 적용
2. 가산세 적용시기 : 2016.1.1. 이후 거래하는 분부터 의무화

[2] 전자계산서 미발급 가산세

공급가액 × 2% [(종이)계산서를 발급한 경우 : 공급가액×1%]

[3] 지연(미)전송 가산세 (공급가액 × 가산세율)

	가산세율	2016년	2017년	2018년	2019년 이후
지연전송	법인, 개인겸업자	0.1	0.5	0.5	0.3
미전송	법인, 개인겸업자	0.3	1	1	0.5

❹ 장부의 기록·보관 불성실 가산세

내국법인이 법인세법 제112조에 따른 장부의 비치·기장 의무를 이행하지 아니한 경우에는 다음 각 호의 금액 중 큰 금액을 가산세로 해당 사업연도의 법인세액에 더하여 납부하여야 한다. [법인세법 제75조의3]

1. 산출세액의 100분의 20
2. 수입금액의 1만분의 7

❺ 증명서류 수취 불성실 가산세

내국법인이 사업과 관련하여 정규영수증 수취대상이 아닌 사업자(국가, 지방자치단체, 비영리법인, 금융보험업을 영위하는 법인 등)로부터 재화 또는 용역을 공급받고 정규영수증(세금계산서, 계산서, 현금영수증, 신용카드매출전표 등)을 받지 아니하거나 사실과 다른 증명서류를 받은 경우에는 그 받지 아니한 금액 또는 사실과 다르게 받은 금액의 100분의 2를 가산세로 해당 사업연도의 법인세액에 더하여 납부하여야 한다. [법인세법 제75조의5]

♣ 소득세 가산세 편 지출증빙 참조

❻ 신용카드 및 현금영수증 발급 불성실 가산세

① 신용카드가맹점으로 가입한 내국법인이 신용카드에 의한 거래를 거부하거나 신용카드 매출전표를 사실과 다르게 발급하여 관할 세무서장으로부터 통보받은 경우에는 통보받은 건별 거부 금액 또는 신용카드 매출전표를 사실과 다르게 발급한 금액의 100분의 5(건별로 계산한 금액이 5천원 미만이면 5천원)를 가산세로 해당 사업연도의 법인세액에 더하여 납부하여야 한다. [법인세법 제75조의6 ①]

② 내국법인이 다음 각 호의 어느 하나에 해당하는 경우에는 다음 각 호의 구분에 따른 금액을 가산세로 해당 사업연도의 법인세액에 더하여 납부하여야 한다.
1. 현금영수증가맹점으로 가입하지 아니하거나 그 가입기한이 지나서 가입한 경우: 가입하지 아니한 사업연도의 수입금액의 100분의 1에 가입하지 아니한 기간을 고려하여 법인세법 시행령 제120조 제7항으로 정하는 바에 따라 계산한 비율을 곱한 금액
2. 현금영수증 발급을 거부하거나 사실과 다르게 발급하여 관할 세무서장으로부터 통보받은 경우(현금영수증의 발급대상 금액이 건당 5천원 이상인 경우만 해당하며, 제3호에 해당하는 경우는 제외한다) : 통보받은 건별 발급 거부 금액 또는 사실과 다르게 발급한 금액(건별로 발급하여야 할 금액과의 차액을 말한다)의 100분의 5(건별로 계산한 금액이 5천원 미만이면 5천원으로 한다)
3. 현금영수증 의무발급대상 사업자가 건당 거래금액(부가가치세액 포함)이 10만원 이상인 재화 또는 용역을 공급하고 그 대금을 현금으로 받은 경우에는 상대방이

현금영수증 발급을 요청하지 아니하더라도 현금영수증을 발급하여야 하며,(법인세법 제117조의2 제4항) 동 규정에 따라 현금영수증을 발급하지 아니한 경우 : 미발급금액의 100분의 20(착오나 누락으로 인하여 거래대금을 받은 날부터 7일 **[2022.1.1. 이후 10일]** 이내에 관할 세무서에 자진 신고하거나 현금영수증을 자진 발급한 경우에는 100분의 10으로 한다)

□ 법인세법 시행령 제159조의2(현금영수증가맹점의 가입 등) -요약-
① 법 제117조의2제1항에서 "대통령령으로 정하는 요건에 해당하는 법인"이란 제159조제1항에 따른 법인을 말한다. <개정 2008. 2. 22., 2008. 2. 29., 2009. 2. 4.>

□ 법인세법 시행령 제159조(신용카드가맹점의 가입 등)
① 법 제117조제1항에서 "대통령령으로 정하는 요건에 해당하는 법인"이란 「소득세법 시행령」 별표 3의2에 따른 소비자상대업종을 영위하는 법인을 말한다.

♣ 소득세 가산세 편 현금영수증 참조

❼ 성실신고확인서 제출 불성실 가산세

성실신고확인대상 내국법인이 성실신고확인서를 그 제출기한까지 납세지 관할 세무서장에게 제출하지 아니한 경우 법인세 산출세액에 100분의 5를 곱한 금액과 수입금액에 1만분의 2를 곱한 금액 중 큰 금액을 가산세로 납부하여야 한다. (법인세법 제75조 ①, ③)

▣ 소규모법인 등에 대한 성실신고확인제도 및 성실신고확인서 제출 (법인세법 제60의2 신설)

[1] 개요
성실신고 확인대상인 소규모 법인 또는 법인전환사업자 등은 성실한 납세를 위하여 법인세 신고 시 비치·기록된 장부와 증명서류에 의하여 계산한 과세표준 금액의 적정성을 세무대리인이 확인하고 작성한 성실신고확인서를 함께 제출하여야 한다.
○ 2018. 1. 1. 이후 개시하는 사업연도 분부터 적용

[2] 성실신고 확인대상 법인

■ 해당 사업연도에 아래의 소규모 법인 요건을 모두 갖춘 내국법인
① 부동산 임대업을 주된 사업으로 하거나, 부동산 등의 권리 대여·이자·배당소득금액 합계액이 기업회계기준에 따라 계산한 매출액의 50% 이상
② 상시 근로자수가 5명 미만
「근로기준법」에 따라 근로계약을 체결한 내국인 근로자. 다만, 최대주주 등과 친족관계인 근로자, 근로소득세 원천징수사실이 확인되지 않은 근로자, 근로계약 1년 미만 근로자, 단시간 근로자는 제외
③ 사업연도 종료일 현재 지배주주 및 특수관계자 지분합계가 전체의 50% 초과
(적용 제외) 외감법에 따라 외부감사를 받은 법인

■ 소득세법 제70의2 제1항에 따른 성실신고확인대상사업자가 사업용 유형자산 및 무형자산의 현물출자 및 사업의 양도·양수 방법에 따라 내국법인으로 전환 후 사업연도 종료일 현재 3년 이내의 내국법인
○ 2018. 2. 13. 이후 법인으로 전환하는 분부터 적용

▶ 위에 따라 전환한 내국법인이 그 전환에 따라 경영하던 사업을 현물출자 및 사업의 양도·양수 방법에 따라 인수한 다른 내국법인(전환 후 사업연도 종료일 현재 3년 이내인 경우로서 그 다른 내국법인의 사업연도 종료일 현재 인수한 사업을 계속 경영하고 있는 경우로 한정)
* 2022.1. 1. 이후 인수하는 경우부터 적용

❽ 지급명세서 및 간이지급명세서 제출의무 및 가산세

♣ 소득세법에 의한 의무 불이행에 대한 가산세 등 참조

5 법인 관련 가산세 적용 및 전기오류수정

01 법인 관련 가산세 적용 사례

1 법인의 전년도 이전 신고 누락한 매출액 수정신고

 개요

전년도 이전 매출누락에 대하여 납세자가 스스로 부가가치세 및 법인세를 수정신고하는 경우 신고불성실과 관련한 가산세 감면과 법인세 산출세액 증가에 따른 세액감면 등을 추가로 공제받을 수 있으며, 사외유출된 매출누락대금을 회수하는 회계처리를 하는 경우 매출누락된 금액에 대하여 익금산입하고 유보로 처분하여 상여처분을 면할 수 있다. 단, 이 경우에도 매출누락대금이 사외유출된 기간 동안은 그 귀속자가 법인의 자금을 유용한 것으로 보아 가지급금인정이자를 계상하여 수정신고시 세무조정에서 익금산입하고, 귀속자에게 상여처분하여야 한다.

> **예 제**
> 제조업을 영위하는 (주)대성공업은 20×7년 10월 1일 발행한 매출세금계산서(공급가액 30,000,000원, 세액 3,000,000원)를 신고누락한 바 **자진하여** 20×9년 9월 30일 매출누락금액(부가세 포함)을 대표이사로부터 회수하는 회계처리를 하고, 20×7 2기 확정 부가가치세 수정신고서 및 20×7 사업연도 법인세 수정신고서를 제출하다. 그리고 납부할 세액을 계산하여 20×9년 9월 30일 보통예금에서 인출하여 납부하다.

❷ 부가가치세 추가 납부세액 및 가산세

[1] 추가 납부하여야 할 부가가치세
과소납부한 부가가치세

[2] 매출처별세금계산서합계표 불성실가산세
공급가액 × 0.5/100

▶ 신고기한의 종료일로부터 1개월 이내에 수정신고하는 경우 매출처별세금계산서합계표불성실가산세의 50%가 감면된다.[국세기본법 제48조(가산세 감면 등) ②]

▶ 매출세금계산서를 발급하지 않은 경우에는 세금계산서미발급가산세(공급가액의 100분의2)가 적용된다. 단, 음식업, 소매업 등 세금계산서 의무발급대상 업종이 아닌 경우 세금계산서 관련 가산세는 적용되지 않는다.

[3] 납부지연가산세
매출세액 × 미납일수 × 2.2/10,000

[개정 세법] 2019년 이후 납부지연가산세 이자율 인하 [국세기본법 시행령 제27조의4]
2019년 2월 11일 이전의 미납기간 : 1일 0.03%
2019년 2월 12일 이후의 미납기간 : 1일 0.025%
2022년 2월 15일 이후의 미납기간 : 1일 0.022%

[4] 과소신고가산세
과소납부세액 × 10/100 × [1- 감면율]

[개정] 수정신고시 과소신고 가산세 감면율 조정 및 세분화(국기법 §48②)

수정신고기간	감면율	수정신고기간	감면율
1개월 이내	90% 감면	6개월 ~ 1년 이내	30% 감면
3개월 이내	75% 감면	1년 ~ 1년 6개월 이내	20% 감면
3 ~ 6개월 이내	50% 감면	1년 6개월 ~ 2년 이내	10% 감면

<적용시기> 2020.1.1. 이후 수정신고하는 분부터 적용

❸ 법인세 추가 납부세액 및 가산세

> **예제**
>
> 20×7년도 법인세 과세표준 30,000,000원, 산출세액 3,000,000원,
> 중소기업에 대한 특별세액감면 600,000원[감면율 : 30%(지방 소기업)]
> 감면이후 세액 2,100,000원
>
> 20×7년도 수정 법인세 과세표준 60,382,619원, 산출세액 6,038,261원
> 중소기업에 대한 특별세액감면 1,811,478원
> 감면이후 세액 4,226,783원

■ 과소신고가산세 대상금액 및 세무조정 사항

[1] <세무조정> 익금산입 및 소득처분
- 매출누락금액 및 부가가치세 33,000,000원 (유보)
- 가지급금인정이자 382,619원 (상여)
  33,000,000원 × 계산 기간(92일)/365 × 당좌대출이자율(4.6%)
  가지급금인정이자 계산 기간 : 2017.10.1 ~ 2017.12.31

▶ 가지급금인정이자 계산 기간
(1) 20×7 사업연도 법인세 수정신고시 가지급금 33,000,000원을 매출누락일인 10월 1일부터 회계기말인 12월 31일까지의 기간에 대하여 가지급금인정이자를 계산하여 세무조정에서 익금 산입한 다음 상여로 처분하여야 한다.
(2) 20×8 사업연도의 경우 가지급금상당액(33,000,000원)에 대하여 인정이자를 계상하여 법인세 수정신고를 하여야 하며, 이 경우 20×8년 1월 1일부터 20×8년 12월 31일 기간 동안의 인정이자를 익금산입하고 상여처분을 하여야 한다.
(3) 20×9 사업연도 법인세 신고시 20×9년 1월 1일부터 장부상 매출대금 회수일인 20×9년 9월 30일까지의 기간에 대하여 가지급금인정이자를 계산하여 세무조정에서 익금 산입한 다음 상여로 처분한다.

▶ **매출누락금액을 매출을 누락한 연도의 법인세 수정신고시 상여처분하는 경우**
전기 이전의 매출누락금액에 대하여 장부상 회수한 것으로 하지 아니하고, 법인세 수정신고를 하는 경우에는 전액 상여로 처분하여야 하며, 이 경우 가지급금인정이자는 계상하지 아니한다.

□ 당좌대출이자율 [법인세법 시행규칙 제43조(가중평균차입이자율의 계산방법 등)]
② 영 제89조제3항 각 호 외의 부분 단서에서 "기획재정부령으로 정하는 당좌대출이자율"이란 연간 1,000분의 46을 말한다. <개정 2011.2.28., 2012.2.28., 2016.3.7.>

[2] <세무조정> 손금산입 및 소득처분
· 부가가치세 3,000,000원 (△유보)

▶ **인정상여**
인정상여란 실제 상여금은 아니지만, 상여금으로 간주하여 대표이사 등에게 소득처분하는 금액을 말한다. 예를 들어 매출을 누락하고, 법인의 장부상 회수하지 아니하는 경우 또는 가짜 세금계산서를 수취하여 비용으로 계상하거나 실제 발생하지 않은 인건비 등을 가짜로 비용처리한 경우 그 금액을 법인의 대표이사가 가져간 것으로 보아 상여금으로 처분하는 금액을 말한다.

■ **법인세 추가 납부세액 및 가산세**

[1] **20×7 사업연도 법인세 추가 납부할 세액**
수정 감면이후 세액(4,226,783원) - 당초 감면이후 세액(2,100,000원)

▶ **과세표준 증가에 따른 중소기업에 대한 특별세액 추가 감면**
1. 사업자가 스스로 정기 신고내용에 오류, 탈루, 착오 등이 있음을 알고 수정신고하는 경우에는 증액된 과세표준으로 산출세액을 계산하고, 중소기업특별세액감면세액을 추가로 공제받을 수 있다.
2. 관할 세무서로부터 매출누락 **자료 확인 해명안내를 받고 수정신고를** 하는 경우 "과세표준 수정신고서를 제출한 과세표준과 세액을 경정할 것을 미리 알고 제출한 경우"로 보며, **부정행위로 인한 과소신고분인 경우** 중소기업에 대한 특별세액감면 등을 추가 공제받을 수 없는 것으로 판단된다.

[2] 납부지연가산세

<종전규정> 추가 납부할 법인세 × 미납일수(317일) × 3/10,000
20×8.04.02. ~ 20×9.02.11. (316일)
<개정규정> 추가 납부할 법인세 × 미납일수(231일) × 2.5/10,000
20×9.02.12. ~ 20×9.09.30. (231일)

＊ 미납일수 : 법인세 신고기한의 다음날부터 수정신고납부일까지 기간의 일수

[개정 세법] 2019년 이후 납부지연가산세 이자율 인하 [국세기본법 시행령 제27조의4]
〈적용시기〉 시행령 공포일(2019년 2월 12일) 이후 : 1일 0.025%
2019년 2월 11일 이전의 미납기간 : 1일 0.03%
2019년 2월 12일 이후의 미납기간 : 1일 0.025%
2022년 2월 15일 이후의 미납기간 : 1일 0.022%

[3] 과소신고가산세

과소신고한 납부세액 × 10/100 × [1- 수정신고감면율]

[개정 세법] 수정신고시 과소신고 가산세 감면율 조정 및 세분화(국기법 §48 ②)

종 전	개 정
□ 법정신고기한 경과 후 - 6개월 이내 : 50% 감면 - 6개월 ~ 1년 이내: 20% 감면 - 1 ~ 2년이내 : 10% 감면 ＊ 다만, 과세관청이 과세표준·세액을 경정할 것을 미리 알고 수정신고시 감면 배제	□ 법정신고기한 경과 후 - 1개월 이내 : 90% 감면 - 3개월 이내 : 75% 감면 - 3 ~ 6개월 이내 : 50% 감면 - 6개월 ~ 1년 이내 : 30% 감면 - 1년 ~ 1년 6개월 이내: 20% 감면 - 1년 6개월 ~ 2년 이내: 10% 감면

<적용시기> 2020.1.1. 이후 수정신고하는 분부터 적용

▣ 매출누락 또는 가짜로 비용 처리한 금액에 대한 소득처분

전기 이전의 법인세 신고시 매출을 누락하였거나 가짜로 비용 처리한 금액에 대하여 수정신고하는 경우 세무조정에서 익금산입 또는 손금불산입하고, 그 귀속자에게 상여처분하여야 하며, 귀속자가 불분명한 경우에는 대표이사에 대한 상여로 처분하여야 한다. 다만, 법인세 수정신고기한내에 매출누락, 가공경비 등 부당하게 사외유출된 금액을 회수하는 회계처리를 하는 경우 세무조정으로 익금에 산입하고, 소득처분은 사내유보로 할 수 있다. 그러나 세무조사 통지를 받거나 세무조사에 착수된 것을 알게 된 경우 및 관할 세무서장으로부터 과세자료 해명 통지를 받고 과세표준 수정신고서를 제출한 경우 등 경정이 있을 것을 미리 알고 사외유출된 금액을 익금산입하는 경우에는 상여로 처분하여야 한다.

▣ 매출누락액을 회수하고, 법인세를 수정신고하는 경우

법인이 전기 결산시에 매출을 누락하였으나 추후 발견한 경우 전기 재무제표사항을 수정할 수 없으므로 전기 세무조정사항을 수정하여 익금산입하고 수정신고하여야 하는 것이며, 회계처리상 오류를 수정하기 위해서는 다음과 같이 처리한다.

[예 제] 20×9년 9월 30일 매출 30,000,000원(부가세 별도)을 누락한 사실을 당기에 발견하고, 수정신고시 회수하는 분개처리를 하다.

① 《매출누락금액 및 부가가치세 회수》 20×9. 9. 30 대표이사로부터 20×7년도 매출누락금액 30,000,000원 및 부가가치세 3,000,000원을 회수하여 보통예금에 입금하다.

| 보통예금 | 33,000,000 / 전기오류수정이익 | 33,000,000 |

<20×9년 세무조정> 익금불산입
• 전기오류수정이익 33,000,000원 (△유보)

| 전기오류수정손실 | 3,000,000 / 부가세예수금 | 3,000,000 |

<20×9년 세무조정> 손금불산입
• 전기오류수정손실 3,000,000원 (유보)

▶ **전기오류수정이익**

과거 연도의 수익을 누락하거나 비용을 이중으로 계상한 경우 손익은 해당 사업연도별로 계산하여야 하므로 수익을 누락하거나 비용을 이중으로 계상한 사업연도의 법인세 신고내용을 수정(세무조정사항에서 익금산입 또는 손금불산입)하여 법인세를 추가 납부하여야 하며, 오류를 반영한 사업연도의 전기오류수정이익은 익금불산입처리하여야 한다. 왜냐하면, 전기의 수익 누락에 대하여 전기 법인세 수정신고로 이미 익금에 산입하였기 때문이다.

② 《법인세 등 납부》 20×7년도 귀속분 법인세 수정신고시 법인세 및 가산세를 보통예금에서 인출하여 20×9년 9월 30일 납부하다.

또한 부가가치세 수정신고시 부가가치세 및 가산세를 20×9년 9월 30일 보통예금에서 인출하여 납부하다.

| 법인세추납액 | **** / 보통예금 | **** |

| 부가세예수금 | **** / 보통예금 | **** |
| 세금과공과금 | **** | |

<20×9년 세무조정> 손금불산입
- 법인세추납액   **** (기타사외유출)
- 세금과공과금   **** (기타사외유출)

③ 《인정상여에 대한 소득세 대납》 법인세조사 결과 대표이사 인정상여에 대한 소득세를 법인 보통예금에서 인출하여 납부하고, 가지급금으로 처리하다.

| 가지급금 | **** / 보통예금 | **** |

▶ **간단한 세무조정방법**
20×7년 <세무조정> 익금산입 및 소득처분
- 매출누락금액 및 부가가치세 **** (유보)
- 가지급금인정이자 **** (상여)

20×7년 <세무조정> 손금산입 및 소득처분
- 부가가치세 **** (기타)

① 《매출누락금액 및 부가가치세 회수》 대표이사로부터 20×7년도 매출누락금액 및 부가가치세를 20×9년 9월 30일 회수하여 보통예금에 입금하다.

보통예금	****	/ 전기오류수정이익	****

20×9년 <세무조정> 익금불산입
- 전기오류수정이익 **** (△유보)

② 《법인세 등 납부》 법인세 및 가산세, 부가가치세 및 가산세를 20×9년 9월 30일 보통예금에서 인출하여 납부하다.

법인세등추납액	6,495,350	/ 보통예금	6,495,350

<20×9년 세무조정> 손금불산입
- 법인세등추납액 **** (기타사외유출)

▶ **인정상여액 대신 납부 및 소득 처분**

인정상여금액에 대한 소득세는 인정상여처분을 받은 해당 귀속자가 납부하여야 한다. 단, 소득세법상 지급의제규정에 의하여 지급한 것으로 보는 배당소득 및 상여금에 대한 소득세 또는 소득의 **귀속이 불분명**하여 대표자에게 상여 처분한 금액에 대한 소득세를 법인이 일시 대납한 경우 업무무관 가지급금에서 제외하므로 가지급금인정이자는 계상하지 아니한다.

❹ 법인세 수정신고로 상여 처분한 금액의 소득세 신고

[1] 원천징수 신고 및 납부

① 인정상여 처분을 받은 자가 근로소득자인 경우 소득금액변동통지서를 받은 날 (법인세법에 의하여 법인이 신고함으로써 소득금액에 변동이 있는 경우에는 당해 법인의 법인세 신고기일)이 속하는 달의 **다음 10일**까지 원천징수이행상황신고서를 제출하고 납부하여야 하며, 근로소득지급명세서를 수정하여 같이 제출하여야 한다.(지급명세서는 다음해 3월 10일까지 제출할 수 있으나 통상 같이 제출한다.)
② 추가로 납부하는 근로소득세는 해당 귀속자(대표이사 등)가 부담하여야 하며, 가산세는 적용하지 않는다.

[2] 종합소득세 수정신고
종합소득과세표준 확정신고기한이 지난 후에 법인세 과세표준을 수정 또는 경정 하여 익금에 산입한 금액이 상여, 배당 또는 기타소득으로 처분됨으로써 소득금액에 변동이 발생함에 따라 종합소득 과세표준확정신고 의무가 없었던 자 및 과세표준확정신고를 한 자가 종합소득세를 추가 납부하여야 하는 경우 해당 법인이 소득금액변동통지서를 받은 날이 속하는 달의 **다음 다음 달 말일**까지 수정 신고납부하여야 하며, 이 경우 기한내 신고납부한 것으로 보며, 가산세는 적용하지 아니한다.

❺ 일반과소신고가산세 또는 부정과소신고가산세 적용

[1] 부정과소신고가산세의 적용
법인이 전년도 이전의 법인세를 수정신고함에 있어 부정행위로 인한 과소신고분 과세표준이 있는 경우 수정 산출세액에서 기납부세액을 차감한 금액의 100분의 40에 상당하는 금액을 부정과소신고가산세액으로 부담하여야 한다. 다만, 부정행위로 과소신고한 자가 부정과소신고가산세액과 부정과소신고과세표준 관련 수입금액(부정과소신고수입금액)에 1만분의 14를 곱하여 계산한 금액 중 큰 금액으로 한다.

1. (수정 산출세액 - 기납부세액) × 40/100
2. 부정과소신고수입금액 × 14/10,000

□ 조세범 처벌법 제3조 (조세 포탈 등)
① 사기나 그 밖의 부정한 행위로써 조세를 포탈하거나 조세의 환급·공제를 받은 자는 2년 이하의 징역 또는 포탈세액, 환급·공제받은 세액(이하 "포탈세액등"이라 한다)의 2배 이하에 상당하는 벌금에 처한다. 다만, 다음 각 호의 어느 하나에 해당하는 경우에는 3년 이하의 징역 또는 포탈세액등의 3배 이하에 상당하는 벌금에 처한다.
1. 포탈세액등이 3억원 이상이고, 그 포탈세액등이 신고·납부하여야 할 세액(납세의무자의 신고에 따라 정부가 부과·징수하는 조세의 경우에는 결정·고지하여야 할 세액을 말한다)의 100분의 30 이상인 경우
2. 포탈세액등이 5억원 이상인 경우

⑥ 제1항에서 "사기나 그 밖의 부정한 행위"란 다음 각 호의 어느 하나에 해당하는 행위로서 조세의 부과와 징수를 불가능하게 하거나 현저히 곤란하게 하는 적극적 행위를 말한다. <개정 2015. 12. 29.>
1. 이중장부의 작성 등 장부의 거짓 기장
2. 거짓 증빙 또는 거짓 문서의 작성 및 수취
3. 장부와 기록의 파기
4. 재산의 은닉, 소득·수익·행위·거래의 조작 또는 은폐
5. 고의적으로 장부를 작성하지 아니하거나 비치하지 아니하는 행위 또는 계산서, 세금계산서 또는 계산서합계표, 세금계산서합계표의 조작
6. 전사적 기업자원 관리설비의 조작 또는 전자세금계산서의 조작
7. 그 밖에 위계(僞計)에 의한 행위 또는 부정한 행위

[2] 일반과소신고가산세의 적용
부정과소신고가 아닌 일반과소신고의 경우 수정 산출세액에서 기납부한 세액을 차감한 금액에 100분의 10을 곱한 금액을 과소신고가산세로 부담하여야 한다. 따라서 고의가 아닌 착오 등의 사유로 매입금액을 과다계상한 경우에는 일반과소신고가산세를 적용하는 것이므로 단지 가공 매입 이유만으로 이를 판단하는 것이 아니며, 부정과소 및 일반과소의 구분은 관할세무서에서 사실관계를 종합하여 판단하여야 하는 문제가 있으므로 납세자의 중대한 과실이 없는 한 일단, 일반과소신고가산세를 적용하여 수정신고하면 될 것이다.

❻ 수정신고시 중소기업에 대한 특별세액감면 등

① 사업자가 스스로 법인세 신고내용에 오류, 탈루, 착오 등이 있음을 알고 수정신고하는 경우에는 증액된 과세표준으로 산출세액을 계산하고, 중소기업특별세액감면세액을 추가로 적용받을 수 있다.
② 관할 세무서로부터 매출누락 자료 확인 해명안내를 받고 수정신고를 하는 경우 "과세표준 수정신고서를 제출한 과세표준과 세액을 경정할 것을 미리 알고 제출한 경우"로 보아 가산세 감면은 받을 수 없으며, **부정행위**에는 해당하나 **조세의 부과와 징수를 불가능하게 하거나 현저히 곤란하게 하는 적극적 행위**가 아니라면, 과소신고분의 산출세액 증가로 인한 추가 감면은 받을 수 있는 것으로 판단된다.

❼ 법인지방소득세 수정신고 및 납부

지방세법 제103조의23에 따라 신고를 한 내국법인이 「국세기본법」에 따라 「법인세법」에 따른 신고내용을 수정신고할 때에는 납세지를 관할하는 지방자치단체의 장에게도 해당 내용을 수정신고하고, 납부하여야 한다.

수정신고시 「법인세법」 제74조의2, 제75조 및 제75조의2부터 제75조의9까지의 규정에 따라 법인세 가산세를 납부하는 경우 그 납부하는 금액의 100분의 10에 해당하는 금액을 법인지방소득세 가산세로 납부하여야 한다. (지방세법 제103조의30)

■ 법인지방소득세 가산세

■ 무신고 가산세(A)
납부할 세액 × 20% (부정행위시 40%)

■ 과소신고 가산세(B)
부족납부세액 × 10% (부정행위시 40%)

■ 납부지연 가산세(C)
미납 또는 부족납부세액 × 2.2/10,000 × 지연일수

[개정 세법] 납부지연가산세 세율 인하(지방세기본법 시행령 §34)
2019.1.1. 이전의 미납기간 : 1일 0.03%
2019.1.1. 이후의 미납기간 : 1일 0.025%
2022.6.7. 이후 : 1일 0.022%(연 8.030%)
<적용시기> 2022.6.7. 이후 가산세를 부과하는 분부터 적용

□ 원천세(특별징수분) 지방소득세 미납부가산세
1. 미납부금액의 3%
2. 미납부금액 × 미납일수 × 2.2/10,000

2 가공 매입 법인세 및 부가가치세 수정신고

❶ 개요

가공 매입이란 실제 거래없이 세금계산서만 수취한 경우를 말하며, 해당 연도의 법인세 확정신고 이후 가공 매입한 사실이 밝혀지는 경우 해당 금액을 손금불산입하여야 하고, 당해 귀속자에게 상여로 소득처분하는 것이며, 귀속이 불분명한 경우 대표이사에게 상여처분하여야 한다.

관할 세무서의 과세자료 해명요구에 의하여 수정신고를 하는 경우에는 신고불성실과 관련한 가산세 감면을 받을 수 없고, **부정행위**에 의한 경우 산출세액의 증가에 따른 법인세 감면 또는 공제를 받을 수 없다.

❷ 가공매입에 대한 부가가치세 추가 납부세액 및 가산세

[1] 추가 납부하여야 할 부가가치세
부당하게 공제받은 매입세액 1,000,000원

[2] 실물거래없는 가공 세금계산서 수취에 대한 가산세
공급가액(10,000,000원) × 2/100

[개정 세법] 가공세금계산서 가산세 : 2% → 3%
재화·용역의 공급 없이 세금계산서를 수수하거나 신용카드매출전표 등을 발급한 경우
<적용시기> 2018.1.1. 이후 재화 또는 용역을 공급하는 분부터 적용

[3] 납부지연가산세
[개정 세법] 납부지연가산세 [국세기본법 시행령 제27조의4]
2019년 2월 11일 이전의 미납기간 : 1일 0.03%
2019년 2월 12일 이후의 미납기간 : 1일 0.025%
2022년 2월 15일 이후의 미납기간 : 1일 0.022%

▣ 연도별 법인세(12월말 법인), 종합소득세, 부가가치세 신고·납부기한

귀속연도	법인세	종합소득세	부가가치세			
			1기예정	1기확정	2기예정	2기확정
2018년	2019.04.01	2019.05.31	2018.04.25	2018.07.25	2018.10.25	2019.01.25
2019년	2020.03.31	2020.06.01	2019.04.25	2019.07.25	2019.10.25	2020.01.28
2020년	2021.03.31	2021.05.31	2020.04.27	2020.07.27	2020.10.26	2021.01.25
2021년	2022.03.31	2022.05.31	2021.04.26	2021.07.26	2021.10.25	2022.01.25
2022년	2023.03.31	2023.05.31	2022.04.25	2022.07.25	2022.10.25	2023.01.25
2023년	2024.04.01	2024.05.01	2023.04.25	2023.07.25	2023.10.25	2024.01.25

* 납부기한일이 공휴일인 경우 신고납부기한은 공휴일의 다음날로 연장되며, 이 경우 연장된 날의 다음날부터 미납일수를 계산하여야 한다.

[4] 과소신고가산세

과소납부세액 × 부정과소신고가산세(40/100)

◆ 부정과소신고가산세

거짓 증빙 또는 거짓 문서의 작성 및 수취로 세금을 포탈한 경우 부정행위로 볼 수 있으며, 이 경우 과소신고분 납부세액(부정과소신고납부세액)의 100분의 40에 상당하는 금액을 가산세로 부담하여야 한다.

❸ 가공매입에 대한 법인세 추가 납부세액 및 가산세

자료상으로부터 매입세금계산서를 수취하여 경비처리한 내용에 대하여 관할 세무서의 과세자료 해명요구를 받고 수정신고하는 경우 거짓 증빙 또는 거짓 문서의 작성 및 수취에 해당하는 행위로서 조세의 부과를 현저히 곤란하게 하는 적극적 행위가 있은 것으로 보아 수정신고를 하더라도 부정과소신고가산세를 적용하여야 하며, 산출세액의 증가에 따른 중소기업에 대한 특별세액 감면을 추가 공제받을 수 없는 것으로 판단된다.

1 법인세 및 가산세 계산

[1] 법인세 추가 납부세액
수정 감면이후 세액 - 당초 감면이후 세액

[2] 납부지연가산세
2019년 2월 11일 이전의 미납기간 : 1일 0.03%
2019년 2월 12일 이후의 미납기간 : 1일 0.025%
2022년 2월 15일 이후의 미납기간 : 1일 0.022%

[3] 부정과소신고가산세
과소납부세액 × 부정과소신고가산세(40/100)

▶ 가공매입 세무조정 및 소득처분
  <세무조정> 손금불산입 및 소득처분
- 가공매입금액 및 부가가치세 : 33,000,000원 (상여)
  <세무조정> 손금산입 및 소득처분
- 부가가치세 : 3,000,000원 (기타)

2 원천징수 신고 및 납부

인정상여 처분금액은 법인세 수정신고일이 속하는 달의 **다음달 10일**까지 원천징수이행상황신고서를 수정하여 제출하고 납부하여야 하며, 또한 근로소득지급명세서를 수정하여 같이 제출하여야 한다.

3 법인세분 지방소득세 및 가산세

법정신고기한까지 과세표준신고서를 제출한 자는 과세표준 및 세액이 지방세관계법에 따라 신고하여야 할 과세표준 및 세액보다 적을 때에는 지방자치단체의 장이 그 지방세의 과세표준과 세액을 결정 또는 경정하여 통지를 하기 전까지 과세표준

수정신고서를 제출할 수 있으며, 수정신고로 인하여 추가납부세액이 발생한 경우에는 그 수정신고를 한 자는 추가납부세액을 납부하여야 한다. 이 경우 신고불성실가산세 및 납부지연가산세를 추가로 부담하여야 한다.

1. 신고불성실가산세 : 추가 납부할 법인지방소득세 × 40/100
2. 납부지연가산세 : 추가 납부할 법인지방소득세 × 미납일수 × 3/10000

[개정 세법] 지방세 및 지방소득세 납부지연가산세 이자율 인하
2019.1.1. 이전의 미납기간 : 1일 0.03%
2019.1.1. 이후의 미납기간 : 1일 0.025%
2022.6.7. 이후 : 1일 0.022%(연 8.030%)

■ 연도별 법인세율 및 소득세 기본세율

▶ 2018년 ~ 2022년 귀속 사업연도 법인세율 [법인세법 제55조]

과세표준	세 율
2억원 이하	과세표준의 100분의 10
2억원 초과 200억원 이하	2천만원 + (2억원을 초과하는 금액의 100분의 20)
200억원 초과 3천억원 이하	39억8천만원 + (200억원을 초과하는 금액의 100분의 22)
3천억원 초과	655억8천만원 + (3천억원을 초과하는 금액의 100분의 25)

[개정 세법] 법인세 세율 및 과세표준 구간 조정(법인법 §55)

종 전		개 정	
□ 법인세율 과세체계 ○ 세율 및 과세표준		□ 법인세율 인하 및 과표구간 조정 ○ 세율 1% 인하	
과세표준	세 율	과세표준	세 율
2억원 이하	10%	2억원 이하	9%
2~200억원	20%	2~200억원	19%
200~3,000억원	22%	200~3,000억원	21%
3,000억원 초과	25%	3,000억원 초과	24%

<적용시기> '23.1.1. 이후 개시하는 사업연도 분부터 적용

▶ **사업연도가 1년 미만인 경우 산출세액 계산**

$$법인세산출세액 = (과세표준 \times \frac{12}{사업연도월수}) \times 세율 \times \frac{사업연도월수}{12}$$

* 월수는 역에 따라 계산하되 1월 미만의 일수는 1월로 한다.

▶ **법인의 최초사업연도의 개시일 (법인세법 시행령 제4조)**
내국법인의 경우에는 설립등기일

[개정 세법] 소득세 최고세율 조정(소득법 §55①)

2018년~2020년 기본세율			2021년~2022년 기본세율		
과세표준 구간	세율	누진공제액	과세표준 구간	세율	누진공제액
1,200만원 이하	6%		1,200만원 이하	6%	
1,200만원 초과 4,600만원 이하	15%	108만원	1,200만원 초과 4,600만원 이하	15%	108만원
4,600만원 초과 8,800만원 이하	24%	522만원	4,600만원 초과 8,800만원 이하	24%	522만원
8,800만원 초과 1억5천만원 이하	35%	1,490만원	8,800만원 초과 1억5천만원 이하	35%	1,490만원
1억5천만원 초과	38%	1,940만원	1억5천만원 초과	38%	1,940만원
3억원 ~ 5억원	40%	2,540만원	3억원 ~ 5억원	40%	2,540만원
5억원 초과	42%	3,540만원	5억원 ~ 10억원	42%	3,540만원
			10억원 초과	45%	6,540만원

<적용시기> '21.1.1. 이후 발생하는 소득분부터 적용

[개정 세법] 2023년 소득세 기본세율 (소득세법 §55①)

과세표준 구간	세율	누진공제액
1,400만원 이하	6%	
1,400만원 5,000만원 이하	15%	126만원
5,000만원 8,800만원 이하	24%	576만원
8,800만원 1.5억원 이하	35%	1,544만원
1.5억원 3억원 이하	38%	1,994만원
3억원 5억원 이하	40%	2,594만원
5억원 10억원 이하	42%	3,594만원
10억원 초과	45%	6,594만원

<적용시기> '23.1.1. 이후 발생하는 소득 분부터 적용

3 법인의 허위 인건비 계상에 대한 수정신고

❶ 개요

국세청은 사업자가 경비를 허위로 계상하여 신고를 하였는지 여부에 대하여 여러 가지 경로로 사실 여부를 확인을 하게 된다. 예를 들어 사업자가 일용근로자의 근로소득 지급에 대하여 제출한 지급명세서 내용에 대하여 일용근로기간 동안 실제 일용근로를 제공하였는지 여부를 확인하기 위하여 출입국관리국으로부터 근로자의 출국에 대한 자료를 제출받아 일용근로자의 출국기간 동안 인건비를 허위 계상한 것으로 보아 법인세 등을 추징하는 것이다.

❷ 법인세 추가 납부세액 및 가산세

1 가산세

[1] 과소신고가산세 및 납부지연가산세

법인이 인건비를 실제보다 과다 계상함에 따라 과세표준 및 세액을 과소하게 신고한 금액이 부정행위에 의한 것이 아니라면, 국세기본법상 과소신고가산세(10%)와 납부지연가산세가 적용된다.

[2] 손금불산입 및 소득처분

법인이 실제 발생하지 않은 인건비를 법인의 장부에 비용으로 계상하고, 현금이 유출된 것으로 처리한 경우(임금 / 현금) 법인세 수정신고시 세무조정에서 손금불산입하고, 그 귀속자(현금 등을 가져간 자)에게 상여 처분을 하여야 한다. 단, 귀속자가 불분명한 경우에는 대표이사에게 상여로 소득처분하여야 한다.

[3] 산출세액 증가에 따른 중소기업에 대한 특별세액감면 추가 감면 등

관할 세무서의 과세자료 해명 요구를 받고, 수정신고하는 경우 가산세 감면을 받을 수 없으나, **부정행위**가 아닌 경우 산출세액 증가에 따른 중소기업에 대한 특별세액 감면 등은 추가 감면받을 수 있다.

실제 발생하지 않는 지출에 대하여 일용직 지급명세서를 제출하여 소득을 과소신고한 행위가 부정행위에 해당하는 "거짓 증빙 또는 거짓 문서의 작성 및 수취에 해당하는 행위로서 **조세의 부과와 징수를 불가능하게 하거나 현저히 곤란하게 하는 적극적 행위**"에 해당하는 지 여부는 사실 판단할 문제가 있으나 예제에서는 추가 감면을 받는 것으로 하여 수정신고한 것이다.

2 가산세 계산 사례

[1] 법인세 추가 납부세액

수정 감면 후 세액 - 당초 감면후 세액

[2] 과소신고가산세

추가 납부할 법인세(수정 산출세액 - 기납부세액) × 10/100 × [1- 수정신고 감면율]

[개정 세법] 수정신고시 과소신고 가산세 감면율 조정 및 세분화(국기법 §48 ②)

종 전	개 정
□ 법정신고기한 경과 후 - 6개월 이내 : 50% 감면 - 6개월 ~ 1년 이내: 20% 감면 - 1 ~ 2년이내 : 10% 감면 * 다만, 과세관청이 과세표준·세액을 경정할 것을 미리 알고 수정신고시 감면 배제	□ 법정신고기한 경과 후 - 1개월 이내 : 90% 감면 - 3개월 이내 : 75% 감면 - 3 ~ 6개월 이내 : 50% 감면 - 6개월 ~ 1년 이내 : 30% 감면 - 1년 ~ 1년 6개월 이내: 20% 감면 - 1년 6개월 ~ 2년 이내: 10% 감면

<적용시기> 2020.1.1. 이후 수정신고하는 분부터 적용

[3] 납부지연가산세

2019년 2월 11일 이전의 미납기간 : 1일 0.03%
2019년 2월 12일 이후의 미납기간 : 1일 0.025%
2022년 2월 15일 이후의 미납기간 : 1일 0.022%

[4] 지급명세서 관련 가산세

지급명세서 과다 제출금액 × 1/100(2017년 이전 제출기한 도래분 : 100분의2)

▶ 근로소득에 대하여 제출한 지급명세서금액이 사실과 달리 과다하게 신고한 경우 과다하게 신고한 금액에 대하여 지급명세서불성실가산세를 납부하여야 한다.

[개정 세법] 지급명세서 미제출 가산세 완화
(종전) 미제출 : 미제출한 금액의 2%. 3개월 내 지연제출 1%
(개정) 미제출 : 미제출한 금액의 1%. 3개월 내 지연제출 0.5%
〈적용시기〉 2018년 1월 1일 이후 제출기한이 도래하는 분부터

③ 인정상여 처분금액에 대한 근로소득세 수정신고 및 납부

관할 세무서의 과세자료등에 의한 통보 또는 세무조사에 착수된 것을 알게 된 경우 등 경정이 있을 것을 미리 알고, 수정신고하는 경우 가짜 경비는 법인의 경우 인정상여로 처분하여 해당 연도의 근로소득세를 수정신고 및 추가 납부하여야 한다.

인정상여 처분을 받은 자가 근로소득자인 경우 소득금액변동통지서를 받은 날이 속하는 달의 **다음달 10일**까지 원천징수이행상황신고서를 제출하고 납부하여야 하며, 지급명세서를 수정하여 같이 제출하여야 한다. (지급명세서는 다음해 3월 10일까지 수정하여 제출할 수 있으나 통상 같이 제출한다.) 그리고 추가로 납부하는 근로소득세는 해당 근로소득자가 부담하여야 하며, 가산세 적용은 없다. 한편, 근로소득 이외의 다른 소득이 있어 종합소득세신고를 한 자는 원천징수의무자의 원천징수의무 이행 여부와 별도로 종합소득세 추가납부의무가 있는 경우 해당 법인의 법인세 수정신고일이 속하는 달의 **다음다음 달 말일**까지 추가 신고 및 납부하여야 한다.

4 이중 매입 수정신고

❶ 개요

전년도 이전에 착오 등에 의하여 매입 세금계산서를 이중으로 처리하여 법인의 손금을 과다 계상하여 법인세를 과소 신고납부하고, 부가가치세를 과소 신고납부하였으므로 법인세 및 부가가치세를 수정신고하여 추가 납부하여야 한다.

▶ **이중 매입에 대한 수정신고시 신고불성실가산세 감면과 법인세에 대한 추가 감면 대상 여부**

납세자가 착오가 있었음을 알고 수정신고를 하는 경우 신고불성실가산세를 감면받을 수 있고, 법인세의 경우 산출세액 증가에 따라 중소기업에 대한 특별세액 감면 등을 추가 감면받을 수 있으나 관할 세무서의 과세자료 해명 요구 등에 의하여 동 사실을 알게 되어 수정신고하는 경우에는 신고불성실가산세를 감면받을 수 없고, 법인세의 경우 **부정행위**로 인한 과소신고의 경우 산출세액 증가에 따라 중소기업에 대한 특별세액 감면 등을 추가 감면받을 수 없는 점을 유의하여야 한다.

▶ **이중으로 계상한 매입의 손금불산입 및 소득처분 (상여 또는 유보)**

매입을 이중으로 계상함으로써 실제 매입이 아닌 것에 대하여 그 대금을 현금 등으로 지급한 것으로 회계처리한 경우 법인의 자금이 물품 등을 매입하지 아니하고 유출된 것이고, 실제 발생하지 않는 비용을 법인의 손금으로 계상하여 결과적으로 법인세를 과소 신고납부하고, 법인의 자금을 누군가가 가져간 것이므로 법인세 수정신고시 세무조정에서 손금불산입하고, 법인의 자금을 가져간 귀속자를 밝혀 상여로 처분하여야 한다. 단, 그 귀속자가 불분명한 경우 유출된 자금은 대표이사가 가져간 것으로 추정하여 대표이사에 대한 상여로 처분을 하여야 한다.

이중 매입을 상여로 처분한 경우에는 수정신고연도 이후의 장부에 반영할 의무가 없고, 해당 연도의 법인세를 수정신고 및 납부함으로써 이중매입에 대한 납세의무는 종결된다. 단, 납세자가 스스로 과거연도의 이전의 오류, 탈루 등에 대하여 수정신고하고, 수정신고한 연도 이후 이중매입대금을 회수하는 회계처리를 하는 경우 이중매입대금은 손금불산입하고 유보처분할 수 있으나 이 경우 이중매입으로 인한 법인의 자금 유출시점부터 회수일까지의 기간에 대하여 법인의 자금을 대표이사 등에게 가지급한 것으로 간주하여 가지급금인정이자를 계상하여 익금에 산입하고, 대표이사 등에 대한 상여로 처분을 하여야 한다.

한편, 매입을 이중으로 계상하고, 이를 외상매입금 등 매입채무로 계상한 경우에는 실제 존재하지 않는 부채가 법인의 장부에 남게 되고, 법인의 자금이 사외에 유출된 것이 아니므로 이중으로 계상한 매입은 법인세 신고시 손금불산입 유보처분하고, 존재하지 않는 외상매입금을 장부에서 제거하면서 전기오류수정손실로 처리한다.

❷ 전년도 이전 매입세금계산서 이중 신고에 대한 과세자료 해명요구 및 부가가치세·법인세 수정신고

① 부가가치세 추가 납부세액 및 가산세

[1] 추가 납부하여야 할 부가가치세
과다공제한 매입세액

[2] 매입처별세금계산서합계표 불성실가산세
공급가액 × 0.5/100

[개정 세법] 세금계산서합계표 불성실 가산세
(종전) 공급가액의 1%(지연제출시 0.5%)
(개정) 공급가액의 0.5% [부가가치세법 제60조 제7항 제3호]
〈적용시기〉 2017.1.1. 이후 공급하는 분부터 적용

▶ 세금계산서를 이중으로 발급받은 경우에는 세금계산서 허위 수취에 대한 가산세[공급가액의 100분의2, 2018년 이후 100분의 3)가 적용될 것이나 매입처별세금계산서만 이중으로 제출한 경우 매입처별세금계산서합계표 불성실가산세를 적용하면 될 것이다.

[3] 납부지연가산세

2019년 2월 11일 이전의 미납기간 : 1일 0.03%

2019년 2월 12일 이후의 미납기간 : 1일 0.025%

2022년 2월 15일 이후의 미납기간 : 1일 0.022%

[4] 과소신고가산세

과다공제한 매입세액 × 10/100 × [1- 수정신고 감면율]

▶ 관할 세무서장으로부터 과세자료 해명통지(수정신고 안내 등)를 받고 과세표준수정신고서를 제출한 경우에는 가산세 감면을 적용받을 수 없다.

② 법인세 추가 납부세액 및 가산세

[1] 법인세 추가 세액

수정 감면이후 세액 - 당초 감면이후 세액

[2] 납부지연가산세

2019년 2월 11일 이전의 미납기간 : 1일 0.03%

2019년 2월 12일 이후의 미납기간 : 1일 0.025%

2022년 2월 15일 이후의 미납기간 : 1일 0.022%

[3] 과소신고가산세

추가 납부할 법인세(수정 산출세액 - 기납부세액) × 10/100 × [1- 수정신고 감면율]

[개정 세법] 수정신고시 과소신고 가산세 감면율 조정 및 세분화(국기법 §48 ②)

수정신고 기일	감면율	수정신고 기일	감면율
1개월 이내	90% 감면	6개월 ~ 1년 이내	30% 감면
3개월 이내	75% 감면	1년 ~ 1년 6개월 이내	20% 감면
3 ~ 6개월 이내	50% 감면	1년 6개월 ~ 2년 이내	10% 감면

<적용시기> 2020.1.1. 이후 수정신고하는 분부터 적용

3 과소신고금액에 대한 세무조정 및 소득처분

관할 세무서의 과세자료 해명 요구를 받고, 수정신고하는 경우 이중매입금액은 손금불산입하고, 그 귀속자에 대한 상여로 처분을 하여야 한다. 다만, 장부상 외상매입금 등 채무로 계상한 것이 분명하고, 이중매입대금이 사외로 유출되지 아니한 것임을 입증할 수 있는 경우에는 손금불산입하고, 유보처분을 할 수 있다.

[예제] 20×7년 가공매입 세금계산서 (공급가액 3천만원, 세액 3백만원)
□ <세무조정> 손금불산입 및 소득처분
• 과다매입금액 및 부가가치세 33,000,000원 (유보)
□ <세무조정> 손금산입 및 소득처분
• 부가가치세 3,000,000원 (기타)

4 이중 매입 유보 처분에 대한 회계처리 사례

◎ 《이중 매입금액 및 부가가치세 회수》 전년도에 이중으로 계상한 매입금액에 대한 외상매입금 33,000,000원을 20×9. 9. 30 제거하는 분개처리를 하다.

| 외상매입금 | 33,000,000 | / | 전기오류수정이익 | 33,000,000 |

□ <20×9년 세무조정> 익금불산입
• 전기오류수정이익 : 33,000,000원 (△유보)
 20×7사업연도 수정신고시 손금불산입 유보처분한 금액 33,000,000원은 20×9년 손금추인됨으로서 20×9년도의 소득에는 영향을 미치지 아니한다.

❸ 전년도 이전 매입세금계산서를 이중으로 계상하였으나 이중으로 계상한 금액이 재고자산으로 남아 있는 경우

▣ 법인세 추가 납부세액

가공부채(외상매입금)에 대응하여 계상된 것이 가공자산(상품)인 경우에는 이를 익금에 산입하고 유보로 처분함과 동시에 손금에 산입하고 △유보로 처분한다. 따라서 이 경우 20×4년도 법인세로 추가 납부할 세액은 발생하지 않는다.

▷ 가공자산(상품 3천만원, 부가세대급금 3백만원) 및 가공부채(외상매입금 3천 3백만원) 계상과 손익 비교

구 분		금 액	구 분	금 액
Ⅰ 매 출 액		1,000,000,000		1,000,000,000
Ⅱ 매 출 원 가		900,000,000		900,000,000
1 기초상품재고액	200,000,000		200,000,000	
2 당기상품매입액	800,000,000		830,000,000	
3 기말상품재고액	100,000,000		130,000,000	
Ⅲ 매 출 총 이 익		100,000,000		100,000,000

□ 20×4년도 법인세 신고내용

과세표준	100,000,000원
산출세액	10,000,000원
중소기업등 특별세액감면	2,000,000원[감면율 : 20%(수도권 소기업, 제조업)]
감면이후 세액	8,000,000원

▣ 가공자산 및 가공부채에 대한 세무조정 및 소득처분

매입과다분이 자산으로 계상된 경우에는 익금불산입(△유보)하고, 매입의 상대계정이 매입채무, 미지급금 등 부채로 계상된 경우에는 손금불산입(유보)처분한다.
단, 매입의 상대계정이 현금으로 지출된 경우에는 귀속자에게 상여로 소득처분(귀속자가 불분명한 경우 대표자 상여 처분)하여야 한다.

□ <20×4년 세무조정> 손금불산입 및 소득처분
- 외상매입금   33,000,000원 (유보)

□ <20×4년 세무조정> 익금불산입 및 소득처분
- 원재료   30,000,000원 (△유보)
- 부가세대급금   3,000,000원 (△유보)

■ 자산 및 부채의 과다계상에 대한 회계처리 사례

◎ 20×5. 9. 30 가공 계상한 외상매입금 및 원재료를 제거하는 회계처리를 하다.

외상매입금	33,000,000 /	원재료	30,000,000
		부가세대급금	3,000,000

□ <20×5년 세무조정> 손금산입 및 소득처분
- 외상매입금   33,000,000원 (△유보)

□ <20×5년 세무조정> 익금산입 및 소득처분
- 원재료   30,000,000원 (유보)
- 부가세대급금 3,000,000원 (유보)

02 전기오류수정손익 세무회계

❶ 개요

전기 또는 그 이전 기간의 재무제표를 작성할 때 발생하였던 오류, 탈루 등을 발견하더라도 전기의 재무제표를 수정할 수 없다. 따라서 전기 이전의 오류, 탈루 등을 당기에 반영하여야 하는 경우 전기 이전의 비용은 당기에 전기오류수정손실로 처리하여 반영하여야 하고, 전기 이전의 수익은 당기에 전기오류수정이익으로 처리하여야 한다.

다시 말하면, 전기 회계처리 내용을 누락한 경우에는 회계오류에 해당하는 것으로 회계오류는 재무상태표(결산종료일 또는 외부감사일로서 재무상태표를 확정한 이후)일 이전에 발견한 경우에는 바로 수정하면 되나 재무상태표일 이후에는 전기오류사항으로 정리하여야 하는 것이다. 이러한 회계오류는 계산상의 실수, 기업회계기준의 잘못된 적용, 사실판단의 잘못, 부정, 과실 또는 사실의 누락 등으로 인해 발생하며, 당기에 발견한 전기 또는 그 이전기간의 오류는 당기 손익계산서에 영업외손익 중 전기오류수정손익으로 보고한다. 다만, 중대한 오류에 대해서는 전기이월이익잉여금을 수정한다. 중대한 오류는 재무제표의 신뢰성을 심각하게 손상할 수 있는 중요한 오류를 말한다.

한편, 세법에서는 권리의무 확정주의에 의하여 전기 이전의 수익 또는 비용을 누락하였거나, 전기의 수익이 아닌 것을 수익으로 처리한 경우 또는 전기의 비용이 아닌 것을 전기의 비용으로 처리한 것은 전기의 수익 또는 비용에 반영하여 법인세 과세표준 또는 종합소득세 과세표준을 수정하여 신고하도록 규정하고 있으며, 다음과 같이 처리한다.

▶ **전기 비용을 누락한 경우**

전기 법인세 신고 또는 소득세 신고내용에 대하여 세무조정으로 전기에 누락한 비용을 손금산입(법인) 또는 필요경비(개인)에 산입하여야 한다.

▶ **전기 비용을 실제 보다 과다하게 계상한 경우**

전기 법인세 신고 또는 소득세 신고내용에 대하여 세무조정으로 전기에 과다하게 계상한 비용은 손금불산입(법인) 또는 필요경비불산입(개인)하여야 한다.

▶ **전기 수익이 아닌 것을 전기의 수익으로 처리한 경우**

전기 법인세 신고 또는 소득세 신고내용에 대하여 세무조정으로 전기 수익이 아닌 것을 익금불산입(법인) 또는 총수입금액불산입(개인)하여야 한다.

▶ **전기의 수익을 누락한 경우**

전기 법인세 신고 또는 소득세 신고내용에 대하여 세무조정으로 익금산입(법인) 또는 총수입금액에 산입(개인)하여야 하며, 전기의 오류나 탈루 등을 당기에 반영하여야 하는 경우 회계처리 및 세무조정이 필요하며, 그 내용은 다음과 같다.

1. 전기 누락한 비용을 당기에 부채로 계상하여야 하는 경우

| 전기오류수정손실 | **** / 미지급금 | **** |

2. 전기에 이중으로 계상한 비용에 대한 부채를 당기에 제거하여야 하는 경우

| 미지급금 | **** / 전기오류수정이익 | **** |

3. 전기 수익을 누락하여 채권을 당기에 계상하여야 하는 경우

| 외상매출금 | **** / 전기오류수정이익 | **** |

❷ 전기오류수정이익

과거 연도의 수익을 누락하였거나 비용을 이중으로 계상한 경우 손익은 그 해당 사업연도별로 적용하여야 하므로 수익을 누락하거나 비용을 이중으로 계상한 사업연도의 법인세 신고내용을 수정(세무조정사항에서 익금산입 또는 손금불산입)하여 법인세를 추가 납부하여야 하며, 오류를 반영한 사업연도의 전기오류수정이익(영업외수익)은 익금불산입처리하여야 한다.

단, 전기 이전의 법인세 수정신고시 세무조정에서 손금불산입(또는 익금산입)하고 상여로 처분한 금액은 사외에 유출된 것이므로 당기에 이를 회수하는 분개처리 및 세무조정은 하지 않는다.

■ 전기 비용을 이중으로 처리하고 매입채무를 누락한 경우

법인이 전기에 결산조정사항으로서 결산시에 비용을 이중으로 계상하여 추후 발견한 경우 전기 세무조정사항을 수정하여 손금불산입하고, 법인세를 수정신고하여야 하는 것이며, (전년도 법인세 및 가산세 추가 납부) 회계처리상 오류를 수정하기 위해서는 다음과 같이 처리한다.

[예 제] 전기 매입세금계산서를 이중으로 신고하여 제품매출원가를 과대계상하다. 다만, 매입채무를 이중으로 계상하여 법인의 자금은 사외에 유출되지 않았다.
(원재료비 10,000,000원, 세액 1,000,000원)

■ 전기분 법인세 수정신고 및 세무조정
- 손금불산입 : 원재료비 11,000,000원 (유보)
- 손금산입 : 매입세액 1,000,000원 (기타)

□ 전기분 이중 매입에 대한 법인세 및 가산세 계산
- 전기분 법인세 추가 납부세액 · 수정후 산출세액 - 당초 산출세액
- 법인세 납부지연가산세 : 추가 납부할 법인세 × 미납일수 × 2.2/10000
- 법인세 과소신고가산세 : 과소신고한 납부세액과 초과신고한 환급세액을 합한 금액
  (가산세와 세법에 따라 가산하여 납부하여야 할 이자 상당 가산액 제외) × 10/100

▶ 수정신고로 인하여 법인세 산출세액이 증가한 경우 세액감면
수정신고의 경우 증액된 과세표준으로 산출세액을 계산하고, 중소기업에 대한 특별세액감면을 추가로 공제받을 수 있다. 다만, 관할 세무서에서 과세표준과 세액을 경정할 것을 미리 알고 제출하는 경우로서 부정행위에 해당하는 경우 추가 감면을 받을 수 없다.

■ 당기 회계처리

[예제] 전기에 착오에 의하여 원재료비를 이중 계상하고 외상매입금으로 처리한 11,000,000원을 외상매입금에서 차감하는 분개처리를 하다.

외상매입금	11,000,000	/	전기오류수정이익	11,000,000

■ 당기 세무조정
- 익금불산입 : 전기오류수정이익 11,000,000원 (△유보)

> **TIP** 이중 매입, 가공 경비 등에 대한 세무조정 및 소득처분
>
> 1. 이중 매입, 가공경비 등의 경우 그 대금이 대표이사 등에게 유출된 것이 분명한 경우에는 해당 금액을 손금불산입하고, 대표이사 등에 대한 상여로 처분하여야 한다.
> 2. 전기에 착오에 의하여 장부상 이중 경비로 처리하였으나 이중경비 등이 사외에 유출되지 아니한 경우, 예를 들어 경비를 이중으로 계상하였으나, 부채인 외상매입금 등으로 장부에 반영하고, 당기 장부에서 외상매입금을 감액하는 회계처리를 하는 경우 손금불산입하고 유보로 처분할 수 있으며, 이 경우 인정이자는 계상하지 아니한다.
> 3. 이중 매입액, 가공경비 등을 현금 지급한 것으로 회계처리하고, 다음해 이후 현금을 회수하는 경우 이중 매입액 또는 가공경비 지급일부터 장부상 회수하는 기간 동안 그 대금을 대표이사가 유용한 것으로 보아 이 기간에 대하여 가지급금인정이자를 계상하여 가지급금인정이자상당액은 익금산입하고, 대표이사에 대한 상여로 처분을 하여야 한다.

■ 전년도분 매출 누락 대금을 당기에 회수하는 경우

[예 제] 전년도 7월 1일 매출 10,000,000원(부가세 별도)을 누락한 사실을 당기에 발견하고, 전년도 법인세 내용을 수정신고하다.

■ 전년도 법인세 수정신고 및 세무조정
- 익금산입 : 매출 11,000,000원(유보)
- 익금산입 : 가지급금인정이자 255,079원(상여)

○ 매출대금 발생일부터 장부상 회수하는 기간 동안 매출대금을 대표이사가 유용한 것으로 보아 이 기간(7.1 ~ 12.31)에 대하여 가지급금인정이자 259,079원을 계상하여 익금산입하고, 대표이사에 대한 상여로 처분을 하여야 한다.
- 가지급금인정이자 : 11,000,000원 × 당좌대출이자율(4.6%) × 184/365

- 손금산입 : 부가가치세 1,000,000원(기타)

> **TIP** 매출누락 대금에 대한 세무조정 및 소득처분
>
> 1. 매출누락대금이 대표이사 등에게 유출된 것이 분명한 경우에는 해당 금액을 익금산입하고, 그 귀속자에 대하여 상여로 처분한 다음 근로소득세를 수정신고하여야 한다.
>
> 2. 전기에 착오에 의하여 장부상 매출을 누락하였으나 매출누락대금이 사외에 유출되지 아니한 경우, 예를 들어 매출과 외상매출금을 동시에 누락하였으나 매출대금이 사외로 유출되지 아니하였음을 입증할 수 있고, 당기 장부에 외상매출금을 반영하는 경우 익금산입하고 유보로 처분할 수 있으며, 이 경우 인정이자는 계상하지 아니한다.
>
> 3. 단, 당기 장부에 매출대금을 현금으로 회수하는 경우에는 익금산입하고 유보로 처분하되, 매출대금이 사외로 유출된 기간(매출발생일부터 매출대금 회수일까지의 기간) 동안에 대하여는 매출누락대금을 대표이사가 유용한 것으로 보아 가지급금인정이자를 계상하여 세무조정에서 익금산입하고, 그 귀속자(대표이사 등)에게 상여로 처분하여야 한다.

■ 당기 회계처리

당기에 전기 매출누락대금 11,000,000원을 현금으로 회수하는 분개처리를 하다.

| 현금 | 11,000,000 / 전기오류수정이익 | 11,000,000 |

■ 당기 세무조정 [익금불산입]

- 전기오류수정이익 11,000,000원 (△유보)

❸ 전기오류수정손실

■ 개요

전기오류수정손실이란 전기 이전의 오류를 수정하는 경우 처리하는 계정으로 실무에서는 주로 전기 이전의 비용을 누락하여 당기에 반영하는 경우 발생한다.

과거 연도 이전의 비용을 누락한 경우 누락한 비용의 손금은 그 해당 사업연도별로 계상하여야 하므로 누락한 사업연도의 법인세 신고내용을 수정(세무조정사항에서 손금산입)하고, **경정청구**를 하여 법인세를 환급받아야 하는 것이며,

전기의 오류를 반영한 사업연도에 장부상 전기오류손익수정손실로 처리하고, 세무조정에서 손금불산입처리한다. 왜냐하면, 전기 이전의 비용 누락에 대하여 전기 이전 법인세 경정청구로 이미 손금으로 처리하였기 때문이다.

▶ 경정청구 및 가산세

전기 이전의 매입세금계산서를 누락하여 법인세 및 부가가치세를 경정청구(수정에 의하여 환급금이 발생하는 것)하는 경우에는 세금을 실제보다 과다하게 납부한 다음 나중에 돌려받거나(법인세), 공제받을 세금을 세법에서 정한 때 보다 늦게 공제를 받아 돌려받은 것(부가가치세)이므로 가산세는 적용되지 아니한다.

■ 전기 매입세금계산서 누락분 세무회계

[예 제] 20×3년도 법인세신고시 사무실 임차료에 대하여 발급받은 매입세금계산서(공급가액 1,000,000원 세액 100,000원)를 신고누락하였다.
20×4년에 발견하여 20×3년도분 법인세를 경정청구하고 20×4년도에 임차료 미지급금 1,100,000원을 보통예금에서 인출하여 지급하다.

■ 20×3년도분 법인세 경정청구 및 세무조정

□ 법인세 세무조정 [손금산입 및 손금불산입]
• 손금산입 : 지급임차료 1,100,000원(△유보)
• 손금불산입 : 매입세액 100,000원(기타)

■ 20×4년 회계처리
① 20×3년도 임차료 미지급금 1,100,000원을 보통예금에서 인출하여 지급하다.

전기오류수정손실	1,000,000	/	보통예금	1,100,000
부가세대급금	100,000			

■ 20×4년 세무조정 [손금불산입]
• 전기오류수정손실 1,000,000원(유보)
- 20×4년도 회계처리한 전기오류수정손실은 손금불산입(20×3년도 법인세 수정신고로 이미 손금으로 처리한 것임)처리한다.
- 부가세대급금 : 매입세금계산서 누락분은 경정청구를 하여 환급받는다.

② 《전기 비용누락에 대한 경정청구》 전기결산시 지급임차료 1,000,000원을 누락하여 법인세과세표준을 수정하고, 법인세환급금 100,000원 및 법인세분 지방소득세 환급금 10,000원을 경정청구하다.

미수금	110,000	/	법인세환급액	110,000

• 법인세환급액 : 영업외수익에 해당하며, 세무조정에서 익금불산입한다.

③ 《법인세 환급금액 입금》 법인세환급금 100,000원이 보통예금에 입금되다.

보통예금	100,000	/	미수금	100,000

④ 《매입세금계산서 누락분 경정청구》 매입세금계산서누락에 대하여 관할세무서에 경정청구하다.

미수금	100,000	/	부가세대급금	100,000

■ 전기 이전의 비용을 자산으로 처리한 경우 세무회계

[예 제] 20×2년도 확정기여형퇴직연금(DC)으로 불입한 금액 10,000,000원을 착오에 의하여 자산(퇴직연금운용자산)으로 처리하였음을 20×4년 3월 10일 발견하고, 20×2년도 법인세를 경정청구하고, 전기오류수정손실로 처리한 다음 세무조정하다.

▶ 확정급여형퇴직연금 및 확정기여형퇴직연금의 손금산입 방법
1. 확정급여형퇴직연금(DB)은 자산(퇴직연금운용자산)처리한 다음 결산조정으로 퇴직연금충당부채를 계상하여 손금에 산입하거나(퇴직금 / 퇴직연금충당부채) 세무조정사항으로 손금산입하여야 하며,
2. 확정기여형퇴직연금(DC)은 퇴직연금 불입시 즉시 비용처리하여야 한다.

□ 20×2년도분 법인세 세무조정 [손금산입]
- 손금산입 : 퇴직연금운용자산 10,000,000원(△유보)

■ 20×4년 회계처리
[예 제] 20×4년도 퇴직연금운용자산 10,000,000원을 장부에서 제거하는 회계처리를 하고, 전기오류수정손실로 계상하다.

전기오류수정손실	10,000,000	/	퇴직연금운용자산	10,000,000

■ 20×4년 세무조정 [손금불산입]
- 전기오류수정손실 10,000,000원 (유보)
- 20×4년도 회계처리한 전기오류수정손실은 손금불산입(20×2년도 법인세 수정신고로 이미 손금으로 처리한 것임)처리한다.

■ 전기오류수정손익을 법인세 수정신고없이 당기에 처리하는 경우

전기에 수익을 누락하거나 비용을 이중으로 계상한 경우에는 전기의 법인세를 과소납부한 것이므로 반드시 전기의 법인세를 수정신고하여야 한다. 반대로 전기에 수익을 이중 계상하거나 비용을 누락한 경우에는 전기의 법인세를 과다납부한 것이므로 전기의 법인세를 수정하여 경정청구를 하여야 한다. 단, 전기에 비용을 이중

으로 계상한 금액 등이 중요하지 않거나 전기의 비용을 누락하였으나 전기 소득을 수정하여 법인세를 경정청구하지 않는 경우 전기의 법인세 수정신고를 아니하고 당기에만 처리하여도 무방할 것이다.

▶ 전기 수익 누락 또는 비용 이중 금액을 전기오류수정이익으로 하는 경우

전년도의 수익을 당해 연도의 전기오류수정수익으로 계상하거나 전년도의 비용이 아닌 것을 당해 연도의 전기오류수정이익으로 처리함으로써 전기오류수정이익에 상당하는 법인세를 오류가 발생한 연도에 납부하지 아니하고, 당해 연도에 납부하여 법인세를 1년간 늦게 납부하는 결과가 되나 금액적으로 중요하지 않은 경우 나중에 세무상 문제가 되더라도 손익 귀속연도의 문제만 있으므로 전년도의 법인세에 대한 과소신고가산세 및 납부지연가산세만 부담을 하면 되기 때문이다.

▶ 전기의 비용을 누락하였거나 수익을 이중으로 계상한 경우

전년도의 비용을 당해 연도에 전기오류수정손실로 처리하여 비용 계상하는 경우 전기오류수정손실에 상당하는 법인세를 전년도에 납부함으로써 법인세를 1년간 먼저 납부하는 결과가 되어 세무상 특별한 문제는 발생하지 않을 것이다. 다만, 이 경우 회사 입장에서는 실제 발생한 비용을 손금으로 처리하지 아니함으로써 손금에 해당하는 법인세를 많이 내는 것은 감수하여야 한다.

▶ 전기 이전의 오류를 이익잉여금 항목으로 처리하는 경우

전기 이전의 오류사항 중 손익과 관련이 없는 오류를 이익잉여금의 증감항목으로 처리하는 경우 손익과정을 거치지 아니하고, 자본 계정에서 조정이 되므로 당기의 법인세에는 영향을 미치지 않는다.

소득세법에 의한 의무 불이행에 대한 가산세 등

01 지급명세서 및 간이지급명세서 제출의무

❶ 지급명세서 제출의무 및 가산세

1 지급명세서 제출의무

국내에서 소득세 납세의무가 있는 **개인**에게 다음의 소득을 지급하는 경우 그 지급시에 지급금액 또는 소득금액(지급금액 - 필요경비)에 원천징수세율을 적용한 금액 및 지방소득세(원천징수세액의 10%)를 차감 지급한 다음, 지급일의 다음 달 10일까지 관할 세무서에 신고.납부하여야 하고, 다음에 정하는 기한까지 지급명세서를 별도로 제출하여야 한다. [소득세법 제164조]

소득 종류	원천징수세율	지급명세서 제출기한
• 이자소득	14%(금융기관) 25%(기타)	다음해 2월 말일
• 배당소득	지급금액의 14%	다음해 2월 말일
• 사업소득(인적용역)	지급금액의 3%	다음해 3월 10일
사업소득(봉사료)	지급금액의 5%	다음해 3월 10일
• 근로소득	간이세액표	다음해 3월 10일
근로소득(일용근로)	150,000원 초과금액 × 2.7%	지급일의 다음달 말일
• 연금소득	간이세액표	다음해 2월 말일
• 기타소득	(지급액 - 필요경비)× 20%	다음해 2월 말일
• 퇴직소득	퇴직소득세	다음해 3월 10일

[1] 근로소득 지급명세서 제출기한
해당 소득에 대한 과세기간 종료일이 속하는 과세기간의 다음 연도 3월 10일

[2] 퇴직소득 지급명세서 제출기한
해당 소득에 대한 과세기간 종료일이 속하는 과세기간의 다음 연도 3월 10일

[3] 원천징수대상 사업소득 지급명세서 제출기한
그 **지급일**이 속하는 연도의 다음 연도 3월 10일
단, 보험모집인, 방문판매원, 배달 판매 용역을 제공하고 판매실적에 따라 판매수당 등을 받는 자는 **과세기간 종료일**이 속하는 과세기간의 다음연도 3월 10일

◆ 원천징수시기 특례가 적용되는 소득의 지급명세서 제출기한
원천징수시기 특례가 적용되는 아래의 소득의 경우 해당 과세기간 종료일(귀속기준)로 보아 다음연도 2월말일(배당소득) 또는 3월10일(근로소득, 기타소득 보험모집인 등에 대한 사업소득)까지 지급명세서를 제출하여야 한다.
1. 배당소득 원천징수시기에 대한 특례(소득세법 131조)
2. 근로소득 원천징수시기에 대한 특례(소득세법 135조)
3. 연말정산 사업소득(보험모집인 등)의 원천징수시기에 대한 특례(소득세법 144조의 5)
4. 퇴직소득 원천징수시기에 대한 특례(소득세법 147조) 경우

◆ **폐업, 해산, 휴업 등의 경우 근로소득, 퇴직소득, 연말정산대상 사업소득지급명세서 제출기한** → 폐업일 등이 속하는 달의 다음 다음달 말일

[4] 일용직 지급명세서 제출기한
지급일이 속하는 달의 다음달 말일. 단, 12월 31일까지 해당 귀속년도분의 일용근로소득을 지급하지 않은 경우 12월 말일을 지급일로 보아 다음해 1월 말일까지 제출하여야 한다.

[개정 세법] 2021.7.1. 이후 일용근로자 지급명세서 제출기한 단축(소득법 §164 ①)
(종전) 지급일이 속하는 분기 다음달 말일
(개정) 지급일의 다음달 말일

[5] 기타소득 지급명세서 제출기한
그 지급일이 속하는 연도의 다음 연도 2월 말일

[6] 이자소득, 배당소득 지급명세서 제출기한
그 지급일이 속하는 연도의 다음 연도 2월 말일

2   지급명세서 미제출가산세

[1] 원천징수대상 소득에 대한 지급명세서 미제출가산세
① 원천징수대상 소득을 지급한 자가 지급명세서를 그 지급일(근로소득, 퇴직소득, 보험모집인 등 연말정산 사업소득의 경우 해당 소득에 대한 과세기간 종료일)이 속하는 연도의 다음해 2월 말일(기타소득, 이자소득, 배당소득, 연금소득) 또는 3월 10일(근로소득, 퇴직소득, 원천징수대상 사업소득)까지 관할 세무서에 제출하지 아니한 경우 지급금액의 1%(2018년 이후 2% → 1%)를 가산세로 부담하여야 한다. 단, 제출기한일로부터 **3개월 이내**에 제출하는 경우 가산세의 50%를 감면받을 수 있다. (소득세법 제81조의11, 법인세법 제75조의7 ①)

② 제출된 지급명세서가 <u>불분명한 경우</u>에 해당하거나 제출된 지급명세서에 기재된 지급금액이 사실과 다른 경우 : 불분명하거나 사실과 다른 지급금액의 100분의 1

▶ 불분명한 경우 [소령 제147조 ①]
1. 제출된 지급명세서에 지급자 또는 소득자의 주소·성명·납세번호(주민등록번호로 갈음하는 경우에는 주민등록번호)나 사업자등록번호·소득의 종류·소득의 귀속연도 또는 지급액을 기재하지 아니하였거나 잘못 기재하여 지급사실을 확인할 수 없는 경우
2. 제출된 지급명세서 및 이자·배당소득 지급명세서에 유가증권표준코드를 적지 아니하였거나 잘못 적어 유가증권의 발행자를 확인할 수 없는 경우
3. 제출된 지급명세서에 이연퇴직소득세를 적지 아니하였거나 잘못 적은 경우

◆ 서면법규-393, 2013.04.08
원천징수의무자가 「소득세법」 제164조에 따라 2011.1.1. 이후 제출한 일용근로소득 지급명세서에 기재된 지급금액이 실제 지급액보다 과다하게 기재된 경우 같은 법 제81조 제1항에 따른 가산세를 적용하는 것임.

[2] 일용근로자 지급명세서 미제출등에 대한 가산세

일용근로자의 근로소득에 대한 지급명세서의 경우에는 제출하지 아니한 분의 지급금액의 1만분의 25(제출기한이 지난 후 1개월 이내에 제출하는 경우에는 지급금액의 10만분의 125)로 한다.

[개정 세법] 일용근로자 지급명세서 등 제출 불성실 가산세 보완
(소득세법 §81의11, 법인세법 §75의7)

▶ 일용근로소득 지급명세서 제출 불성실 가산세율 인하

구 분	가산세율	비 고
① 제출기한까지 미제출	0.25%	
② 제출기한 경과 후 1개월 내* 지연제출	0.125%	
③ 지급사실 불분명 등	0.25%	

❷ 간이지급명세서 제출의무 및 가산세

1 간이지급명세서 제출의무 및 제출기한

[1] 간이지급명세서 제출의무

소득세 납세의무가 있는 개인에게 다음 각 호의 어느 하나에 해당하는 소득을 국내에서 지급하는 자는 간이지급명세서를 다음 각 호에서 정하는 기한까지 원천징수 관할 세무서장에게 제출하여야 한다. [소득세법 제164조의3]
1. 일용근로자가 아닌 근로자에게 지급하는 근로소득: 그 소득 지급일이 속하는 반기의 마지막 달의 다음 달 말일(휴업, 폐업 또는 해산한 경우에는 휴업일, 폐업일 또는 해산일이 속하는 반기의 마지막 달의 다음 달 말일)
2. 원천징수대상 사업소득: 그 소득 지급일)이 속하는 달의 다음 달 말일(휴업, 폐업 또는 해산한 경우에는 휴업일, 폐업일 또는 해산일이 속하는 달의 다음 달 말일)

[2] 근로소득 간이지급명세서 제출기한

반기 마지막 달의 다음 달 말일. 단, 20×1년 12월분 근로소득을 20×2년 1월에 지급한 경우에 20×1년 12월 지급분 간이지급명세서에 포함하여 제출하고, 20×2년 1월 지급분 간이지급명세서 제출시에는 제외한다

[개정 세법] 근로소득간이지급명세서 제출기한 연장(소득법 §164①단서, §164의3①)
(종전) 반기 마지막 달의 다음 달 10일
(개정) 반기 마지막 달의 다음 달 말일
<적용시기> 2020.1.1. 이후 제출하는 분부터 적용

[세법 개정] 근로소득 간이지급명세서 제출대상 소득 범위 조정
(제출대상 소득 범위 조정) 반기 근무분 소득 → 반기 동안 지급한 소득
<적용시기> 2020.1.1. 이후 제출하는 분부터 적용

[3] 원천징수대상 사업소득 간이지급명세서 제출기한

매월 지급일이 속하는 달의 다음 달 말일. 단, 2021년 12월분 사업소득을 2022년 1월에 지급한 경우에 2021년 12월 지급분 간이지급명세서에 포함하여 제출하고, 2022년 1월 지급분 간이지급명세서 제출시에는 제외한다

[개정 세법] 원천징수대상 사업소득에 대한 간이지급명세서
(종전) 지급일이 속하는 반기의 마지막 달의 다음 달 말일
(개정) 매월 지급일이 속하는 달의 다음 달 말일
<적용시기> '21.7.1. 이후 지급하는 소득분부터 적용

② 간이지급명세서 미제출 가산세

근로소득간이지급명세서를 기한내 제출하지 아니한 경우 지급금액의 1천분의 0.25 (3개월 이내에 제출하는 경우 지급금액의 1만분의 125)

◆ 간이지급명세서 지연제출에 대한 가산세 감면
1. 제출기한이 지난 후 **3개월**이내에 제출하는 경우 지급금액의 10만분의 125
2, 원천징수대상 사업소득에 대한 간이지급명세서의 경우에는 제출기한이 지난 후 **1개월** 이내에 제출하여야 가산세 감면(지급금액의 10만분의 125)을 받을 수 있다.

02 계산서, 세금계산서합계표 관련 가산세

❶ 계산서 발급 의무 및 미발급가산세

1 계산서 발급의무

과세사업자로서 일반과세자인 경우 과세되는 재화 또는 용역을 공급하는 경우에는 부가가치세법의 규정에 의하여 세금계산서를 작성하여 발급하여야 하는 반면, 면세되는 재화 또는 용역을 공급하는 경우에는 계산서를 작성하여 재화 또는 용역을 공급받는 자에게 발급하여야 한다.

과세사업자의 경우도 면세되는 재화 또는 용역을 공급할 수 있으며, 과세사업자가 면세되는 재화 또는 용역을 공급하는 경우로서 소매업 등 영수증발행사업자가 아닌 경우 계산서를 발급하여야 하며, 간이과세자는 세금계산서를 발급할 수는 없지만, 계산서는 발급할 수 있다.

[1] 계산서 작성 · 발급
복식부기의무자로서 면세되는 재화 또는 용역을 공급하는 경우에는 반드시 계산서를 발급하여야 한다.

▶ **계산서를 발급하지 않아도 되는 경우**
1. 부동산을 매각하는 경우(토지 및 건축물을 공급하는 경우)
2. 부가가치세법에 의하여 세금계산서의 발급이 면제되는 업종(소매업등 주로 사업자가 아닌 소비자에게 재화 또는 용역을 공급하는 사업)을 영위하는 사업자가 면세되는 재화 또는 용역을 공급하는 경우

[2] 전자계산서의 작성 · 발급
다음 각 호의 어느 하나에 해당하는 사업자가 계산서를 발급할 때에는 전자적 방법으로 작성한 계산서(전자계산서)를 발급하여야 한다.

1. 「부가가치세법」제32조제2항에 따른 전자세금계산서를 발급하여야 하는 사업자
2. 직전 과세기간 사업장별 과.면세 공급가액 합계 3억원 이상 사업자

[개정 세법] 전자계산서 의무발급 개인사업자 확대(소득령 §211의2)
(현행) 직전 과세기간 사업장별 총수입금액이 1억원 이상인 개인사업자
(개정) 직전 과세기간 사업장별 총수입금액이 8천만원 이상인 개인사업자
<적용시기> '24.7.1. 이후 재화 또는 용역을 공급하는 분부터 적용
(의무발급 기간 연장) 2023.7.1. 이후 의무발급대상에 해당하는 경우(종전 의무발급대상 사업자 포함)부터 적용

[3] 면세 계산서 발급시기
계산서의 발급시기는 세금계산서 발급시기를 준용하여 공급시기에 발급하여야 하는 것이며, 공급시기 이후 계산서를 발급하는 경우 계산서 지연 발급에 대한 가산세가 적용된다. 단, 거래처별로 1역월의 공급가액을 부가가치세법을 준용하여 당해 월의 말일자를 발행일자로 하여 재화 또는 용역공급일이 속하는 달의 다음달 10일까지 계산서를 발급할 수 있다.

② 계산서 미발급 등 가산세

[1] 계산서 미발급 가산세
복식부기의무자가 다음에 해당하는 경우 그 공급가액의 100분의 2에 해당하는 금액을 결정세액에 더한다. [소득세법 제81조(가산세) ③] → [소득세법 81조의10 ①]
1. 계산서를 발급하지 아니한 경우
2. 재화 또는 용역을 공급하지 아니하고 계산서를 발급한 경우
3. 재화 또는 용역을 공급받지 아니하고 계산서를 발급받은 경우

[2] 전자계산서 미발급 가산세
전자계산서를 발급하여야 하는 사업자가 전자계산서를 발급하지 아니한 경우 그 공급가액의 100분의 2에 해당하는 금액을 결정세액에 더한다. 다만, 전자계산서 외의 계산서(종이 계산서)를 발급한 경우에는 공급가액의 100분의 1로 한다.

③ 면세 계산서 지연 발급 등 가산세 등

[1] 계산서 지연발급가산세

계산서의 발급시기가 지난 후 해당 재화 또는 용역의 공급시기가 속하는 과세기간의 다음 연도 1월 25일까지 계산서를 발급한 경우 가산세는 그 공급가액의 100분의 1로 한다. [소득세법 제81조 ③ 4] → [소득세법 81조의10 ①]

◆ 계산서 지연발급의 경우에도 매입자는 가산세 적용 없음
매출자가 면제 계산서를 지연발급한 경우 매입자에 대한 가산세 적용에 대하여 소득세법에서 따로 정한 규정이 없으므로 가산세 적용은 없는 것으로 판단됨

[2] 계산서 불성실가산세

계산서에 필요적 기재 사항의 전부 또는 일부가 기재되지 아니하거나 사실과 다르게 기재된 경우 공급가액의 100분의 1에 해당하는 금액을 결정세액에 더한다.
[소득세법 81조의10 ①]

▶ 필요적 기재사항 [소득세법 시행령 제211조 제1항]
1. 공급하는 사업자의 등록번호와 성명 또는 명칭
2. 공급받는 자의 등록번호와 성명 또는 명칭
3. 공급가액
4. 작성연월일

❷ 계산서합계표 제출 의무 및 미제출가산세

① 매출처별 및 매입처별계산서합계표 제출의무

[1] 계산서합계표의 작성 및 제출

복식부기의무자가 계산서를 발급하였거나 발급받은 경우 매출·매입처별합계표를 그 작성일자가 속하는 과세연도의 **다음해 2월 10일까지** 관할 세무서장에게 제출하여야 한다.

[2] 계산서합계표를 제출하지 않아도 되는 경우
1. 세관장으로부터 발급받은 계산서의 매입처별 합계표
2. 전자계산서를 발급하거나 발급받고 전자계산서 발급명세를 국세청장에게 전송한 경우에는 매출·매입처별 계산서합계표
3. 「부가가치세법」에 따라 세금계산서 또는 영수증을 작성·발급하였거나 매출·매입처별 세금계산서합계표를 제출한 경우

[3] 과세사업자의 계산서합계표 제출 의무
과세사업자의 경우에도 면제되는 재화 또는 용역을 공급하는 경우 계산서를 발급할 수 있으며, 과세사업자가 계산서를 발급하였거나 발급받은 계산서가 있는 경우 부가가치세 신고시 '계산서 발급 및 수취명세서'란에 기재하고, 계산서합계표를 제출하여야 한다. 다만, 계산서합계표를 부가가치세 신고시 제출하지 못한 경우에는 다음해 2월 10일까지 제출할 수 있으며, 이 경우 가산세 적용은 없다.

② 계산서합계표 미제출 가산세

[1] 계산서합계표를 제출하지 않은 경우 적용되는 가산세
복식부기의무자가 매출·매입처별 계산서합계표를 다음연도 2월 10일까지 제출하지 아니한 경우 그 공급가액의 1천분의 5(제출기한이 지난 후 1개월 이내에 제출하는 경우 공급가액의 1천분의 3)를 가산세로 부담하여야 한다. (소득세법 제81조의10)

[개정 세법] 계산서합계표 및 세금계산서합계표 제출불성실 가산세 완화
(종전) 공급가액의 1%(지연제출시 0.5%)
(개정) 공급가액의 0.5%(지연제출시 0.3%)
<적용시기> 2018년 1월 1일 이후 제출기한이 도래하는 분부터 적용

[2] 세금계산서합계표를 제출하지 않은 경우 적용되는 가산세
면세사업을 영위하는 사업자로서 **복식부기의무자**에 해당하는 자가 당해 과세기간의 다음해 2월 10일까지 매입처별 세금계산서합계표를 제출하지 아니한 경우 그 공급가액의 **1천분의 5**(제출기한이 지난 후 1개월 이내에 제출하는 경우에는 공급가액의 1천분의 3)에 해당하는 금액을 가산세로 부담하여야 한다.

▶ 면세사업자(복식부기의무자)의 계산서 발급 및 계산서합계표 제출 의무

구 분	면세사업자 발급/수령	면세사업자 제출기한	미발급/미제출가산세 (복식부기의무자)
매출 계산서	발급	제출하지 않음	2/100
매출처별 계산서합계표	작성	다음해 2월 10일	5/1000
매입 계산서	수령	제출하지 않음	-
매입처별 계산서합계표	작성	다음해 2월 10일	5/1000
매출 세금계산서	-	-	-
매출처별 세금계산서합계표	-	-	-
매입 세금계산서	수령	제출하지 않음	-
매입처별 세금계산서합계표	작성	다음해 2월 10일	5/1000

▶ 과세사업자(일반과세자)의 계산서합계표 제출 의무

구 분	면세사업자 발급/수령	면세사업자 제출기한	미발급/미제출가산세 (일반과세자)
매출처별 계산서합계표	작성	다음해 2월 10일	5/1000
매입처별 계산서합계표	작성	다음해 2월 10일	5/1000
매출처별 세금계산서합계표	작성	부가세 신고기한	5/1000
매입처별 세금계산서합계표	작성	부가세 신고기한	가산세 없음

[개정 세법] 사실과 다른 계산서 발급 가산세 대상 확대(소득법 §81의10)

종 전	개 정
□ 계산서 발급·수취의무 및 (세금)계산서 합계표 제출의무 위반 가산세 대상자	□ 가산세 부과 대상 확대
ㅇ 복식부기의무자	ㅇ (좌 동)
<추 가>	ㅇ 간편장부대상자 단, ①신규사업자, ②직전과세기간 사업소득 수입금액 4,800만원에 미달자 ③보험모집인, 방문판매원, 음료품 배달판매원은 제외

<적용시기> 2021.1.1. 이후 재화·용역을 공급하는 분 또는 재화·용역을 공급하지 않고 계산서를 발급 또는 수취하는 분부터 적용

03 현금영수증 관련 가산세

❶ 개요

① 현금영수증이란 현금영수증 발급장치에 의하여 발급하는 영수증으로 사업자가 현금영수증을 발급한 경우 국세청 전산시스템과 연결되어 국세청은 현금영수증을 발급한 사업자의 매출내용을 알 수 있으므로 주로 소비자를 대상하는 업종에 대하여 현금영수증을 발급하도록 하고 있으며, 특정한 업종(현금영수증 의무발급업종)의 경우 10만원 이상 거래에 대하여 현금영수증을 발급하지 아니한 경우 법인세법 또는 소득세법에 의한 가산세[현금영수증 미발급금액의 20%(착오나 누락으로 인하여 거래대금을 받은 날부터 7일 이내에 관할 세무서에 자진 신고하거나 현금영수증을 자진 발급한 경우에는 100분의 10)]

[개정 세법] 2019년 이후 조세범처벌법의 과태료를 소득세법 및 법인세법으로 이관
거래대금 × 20% (착오나 누락으로 인하여 거래대금을 받은 날부터 7일 이내에 관할 세무서에 자진 신고하거나 현금영수증을 자진 발급한 경우 100분의 10)

② 과세사업자가 물품 등을 구입하고 현금영수증을 수취하고, 일정한 요건을 충족하는 경우 매입세액을 공제하여 주고 있으며, 사업자가 정규영수증을 수취한 경우 사업과 관련한 정당한 비용으로 인정을 하여 준다.

③ 현금영수증은 사업자가 물품 등의 판매에 대하여 매출을 누락할 수 없도록 만든 제도적 장치로서 신용카드와 더불어 주로 일반 소비자에게 물품 등을 판매하는 사업자(음식점, 소매점 등)의 매출 누락을 원천적으로 방지하여 사업자가 세금신고를 성실하게 할 수밖에 없도록 하는데 막대한 기여를 하였다.

❷ 현금영수증가맹점 가입 의무대상 사업자

주로 사업자가 아닌 소비자[별표 3의2]에게 재화 또는 용역을 공급하는 사업자로서 직전연도의 수입금액 합계액이 2,400만원 이상인 사업자

■ **현금영수증 가맹점 가입대상 업종 [소령 [별표 3의2] <개정 2022. 2. 15.>]**

소비자상대업종(제210조의2제1항 및 제210조의3제1항 관련)

구분	업종
1. 소매업	복권소매업 등 기획재정부령으로 정하는 업종을 제외한 소매업 전체 업종
2. 숙박 및 음식점업	숙박 및 음식점업 전체 업종
3. 제조업	양복점업 등 기획재정부령으로 정하는 업종
4. 건설업	실내건축 및 건축마무리 공사업
5. 도매업	자동차중개업
6. 부동산업 및 임대업	가. 부동산 중개 및 대리업 나. 부동산 투자 자문업 다. 부동산 감정평가업(감정평가사업을 포함한다) 라. 의류 임대업
7. 운수업	가. 전세버스 운송업 나. 「화물자동차 운수사업법」에 따른 화물자동차 운송주선사업(이사화물을 포장하는 서비스를 제공하는 사업으로 한정한다) 다. 특수여객자동차 운송업(장의차량 운영업) 라. 주차장 운영업 마. 여행사업 바. 삭제 <2018. 2. 13.> 사. 기타 여행보조 및 예약 서비스업 아. 여객 자동차 터미널 운영업 자. 소화물 전문 운송업
8. 전문·과학 및 기술서비스업	가. 변호사업 나. 변리사업 다. 공증인업 라. 법무사업 마. 행정사업 바. 공인노무사업 사. 공인회계사업(기장대리를 포함한다) 아. 세무사업(기장대리를 포함한다) 자. 건축설계 및 관련 서비스업 차. 기술사업 카. 심판변론인업 타. 경영지도사업 파. 기술지도사업 하. 손해사정인업 거. 통관업 너. 삭제 <2014.2.21> 더. 측량사업 러. 인물 사진 및 행사용 영상 촬영업 머. 사진처리업
9. 교육서비스업	가. 컴퓨터학원 나. 속기학원 등 그 외 기타 분류안된 교육기관 다. 운전학원 라. 자동차정비학원 등 기타 기술 및 직업훈련학원 마. 일반 교과 학원 바. 외국어학원 사. 방문 교육 학원 아. 온라인 교육 학원

10. 보건업 및 사회복지서비스업	자. 기타 교습학원 차. 예술 학원 카. 태권도 및 무술 교육기관 타. 기타 스포츠 교육기관 파. 청소년 수련시설 운영업(교육목적용으로 한정한다) 하. 기타 교육지원 서비스업 가. 종합병원 나. 일반병원 다. 치과병원 라. 한방병원 마. 요양병원 바. 일반의원(일반과, 내과, 소아청소년과, 일반외과, 정형외과, 신경과, 정신건강의학과, 피부과, 비뇨의학과, 안과, 이비인후과, 산부인과, 방사선과 및 성형외과) 사. 기타의원(마취통증의학과, 결핵과, 가정의학과, 재활의학과 등 달리 분류되지 아니한 병과) 아. 치과의원 자. 한의원 차. 수의업
11. 예술, 스포츠 및 여가 관련 서비스업	가. 영화관 운영업나. 비디오물 감상실 운영업 다. 독서실 운영업 라. 박물관 운영업 마. 식물원 및 동물원 운영업 바. 실내 경기장 운영업 사. 실외 경기장 운영업 아. 경주장 운영업(경마장 운영업을 포함한다) 자. 골프장 운영업 차. 스키장 운영업 카. 체력단련시설 운영업 타. 수영장 운영업 파. 볼링장 운영업 하. 당구장 운영업 거. 종합 스포츠시설 운영업 너. 골프연습장 운영업 더. 스쿼시장 등 그외 기타 스포츠시설 운영업 러. 컴퓨터 게임방 운영업 머. 노래연습장 운영업 버. 오락사격장 등 기타 오락장 운영업 서. 해수욕장 운영 등 기타 수상오락 서비스업 어. 낚시장 운영업 저. 무도장 운영업 처. 유원지 및 테마파크 운영업 커. 기원 운영업

[개정 세법] 소비자 상대업종 추가(소득령 별표 3의2)

현 행	개 정

□ 소비자 상대업종
  소매업, 숙박 및 음식점업 등 197개
<추 가>
	□ 대상 업종 추가
	  o (좌 동)
	  o 앰뷸런스 서비스업, 낚시어선업, 스터디카페 추가

<적용시기> '24.1.1. 이후 재화·용역을 공급하는 분부터 적용

[개정 세법] 현금영수증가맹점 범위 및 가입기한화(소득법 §162의3①, 소득령 §210의3)

▶ 의무가입기한 단축 및 예외

해당일로부터 30일 이내 (3개월 → 60일) 단, 수입금액이 연 2,400만원 이상으로 의무가입대상이 된 경우 → 해당일 다음달부터 3개월 이내

▶ 의무가입대상 해당일 명확화

- 해당업종의 사업개시일
- 수입금액 기준은 해당 과세기간 말일

<적용시기> 2020.1.1. 이후 현금영수증가맹점 가입요건에 해당하는 분부터 적용

▶ 현금영수증 가맹점 가입의무가 있는 사업자가 가입하지 않는 경우

현금영수증 가맹점으로 미가입한 기간의 수입금액의 1%를 가산세로 부담하여야 하며, 창업중소기업감면, 중소기업특별세액감면 등을 받을 수 없다.

<소득세법 제81조의9 ②> <조세특례제한법 제128조 ④>

[개정 세법] 현금영수증 사업자에 대한 부가가치세 과세특례 적용기한 연장 (조특법 §126의3)

현 행	개 정
□ 현금영수증사업자*에 대한 부가가치세액 공제 * 현금영수증가맹점으로부터 현금결제내역을 수집하여 국세청으로 전송 ㅇ (공제대상) 현금영수증가맹점의 현금영수증 발급건수 ㅇ (공제금액) 종이발급 : 9.4원, 온라인발급 : 8.4원 ㅇ (적용기한) '22.12.31.	□ 적용기한 연장 ㅇ (좌 동) ㅇ '25.12.31.

■ 현금영수증 가맹점 세액공제 적용기한 신설(조특법 §126의3)

현 행	개 정
□ 현금영수증 발급 시 세액공제 ㅇ (대상) 현금영수증 가맹점 ㅇ (요건) 5천원 미만 거래 이면서 전화망을 통한 발급인 경우 ㅇ (세액공제) 발급 건 × 20원 <신 설>	□ 적용기한 신설 (좌 동) ㅇ(적용기한) 25.12.31.

❸ 현금영수증 의무발행 사업자 및 미발행시 가산세 등

① 현금영수증 의무발행 사업자는 현금영수증가맹점으로 가입을 하여야 하며, 건당 거래금액(부가가치세액 포함)이 **10만원** 이상인 재화 또는 용역을 공급하고 그 대금을 현금으로 받은 경우에는 거래상대방이 현금영수증 발급을 요청하지 아니하더라도 현금영수증을 발급하여야 한다.

② 거래상대방이 현금영수증 발급을 요청하지 아니하거나 현금영수증가맹점이 신분을 인식하지 못하더라도 **국세청이 지정한 코드(010-000-1234)**로 현금영수증을 자진해서 발급하여야 한다. 만약, 재화나 용역을 공급하고 그 대금을 계좌이체 또는 현금으로 받은 즉시 현금영수증을 발급하지 못한 경우에도 받은 날부터 **5일 이내**에 무기명으로 발급할 수 있다.

③ 현금영수증 의무발행사업자가 현금영수증을 발급하지 아니하거나 사실과 다르게 발급하여 관할세무서장으로부터 통보받은 경우 해당 과세기간의 거래에 대하여 통보받은 건별 미발급금액 또는 건별로 사실과 다르게 발급한 금액(건별로 발급하여야 할 금액과의 차액)의 각각 100분의 20에 해당하는 금액을 현금영수증미발급가산세로 부담하게 된다. (소득세법 제81조의9 ②, 법인세법 제75조의6 ②)

■ 현금영수증 의무발행사업자 [소득세법시행령 별표 3의3]

소득세법 시행령 [별표 3의3] <개정 2021. 2. 17.>

현금영수증 의무발행업종(제210조의3제1항제4호 및 같은 조 제11항 관련)

구분	업종
1. 사업서비스업	변호사업, 공인회계사업, 세무사업, 변리사업, 건축사업, 법무사업, 심판변론인업, 경영지도사업, 기술지도사 감정평가사업, 손해사정인업, 통관업, 기술사업, 측량사업, 공인노무사업
2. 보건업	종합병원, 일반병원, 치과병원, 한방병원, 요양병원 바. 일반의원(일반과, 내과, 소아청소년과, 일반외과, 정형외과, 신경과, 정신건강의학과, 피부과, 비뇨의학과, 안과, 이비인후과, 산부인과, 방사선과 및 성형외과) 기타의원, 치과의원, 한의원, 수의업
3. 숙박 및 음식점업	일반유흥 주점업(「식품위생법 시행령」 제21조제8호다목에 따른 단란주점영업을 포함한다) 무도유흥 주점업, 일반 및 생활 숙박시설운영업 출장 음식 서비스업 기숙사 및 고시원 운영업(고시원 운영업으로 한정한다)
4. 교육 서비스업	일반 교습 학원, 예술 학원, 외국어학원 및 기타 교습학원 운전학원, 태권도 및 무술 교육기관 기타 스포츠 교육기관, 기타 교육지원 서비스업 청소년 수련시설 운영업(교육목적용으로 한정한다) 기타 기술 및 직업훈련학원, 컴퓨터 학원 그 외 기타 분류 안 된 교육기관
5. 그 밖의 업종	골프장 운영업, 골프 연습장 운영업 장례식장 및 장의관련 서비스업, 예식장업 부동산 중개 및 대리업, 부동산 투자 자문업 산후 조리원, 시계 및 귀금속 소매업 피부 미용업, 손·발톱 관리 미용업 등 기타 미용업 비만 관리 센터 등 기타 신체 관리 서비스업 마사지업(발 마사지업 및 스포츠 마사지업으로 한정한다) 실내건축 및 건축마무리 공사업(도배업만 영위하는 경우는 제외한다), 인물 사진 및 행사용 영상 촬영업 결혼 상담 및 준비 서비스업, 의류 임대업 「화물자동차 운수사업법」 제2조제4호에 따른 화물자동차 운송주선사업(이사화물을 포장하는 서비스를 제공하는 사업)

	자동차 부품 및 내장품 판매업
	자동차 종합 수리업, 자동차 전문 수리업
	전세버스 운송업, 가구 소매업
	전기용품 및 조명장치 소매업, 의료용 기구 소매업
	페인트, 창호 및 기타 건설자재 소매업
	주방용품 및 가정용 유리, 요업 제품 소매업[거울 및 액자(내용물이 없는 것으로 한정한다) 소매업, 주방용 유리제품 소매업, 관상용 어항 소매업으로 한정한다]
	안경 및 렌즈 소매업, 운동 및 경기용품 소매업
	예술품 및 골동품 소매업, 중고자동차 소매업 및 중개업
	악기 소매업, 자전거 및 기타 운송장비 소매업
	체력단련시설 운영업, 화장터 운영, 묘지 분양 및 관리업
	특수여객자동차 운송업
	가전제품 소매업, 의약품 및 의료용품 소매업
	독서실 운영업, 두발 미용업, 철물 및 난방용구 소매업
	신발 소매업, 애완용 동물 및 관련용품 소매업
	의복 소매업, 컴퓨터 및 주변장치, 소프트웨어 소매업
	통신기기 소매업,
	<2022.1.1. 이후>
	건강보조식품 소매업, 모터사이클 수리업
	자동차 세차업, 벽지, 마루덮개 및 장판류 소매업
	공구 소매업, 가방 및 기타 가죽제품 소매업
	중고가구 소매업, 사진기 및 사진용품 소매업
6. 통신판매업	전자상거래 소매업(제1호부터 제5호에 따른 업종에서 사업자가 공급하는 재화 또는 용역을 온라인 통신망을 통하여 소매하는 경우로 한정한다)

비고: 업종의 구분은 한국표준산업분류를 기준으로 한다. 다만, 위 표에서 특별히 규정하는 업종의 경우에는 그렇지 않다.

■ 현금영수증 의무발행대상 업종 확대(소득령 별표3의3)

현 행	개 정
□ 현금영수증 의무발행*대상 　* 건당 거래금액 10만원 이상 현금거래 시 소비자 요구 없더라도 현금영수증을 의무적으로 발급 ❶ 변호사 등 전문직 ❷ 병·의원, 약사업, 수의사업 등 ❸ 일반교습학원, 외국어학원 등 ❹ 가구소매업, 전기용품·조명장치 소매업, 의료용기구 소매업 등 일부 소매업 ❺ 전세버스 운송업 등 운수업 ❻ 골프장운영업, 예식장업 등 기타 업종 * 전체 112개 업종	□ 의무발행대상 확대 ○ (좌 동) ○ 8개 업종 추가* 　* ❶백화점, ❷대형마트, ❸체인화편의점, ❹기타 대형 종합소매업, ❺서적, 신문 및 잡지류 소매업, ❻곡물, 곡분 및 가축사료 소매업, ❼육류 소매업, ❽자동차 중개업 ○ 3개 업종 추가* 　* ❶이사화물운송주선사업(포장이사 이외), ❷주차장 운영업, ❸여객 자동차 터미널 운영업 ○ 2개 업종 추가* 　* ❶통신장비 수리업, ❷보일러수리 등 기타 가징용품 수리업 ※ 전체 125개 업종(13개 업종 추가)

<적용시기> '24.1.1. 이후 재화 또는 용역을 공급하는 분부터 적용

❹ 부가가치세 신고시 현금매출명세서 제출의무

다음의 현금매출명세서 제출대상 사업자는 부가가치세 예정신고 또는 확정신고를 할 때 현금매출명세서를 함께 제출하여야 하며, 현금매출명세서를 제출하지 아니하거나 제출한 수입금액(현금매출명세서의 경우 현금매출)이 사실과 다르게 적혀 있으면 제출하지 아니한 부분의 수입금액 또는 제출한 수입금액과 실제 수입금액과의 차액에 1%를 곱한 금액을 납부세액에 더하거나 환급세액에서 뺀다.

▶ 현금매출명세서 제출대상 사업자
① 부동산업, 전문서비스업, 과학서비스업 및 기술서비스업, 보건업, 그 밖의 개인서비스업 [부가가치세법 제55조]
② 예식장업, 부동산중개업, 보건업(병원과 의원), 변호사업, 심판변론인업, 변리사업, 법무사업, 공인회계사업, 세무사업, 경영지도사업, 기술지도사업, 감정평가사업, 손해사정인업, 통관업, 기술사업, 건축사업, 도선사업, 측량사업, 공인노무사업, 의사업, 한의사업, 약사업, 한약사업, 수의사업과 그 밖에 이와 유사한 사업서비스업으로서 기획재정부령으로 정하는 것 [부령 제100조 및 제109조 제2항제7호]
③ 과자점업, 도정업, 제분업 및 떡류 제조업 중 떡방앗간, 양복점업, 양장점업, 양화점업, 그 밖에 자기가 공급하는 재화의 50퍼센트 이상을 최종소비자에게 공급하는 사업으로서 국세청장이 정하는 것 [부가가치세법 시행규칙 제71조]

▶ 현금매출명세서 작성
10만원 이상의 현금매출에 대하여 현금영수증을 발급하지 아니한 경우 현금매출명세서 ⑩ 의뢰인란에 공급받는자의 인적사항 등을 기재하여 제출하여야 한다.

04 소득세법 의무불이행에 대한 가산세

❶ 정규영수증 미수취에 대한 가산세

① 정규영수증 수취의무 및 보관

사업소득이 있는 자가 사업과 관련하여 사업자(법인을 포함한다)로부터 재화 또는 용역을 공급받고 그 대가를 지출하는 경우에는 다음 각 호의 어느 하나에 해당하는 증명서류를 받아야 한다. 다만, 정규영수증 수취대상 예외 거래에 해당하는 경우에는 그러하지 아니하다. [소득세법 제160조의2]

1. 계산서
2. 세금계산서
3. 신용카드매출전표
4. 현금영수증

▶ 정규영수증 수취대상 예외 거래 [소득세법 시행령 제208조의2]
1. 공급받은 재화 또는 용역의 거래건당 금액(부가가치세를 포함한다)이 3만원 이하인 경우
2. 거래상대방이 읍·면지역에 소재하는 간이사업자로서 신용카드가맹점이 아닌 경우
3. 금융·보험용역을 제공받은 경우
4. 국내사업장이 없는 비거주자 또는 외국법인과 거래한 경우
5. 농어민(한국표준산업분류에 따른 농업 중 작물 재배업, 축산업, 작물재배 및 축산 복합농업, 임업 또는 어업에 종사하는 자를 말하며, 법인은 제외한다)으로부터 재화 또는 용역을 직접 공급받은 경우
6. 국가·지방자치단체 또는 지방자치단체조합으로부터 재화 또는 용역을 공급받은 경우
7. 비영리법인(비영리외국법인을 포함하며, 수익사업과 관련된 부분을 제외한다)으로부터 재화 또는 용역을 공급받은 경우

8. 원천징수대상 사업소득자로부터 용역을 공급받은 경우(원천징수한 경우)
9. 기타 기획재정부령이 정하는 경우

▶ **정규영수증 수취대상 예외 거래 [소득세법 시행규칙 제95조의3]**
1. 재화의 공급으로 보지 아니하는 사업의 양도에 의하여 재화를 공급받은 경우
2. 방송용역을 공급받은 경우
3. 전기통신사업자로부터 전기통신역무를 제공받는 경우 다만, 통신판매업자가 부가통신사업자로부터 부가통신역무를 제공받는 경우를 제외한다.
4. 국외에서 재화 또는 용역을 공급받은 경우
5. 공매·경매 또는 수용에 의하여 재화를 공급받은 경우
6. 토지 또는 주택을 구입하거나 주택의 임대업을 영위하는 자(법인을 제외한다)로부터 주택임대용역을 공급받은 경우
7. 택시운송용역을 공급받은 경우
8. 건물(토지를 함께 공급받은 경우에는 당해 토지를 포함하며, 주택을 제외한다)을 구입하는 경우로서 거래내용이 확인되는 매매계약서 사본을 과세표준확정신고서에 첨부하여 납세지 관할세무서장에게 제출하는 경우
8의2. 국세청장이 정하여 고시한 전산발매통합관리시스템에 가입한 사업자로부터 입장권·승차권·승선권 등을 구입하여 용역을 제공받은 경우
8의3. 항공기의 항행용역을 제공받은 경우
8의4. 부동산임대용역을 제공받은 경우로서 「부가가치세법 시행령」 제65조제1항의 규정을 적용받는 전세금 또는 임대보증금에 대한 부가가치세액을 임차인이 부담하는 경우
8의5. 재화공급계약·용역제공계약 등에 의하여 확정된 대가의 지급지연으로 인하여 연체이자를 지급하는 경우
8의6. 유료도로를 이용하고 통행료를 지급하는 경우

9. 다음 각 목의 어느 하나에 해당하는 경우로서 공급받은 재화 또는 용역의 거래금액을 금융회사 등을 통하여 지급한 경우로서 과세표준확정신고서에 송금사실을 기재한 경비등의 송금명세서를 **'영수증수취명세서'에** 첨부하여 납세지 관할세무서장에게 제출하는 경우
가. 간이과세자로부터 부동산임대용역을 공급받은 경우

나. 임가공용역을 공급받은 경우(법인과의 거래를 제외한다)
다. 운수업을 영위하는 간이과세자가 제공하는 운송용역을 공급받은 경우
라. 간이과세자로부터 재활용폐자원등 또는 재활용가능자원을 공급받은 경우
마. 광업권, 어업권, 산업재산권, 산업정보, 산업상비밀, 상표권, 영업권, 토사석 의 채취허가에 따른 권리, 지하수의 개발·이용권 그밖에 이와 유사한 자산이나 권리를 공급받는 경우
바. 영세율이 적용되는 상업서류송달용역을 제공받는 경우
사. 공인중개사에게 수수료를 지급하는 경우
아. 통신판매에 따라 재화 또는 용역을 공급받은 경우

2 정규영수증 미수취에 대한 가산세

사업자(소규모사업자 소득금액이 추계되는 자는 제외)가 사업과 관련하여 다른 사업자(법인을 포함한다)로부터 재화 또는 용역을 공급받고 정규영수증에 해당하는 증명서류를 받지 아니하거나 사실과 다른 증명서류를 받은 경우에는 그 받지 아니하거나 사실과 다르게 받은 금액(건별로 받아야 할 금액과의 차액을 말한다)의 100분의 2에 해당하는 금액을 결정세액에 더한다. [소득세법 제81조의6]

▶ 소규모사업자 [소득세법 시행령 제132조 ④]
  ○ 신규사업자 및 직전연도 수입금액이 4800만원 미만인 사업자
  ○ 소득금액이 추계되는 자

❷ 영수증수취명세서 제출의무 및 가산세

1 영수증수취명세서 제출의무

[1] 영수증 수취명세서 제출의무
개인사업자(소규모사업자 제외)가 다른 사업자로부터 재화나 용역을 공급받고 적격증빙(세금계산서, 계산서, 신용카드매출전표, 현금영수증) 외의 것을(간이영수증 등) 수취한 경우에는 종합소득세 확정신고 시 '영수증수취명세서'를 제출하여야 한다.

▶ 소규모사업자
1. 해당 과세기간에 신규로 사업을 개시한 사업자
2. 직전 과세기간의 사업소득의 수입금액이 4천800만원에 미달하는 사업자
3. 원천징수대상 사업소득만 있는 자

[2] 제출대상

거래건당 3만원을 초과하고 계산서·세금계산서·신용카드매출전표 및 현금영수증이 **아닌 영수증을 기재**한 것으로서 다음의 명세서제출 제외대상 거래가 아닌 것

영수증수취명세서(1)

1. 세금계산서·계산서·신용카드 등 미사용 내역

⑨구 분	3만원 초과 거래분		
	⑩총 계	⑪명세서제출제외대상	⑫명세서제출대상(⑩ - ⑪)
⑬건 수			
⑭금 액			

2. 3만원 초과 거래분 명세서제출 제외대상 내역

구 분	구 분
⑮읍·면지역소재	㉖부동산구입
⑯금융·보험용역	㉗주택임대용역
⑰비거주자와의 거래	㉘택시운송용역
⑱농어민과의 거래	㉙전산발매통합관리시스템 가입자와의 거래
⑲국가·지방자치단체 또는 지방자체단체조합과의 거래	㉚항공기항행용역
⑳비영리법인과의 거래	㉛간주임대료
㉑원천징수대상사업소득	㉜연체이자지급분
㉒사업의 양도	㉝송금명세서제출분
㉓전기통신·방송용역	㉞접대비필요경비부인분
㉔국외에서의 공급	㉟유료도로 통행료
㉕공매·경매·수용	㊱합 계

[3] 명세서 제출대상거래

영수증 수취명세서(2) 서식에 공급자 내역을 건별로 기재를 하여야 한다.

영수증수취명세서(2)						
영수증수취명세 제출대상 거래내역						
⑤일련번호	⑥거래일자	공 급 자				⑪거래금액	⑫비고
		⑦상 호	⑧성 명	⑨사 업 장	⑩사업자등록번호		

[4] 경비등의 송금명세서

영수증 수취명세서 ㉝송금명세서제출분의 경우 경비등의 송금명세서를 별도로 작성하여 제출을 하여야 한다. 다만, 경비등의 송금명세서를 제출하지 않는 경우 제출한 영수증 수취명세서가 불분명하다고 인정되어 가산세가 적용될 수 있다.

경비 등의 송금명세서							
3. 거래·송금명세 및 공급자							
⑤일련번호	⑥거래일	⑦상 호 ⑧성 명	⑨사업자등록번호	⑩거래명세	⑪거래금액	⑫송금일	⑬은 행 명 ⑭계좌번호

■ 경비 등의 송금명세서 작성대상 거래 및 작성 방법

1. 본 명세서는 법인 및 부동산임대소득·사업소득이 있는 거주자(「소득세법」 제27조의 필요경비를 계산하고자 하는 경우에 한함)가 3만원이상의 재화 또는 용역을 공급받고 그 대가를 「소득세법 시행규칙」 제95조의 2 제9호 및 「법인세법 시행규칙」 제79조 제10호의 규정에 의하여 금융기관을 통하여 지급하는 다음의 각목의 거래에 대하여 작성합니다.

가. 간이과세자로부터 부동산 임대용역, 운송용역(택시제외)을 공급받는 경우

나. 임가공용역을 공급받는 경우(법인과의 거래 제외)

다. 간이과세자로부터 「조세특례제한법 시행령」 제110조 제4항 각호의 재활용폐자원 등 및 「자원의절약과재활용의촉진에 관한법률」 제2조제1호의 규정에 의한 재활용가능자원(동법시행규칙 별표 1 제1호 내지 제9호에 해당하는 것에 한한다)을 공급 받는 경우
라. 「항공법」에 의한 상업서류 송달용역을 제공받는 경우
마. 「공인중개사의 업무 및 부동산 거래신고에 관한 법률」에 따른 중개업자에게 수수료를 지급하는 경우
바. 복권사업자가 복권을 판매하는 자에게 수수료를 지급하는 경우
사. 인터넷, PC통신 및 TV홈쇼핑을 통하여 재화 또는 용역을 공급받는 경우
아. 우편송달에 의한 주문판매를 통하여 재화를 공급받는 경우
자. 「소득세법」상의 거주자가 광업권, 어업권, 산업재산권, 산업정보, 산업상 비밀, 상표권, 영업권, 토사석의 채취허가에 따른 권리, 지하수의 개발·이용권 그밖에 이와 유사한 자산이나 권리를 공급받는 경우
2. 「2. 거래 및 송금내역, 공급자」는 거래일자 순으로 거래상대방의 인적사항과 거래내역 등을 기재합니다
3. ⑩ 란은 공급받은 재화 또는 용역의 품명, 내용 등을 기재합니다
4. ⑭ 란은 무통장입금, 계좌자동이체, 지로송금시 거래상대방의 계좌번호 또는 지로번호를 기재합니다.

② 영수증수취명세서 미제출가산세

사업자(소규모사업자 및 소득금액이 추계되는 자는 제외)가 영수증수취명세서 제출대상거래에 대하여 과세표준확정신고기한까지 제출하지 아니하거나 제출된 영수증수취명세서에 거래상대방의 상호, 성명, 사업자등록번호(주민등록번호로 갈음하는 경우에는 주민등록번호), 거래일 및 지급금액을 기재하지 아니하였거나 사실과 다르게 기재하여 거래사실을 확인할 수 없는 경우 그 제출하지 아니한 분의 지급금액 또는 불분명한 분의 지급금액의 100분의 1에 해당하는 금액을 결정세액에 더한다.
[소득세법 제81조 ①]

▶ 법인
법인의 경우 법인세 신고시 '경비등의 송금명세서'를 제출하여야 하나 제출하지 않은 경우라도 가산세 적용은 없다.

[실무] 정규영수증을 부득이하게 수취하지 못한 경우

실무에서 정규영수증을 수취할 수 없는 부득이한 경우가 발생할 수 있으며, 이 경우 그 지급사실을 증명할 수 있도록 은행 등을 통하여 송금을 하여야 한다. 왜냐하면, 지급사실이 확인되는 경우 정규영수증 미수취에 대한 가산세(거래금액의 100분의2)는 부담할 수 있으나 비용으로는 인정을 받을 수 있기 때문이다.

한편, 정규영수증이 없다하여 실무에서 당장 세무상 문제는 발생하지 않는다. 국세청은 사업자의 비용에 대하여 정당한 증빙을 수취하였는지 여부는 세무조사 등에 의하여 확인할 수 있으므로 금액적으로 중요하지 않은 지출에 대한 증빙 미수취로 경리실무자가 전전긍긍할 필요는 없을 것이다.

❸ 면세사업자 사업장현황 신고 의무 및 무신고 가산세

1 사업장현황 신고의무

면세 사업자는 해당 사업장의 현황을 해당 과세기간의 다음 연도 2월 10일까지 사업장 소재지 관할 세무서장에게 신고하여야 한다. 단, 면세사업을 영위하는 법인의 경우에는 사업장 현황신고의무는 없다. [소득세법 제78조]

2 사업장현황 무신고에 대한 가산세

주로 사업자가 아닌 소비자에게 재화 또는 용역을 공급하는 사업자로서 **의료업, 수의업, 약사**에 관한 업무를 행하는 사업자가 사업장현황신고를 하지 아니한 경우 그 신고하지 아니한 수입금액의 **1천분의 5**에 상당하는 금액을 해당 과세기간의 결정세액에 가산한다. [소득세법 제81조의3]
단, **의료업, 수의업, 약사**에 관한 업무를 행하는 사업자가 아닌 경우 사업장현황신고를 하지 않아도 가산세 적용은 없다.

❹ 사업용계좌 신고 및 사용 의무 및 미사용 가산세

1 사업용계좌 신고 및 사용 의무

① 복식부기의무자에 해당하는 개인사업자는 사업과 관련하여 재화 또는 용역을 공급받거나 공급하는 거래의 경우로서 다음 각 호의 어느 하나에 해당하는 때에는 사업용계좌를 사용하여야 한다. [소득세법 제160조의5]
1. 거래의 대금을 금융회사등을 통하여 결제하거나 결제받는 경우
2. 인건비 및 임차료를 지급하거나 지급받는 경우. 다만, 인건비를 지급하거나 지급받는 거래 중에서 거래 상대방의 사정으로 사업용계좌를 사용하기 어려운 신용불량자, 외국인 불법체류자와의 거래는 제외한다.

② 복식부기의무자는 복식부기의무자에 해당하는 과세기간의 개시일(사업 개시와 동시에 복식부기의무자에 해당되는 경우에는 다음 과세기간 개시일)부터 **6개월** 이내에 사업용계좌를 해당 사업자의 사업장 관할 세무서장에게 신고하여야 한다.

[개정 세법] 사업용계좌 미신고가산세 배제 대상 신설
2019.1.1. 이후 신규사업장 사업용계좌를 미신고하고 기존 사업장 계좌를 사용하는 경우

2 사업용계좌 미사용 및 무신고에 대한 가산세

사업자가 다음 각 호의 어느 하나에 해당할 때에는 해당 각 호의 금액을 해당 과세기간의 결정세액에 더한다. [소득세법 제81조의8]

1. 복식부기의무자가 사업용계좌를 사용하지 아니한 경우 : 사업용계좌를 사용하지 아니한 금액의 **1천분의 2**에 해당하는 금액

2. 복식부기의무자가 사업용계좌를 신고하지 아니한 경우 : 다음 각 목의 금액 중 큰 금액
가. 과세기간 중 사업용계좌를 신고하지 아니한 기간(신고기한의 다음 날부터 신

고일 전날까지의 일수를 말하며, 미신고기간이 2개 이상의 과세기간에 걸쳐 있으면 각 과세기간별로 미신고기간을 적용한다)의 수입금액의 1천분의 2에 해당하는 금액. 이 경우 미신고기간의 수입금액은 다음 계산식에 따라 산출한다.
수입금액 = 해당 과세기간의 수입금액 × 미신고기간 / 365(윤년에는 366)
나. 사업용계좌를 이용하여 결제하여야 하는 거래금액 합계액의 1천분의 2에 해당하는 금액

> 사업용계좌를 신고하여야 할 복식부기기장의무 사업자가 이를 이행하지 아니한 경우 창업중소기업 등에 대한 세액감면, 중소기업에 대한 특별세액감면 등의 감면을 받을 수 없다.

❺ 성실신고확인서 미제출 가산세

성실신고확인대상사업자가 그 과세기간의 다음 연도 6월 30일까지 성실신고확인서를 납세지 관할 세무서장에게 제출하지 아니한 경우에는 사업소득금액이 종합소득금액에서 차지하는 비율(해당 비율이 1보다 큰 경우에는 1로, 0보다 작은 경우에는 0으로 한다)을 종합소득산출세액에 곱하여 계산한 금액의 **100분의 5**에 해당하는 금액을 결정세액에 더한다. [소득세법 제81조의2]

[개정 세법] 성실신고확인서 미제출 가산세 합리화(제81조의2 ①, 제81조의 2 ③ 신설)
(공전) 산출세액[종합소득 산출세액 × (사업소득금액 / 종합소득금액)] × 5%
(개정) 1과 2 중 큰 금액
1. 산출세액[종합소득 산출세액 × (사업소득금액 / 종합소득금액)] × 5%
2. 수입금액(사업소득 총수입금액) × 0.02%

▶ 성실신고확인대상사업자 [소득세법 시행령 제133조]
해당 과세기간의 수입금액의 합계액이 다음 각 호의 구분에 따른 금액 이상인 사업자를 말한다. 다만, 제1호 또는 제2호에 해당하는 업종을 영위하는 사업자 중 별표 3의3에 따른 사업서비스업을 영위하는 사업자의 경우에는 제3호에 따른 금액 이상인 사업자를 말한다.

1. 농업·임업 및 어업, 광업, 도매 및 소매업(상품중개업을 제외한다), 제122조제1항에 따른 부동산매매업, 그 밖에 제2호 및 제3호에 해당하지 아니하는 사업: 15억원
2. 제조업, 숙박 및 음식점업, 전기·가스·증기 및 공기조절 공급업, 수도·하수·폐기물처리·원료재생업, 건설업(비주거용 건물 건설업은 제외하고, 주거용 건물 개발 및 공급업을 포함한다), 운수업 및 창고업, 정보통신업, 금융 및 보험업, 상품중개업: 7억 5천만원
3. 법 제45조제2항에 따른 부동산 임대업, 부동산업(제122조제1항에 따른 부동산매매업은 제외한다), 전문·과학 및 기술 서비스업, 사업시설관리·사업지원 및 임대서비스업, 교육 서비스업, 보건업 및 사회복지 서비스업, 예술·스포츠 및 여가관련 서비스업, 협회 및 단체, 수리 및 기타 개인 서비스업, 가구내 고용활동: 5억원

❻ 무기장 가산세

소득세법에서는 사업자(소규모사업자 제외)가 장부를 비치·기록하지 아니하였거나 비치·기록한 장부에 따른 소득금액이 기장하여야 할 금액에 미달한 경우에는 그 기장하지 아니한 소득금액 또는 기장하여야 할 금액에 미달한 소득금액이 종합소득금액에서 차지하는 비율(해당 비율이 1보다 큰 경우에는 1로, 0보다 작은 경우에는 0으로 한다)을 산출세액에 곱하여 계산한 금액의 **100분의 20**에 해당하는 금액을 결정세액에 더하도록 규정하고 있다. [소득세법 제81조의5]

■ 무기장가산세 = 산출세액 × [무기장(추계신고)소득금액/종합소득금액] × 20%

★ 무기장가산세가 적용되는 경우 수정신고를 하더라도 국세기본법 제48조에 의한 가산세 감면 규정은 적용되지 않으며, 무기장가산세와 일반과소신고가산세가 동시에 적용되는 경우 둘 중 큰 가산세 적용하여야 한다.

▶ 무신고가산세
국세기본법에서는 납세의무자가 법정신고기한까지 세법에 따른 과세표준신고서를 제출하지 아니한 경우 무신고가산세를 규정하고 있으며, 법인세 또는 복식부기의무자가 소득세신고를 하지 아니한 경우 무신고가산세 및 무기장가산세 중 큰 금액의 가산세를 부담하여야 한다.

▶ 무신고가산세 : 1, 2 중 큰 금액
1. 산출세액 × [무신고(추계신고)소득금액/종합소득금액] × 20%
2. 수입금액(추계신고한 수입금액)의 7(부정행외의 경우 14)/10,000

❼ 주택 임대사업자의 사업자 등록 및 미등록 가산세

1 주택 임대사업자 사업자등록 의무

새로 사업을 시작하는 사업자는 사업장 소재지 관할 세무서장에게 등록하여야 하며, 사업자는 사업장마다 사업 개시일부터 20일 이내에 사업장 관할 세무서장에게 사업자등록을 신청하여야 한다. 다만, 신규로 사업을 시작하려는 자는 사업 개시일 이전이라도 사업자등록을 신청할 수 있다. [소득세법 제168조]

2 주택 임대사업자 미등록 가산세 신설

주택임대소득이 있는 사업자가 사업자등록 신청기한까지 등록을 신청하지 아니한 경우에는 사업 개시일부터 등록을 신청한 날의 직전일까지의 주택임대수입금액의 1천분의 2에 해당하는 금액을 해당 과세기간의 결정세액에 더한다.
[소득세법 제81조의12]

05 개인사업자 소득세 수정신고 등

❶ 전기 이전 매출세금계산서 누락시 가산세 적용

1 매출누락에 대한 소득세 가산세 등

[1] 추가 납부할 세액

과소신고납부한 소득세액(결정세액 - 기납부세액)

[2] 납부지연가산세

과소납부한 세액 × 2.2/10,000 × 미납일수
[미납일수] 신고납부 기한일의 다음날부터 수정신고 납부일까지의 기간 일수
- 2019년 2월 11일 이전의 미납기간 : 1일 0.03%
- 2019년 2월 12일 이후의 미납기간 : 1일 0.025%
- 2022년 2월 15일 이후의 미납기간 : 1일 0.022%

[3] 신고불성실가산세 (일반과소신고가산세)

납세의무자가 법정신고기한까지 세법에 따른 국세의 과세표준 신고를 한 경우로서 납부할 세액을 신고하여야 할 세액보다 적게 신고(과소신고)하거나 환급받을 세액을 신고하여야 할 금액보다 많이 신고(초과신고)한 경우에는 과소신고한 납부세액과 초과신고한 환급세액을 합한 금액에 과소신고납부세액등의 100분의 10에 상당하는 금액을 가산세로 한다. [국세기본법 제제47조의3]

단, **과세표준과 세액을 경정할 것을 미리 알고** 과세표준수정신고서를 제출한 경우로서 해당 국세에 관하여 관할 세무서장으로부터 과세자료 해명 통지를 받고 과세표준수정신고서를 제출한 경우 등은 제외한다.

■ 과소신고납부한 세액 × 10/100 × [1- 감면율]

[개정 세법] 수정신고시 가산세 감면율 조정 및 세분화
ㅇ 법정신고기한 경과 후
1개월 이내 : 90% 감면
3개월 이내 : 75% 감면
3 ~ 6개월 이내 : 50% 감면
6개월 ~ 1년 이내 : 30% 감면
1년 ~ 1년 6개월 이내: 20% 감면
1년 6개월 ~ 2년 이내: 10% 감면
<적용시기> 2020.1.1. 이후 수정신고하는 분부터 적용

무기장가산세 [소득세법 제81조의5]

사업자(신규사업자 및 직전과세기간의 수입금액이 4,800만원 미만인 소규모사업자는 제외한다)가 장부를 비치·기록하지 아니하였거나 비치·기록한 장부에 따른 **소득금액이 기장하여야 할 금액에 미달한 경우** 그 기장하지 아니한 소득금액 또는 기장하여야 할 금액에 미달한 소득금액이 종합소득금액에서 차지하는 비율을 산출세액에 곱하여 계산한 금액의 **100분의 20**에 해당하는 금액을 결정세액에 더하여야 한다.

★ 무기장가산세가 적용되는 경우 수정신고를 하더라도 국세기본법 제48조에 의한 가산세 감면 규정은 적용되지 않으며, 무기장가산세와 일반과소신고가산세가 동시에 적용되는 경우 둘 중 큰 가산세 적용하여야 한다.

□ 소득세법 제81조의5(장부의 기록·보관 불성실 가산세) -요약-
사업자(소규모사업자는 제외)가 장부를 비치·기록하지 아니하였거나 비치·기록한 장부에 따른 소득금액이 기장하여야 할 금액에 미달한 경우에는 다음 계산식에 따라 계산한 금액을 가산세로 해당 과세기간의 종합소득 결정세액에 더하여 납부하여야 한다. 이 경우 기장하지 아니한 소득금액 또는 기장하여야 할 금액에 미달한 소득금액이 종합소득금액에서 차지하는 비율이 1보다 큰 경우에는 1로, 0보다 작은 경우에는 0으로 한다.

가산세 = A × B/C ×100분의 20
A: 종합소득산출세액
B: 기장하지 아니한 소득금액 또는 기장하여야 할 금액에 미달한 소득금액
C: 종합소득금액

📍 부정과소신고가산세

부정한 방법으로 과세표준을 과소신고한 경우 부정한 방법에 의한 금액이 과세표준에서 차지하는 비율을 산출세액에 곱하여 계산한 금액의 100분의 40에 상당하는 금액을 가산세로 부담하여야 한다.

다만, **복식부기의무자** 또는 **법인**이 신고한 과세표준이 세법에 따라 신고하여야 할 소득세 과세표준 또는 법인세 과세표준에 미치지 못하는 경우에는 부정과소신고가산세액과 부정한 방법으로 과소신고한 과세표준과 관련된 수입금액에 1만분의 14를 곱하여 계산한 금액 중 큰 금액을 가산세로 부담하여야 한다.

▶ 수정신고와 일반과소신고가산세, 부정과소신고가산세

부정과소신고가산세는 사기나 그 밖의 부정한 행위로 부정하게 과소신고한 것으로 조세범 처벌법 제3조 제6항 각 호의 어느 하나에 해당하는 행위를 말하는 것으로, 착오에 의한 이중매입이나 단순 매출누락 등은 이에 해당하지 아니한다. 즉, 고의적인 장부조작 등이 아닌 다음의 경우 일반과소신고가산세를 적용하면 될 것으로 판단된다.

1. 착오로 수입금액을 일부 누락하여 법인세 또는 종합소득세를 수정신고하는 경우
2. 착오로 경비를 이중으로 계상하여 법인세 또는 종합소득세를 수정신고하는 경우
3. 착오에 의하여 부가가치세 매입세액을 공제받은 금액을 수정신고하는 경우

2 매출누락에 대한 부가가치세 가산세 등

[1] 추가 납부할 세액

과소신고납부한 매출세액

[2] 매출처별세금계산서합계표불성실가산세(부법 제60조 ⑤)

공급가액 × 0.5/100

▶ 매출세금계산서를 발급하지 아니한 경우

매출처별세금계산서합계표 가산세 적용대상이 아니며, 세금계산서 미발급가산세(공급가액의 100분의2) 적용

▶ 종이세금계산서를 발급한 경우
전자세금계산서 발급의무자가 종이세금계산서를 발급한 경우 공급가액의 1%를 가산세로 부담하여야 한다.

▶ 세금계산서 발급대상이 아닌 경우에는 가산세 없음
신용카드매출, 세금계산서 발급의무가 없는 소매등의 경우로서 매출누락에 대하여 수정신고하는 경우 매출처별세금계산서합계표 가산세는 적용하지 않는다.

[3] 납부지연가산세

과소납부한 세액 × 2.2/10,000 × 미납일수

[미납일수] 신고납부 기한일의 다음날부터 수정신고 납부일까지의 기간 일수
- 2019년 2월 11일 이전의 미납기간 : 1일 0.03%
- 2019년 2월 12일 이후의 미납기간 : 1일 0.025%
- 2022년 2월 15일 이후의 미납기간 : 1일 0.022%

[4] 신고불성실가산세 (일반과소신고가산세)

과소신고납부한 세액 × 10/100 × [1- 감면율]

[개정 세법] 수정신고시 가산세 감면율 조정 및 세분화(부법 제48조)
ㅇ 법정신고기한 경과 후
 - 1개월 이내 : 90% 감면
 - 3개월 이내 : 75% 감면
 - 3 ~ 6개월 이내 : 50% 감면
 - 6개월 ~ 1년 이내 : 30% 감면
 - 1년 ~ 1년 6개월 이내: 20% 감면
 - 1년 6개월 ~ 2년 이내: 10% 감면
<적용시기> 2020.1.1. 이후 수정신고하는 분부터 적용

[5] 부동산임대공급가액명세서 또는 현금매출명세서 미제출가산세

임대업자 또는 현금매출명세서 제출대상사업자가 부동산임대공급가액명세서 또는 현금매출명세서를 제출하지 않은 경우 미제출가산세를 부담하여야 한다.

부동산임대공급가액명세서 또는 현금매출명세서 미제출가산세 : 제출하지 아니한 수입금액 × 1% (1개월 이내 제출시 50% 감면)

③ 개인사업자의 매출누락에 대한 세무조정 및 소득처분

개인사업자 소득은 근로소득이 아니므로 인정상여로 처분할 내용은 없으며, 매출누락한 금액만 개인사업자의 소득에 추가하여 수정신고함으로써 납세의무는 종결된다.

▶ 세무조정
총수입금액 산입 (인출)

❷ 2천만원 이상 금융소득을 종합소득에 합산하지 않는 경우 가산세 적용

[1] 개요
연간 금융소득(이자소득 + 배당소득)이 2천만원을 초과하는 경우 종합소득에 합산하여 신고를 하여야 하며, 이를 누락한 경우 가산세 적용은 다음과 같다.

예를 들어 종합소득세 신고는 하였으나 금융소득을 누락한 경우 과소신고가산세 및 추가 납부할 세액에 대하여 납부지연가산세를 부담하여야 하나

종합소득세 신고를 하지 않아도 되는 소득(근로소득만 있는 경우 등)만 있어 종합소득세 신고 자체를 하지 않는 경우에도 무신고가산세를 부담하여야 한다.

◆ 소득, 소득세과-1123 , 2010.11.08.
종합소득 합산과세대상 금융소득이 있는 자가 종합소득세 확정신고 시 배당소득을 누락하여 신고불성실가산세 적용 시 배당세액공제액은 미달하게 신고한 소득금액에 대한 원천징수세액으로 보아 과소신고한 소득금액이 종합소득금액에서 차지하는 비율을 산출세액에 곱하여 계산한 금액에서 공제하는 것임

◆ 국기, 징세과-1406 , 2012.12.18.
금융소득과 타소득이 있는 사업자가 종합소득과세표준 신고시 금융소득을 합산하여 신고하지 아니한 경우 과소신고한 과세표준은 합산누락한 금융소득금액 전액을 의미함

◆ 금융소득과 근로소득만 있는 경우 신고불성실가산세 적용 방법
(국기, 징세과-97 , 2010.01.28)
「소득세법」 제70조에 의거 법정신고기한내에 종합소득 과세표준을 확정신고하지 아니하였으므로 「국세기본법」 제47조의2 제1항 및 제3항에 의거 종합소득세 산출세액에서 신고하지 아니한 소득금액에 대한 원천징수된 소득세액을 뺀 금액에 대하여 일반무신고가산세를 적용하는 것임.

[2] 금융소득 종합과세 및 분리과세

금융소득이 연간 2천만원 이하인 경우에는 14%의 세율로 분리과세되어 납세의무가 종결되나 2천만원을 초과하는 경우 다른 소득(사업소득, 근로소득 등)과 합산하여 종합소득세를 신고 및 납부하여야 한다.

연간 금융소득(이자소득 + 배당소득)이 2천만원을 초과하는 경우 초과금액은 최소 15.4%(이자소득세 14% + 지방소득세 1.4%)의 세율이 적용되며, 사업소득 또는 근로소득등의 금액이 많은 경우 종합소득에 합산되어 누진세율이 적용되므로 연간 2천만원을 초과하는 금융소득은 최대 49.5%(최대기본세율 45% + 지방소득세 4.5%)의 세금을 부담하게 될 뿐만 아니라 근로소득을 제외한 다른 소득이 연간 3400만원(2022년 7월 이후 2000만원)을 초과하는 경우 건강보험료를 추가로 부담하여야 하므로 세법이 허용하는 범위내에서 금융소득을 줄이기 위한 방안을 검토하여야 한다.

[상세 내용] 국세청 발간 자료 참조
국세청 홈페이지 → 국세정책/제도 → 통합자료실 → 국세청발간책자 → 분야별 해설책자 (금융소득종합과세 해설)

❸ 추계신고 이후 장부기장으로 수정신고를 할 수 없음

거주자가 당초 추계로 소득세신고 후 장부·기장에 의한 방법으로 신고내용을 변경하여 신고서를 제출하는 것은 수정신고 및 경정청구 대상에 해당하지 아니하므로 수정신고를 할 수 없다.

□ 소득세법 집행기준 80-143-10 추계신고자에 대한 실지조사경정 가능여부 등
④ 당초 법정신고기한내에 추계로 종합소득세과세표준 확정신고서를 제출하고, 이후에 장부·기장에 의한 방법으로 신고내용을 변경하여 신고서를 제출하는 것은 수정신고 및 경정청구 대상에 해당하지 않는다

■ 추계신고 후 기장신고 경정청구 [국세상담센터]
[문] 종합소득세 신고시 추계신고를 하였으나, 추후 기장에 의하여 경정청구할 수 있나요?
[답] 안됩니다.

법정신고기한 내에 추계로 종합소득과세표준 신고서를 제출하고 이후에 장부기장에 의한 방법으로 신고내용을 변경하여 신고서를 제출하는 것은 수정신고나 경정청구 대상이 아닙니다.

◆ 추계로 소득세신고 후 기장에 의한 수정신고 및 경정청구 가능 여부
[소득세과-1853(2009.12.1)] (소득, 소득세과-1853 , 2009.12.01)
복식부기의무자 아닌 거주자가 당초 추계로 소득세신고 후 장부·기장에 의한 방법으로 신고내용을 변경하여 신고서를 제출하는 것은 수정신고 및 경정청구 대상에 해당하지 아니하는 것임

◆ 소득46011-31, 2000.01.10
거주자가 소득세법 제160조의 규정에 의하여 비치·기장된 증빙서류에 의하여 사업소득금액 등을 계산하여 같은법 제70조 제3항의 종합소득과세표준 확정신고를 한 경우에 추계소득금액계산서를 첨부하여 국세기본법 제45조 제1항의 규정에 의하여 과세표준수정신고서를 제출할 수 없는 것임.

7. 지방세·지방소득세 및 가산세

01 지방세 및 지방소득세 개요

❶ 국세와 지방세

국세란 국가가 과세권을 가진 조세를 말하며, 소득세, 법인세, 부가가치세, 개별소비세, 양도소득세, 상속세 및 증여세, 인지세 등이 있다.

지방세란 지방자치단체(서울특별시 및 광역시, 도 등 광역지방자치단체 및 시청구청, 군청 등 기초자치단체)가 과세권을 가진 조세를 말하며, 지방세법에 의하여 지방자치단체(시.군.구)에 납부하여야 하는 세금으로 자산의 취득 및 보유등과 관련하여 납부하여야 하는 지방세와 거주자의 소득과 관련하여 납부하여야 하는 지방소득세로 구분하며, 종합소득세, 법인세, 양도소득세 등 국세(직접세)의 10%에 해당하는 금액을 지방소득세로 납부하여야 한다.

▶ **지방세 특별징수분**
원천징수대상소득(근로소득, 이자소득, 배당소득, 퇴직소득, 기타소득, 원천징수대상사업소득, 연금소득)의 지방소득세를 지방세법에서는 특별징수분이라고 한다.

▶ **상속세 및 증여세에 대한 지방소득세 신고납부의무는 없음**
「상속세 및 증여세법」에 의하여 납부하는 상속세 및 증여세에 대하여는 지방세법에서 따로 신고납부의무를 정한 바가 없다.

❷ 지방소득세 신고 및 납부

소득세, 법인세 등의 납부세액이 있는 자는 지방세법의 규정에 의하여 지방소득세를 납부하여야 한다. 이와 같이 소득이 있는 자가 국세로 납부한 세액에 대하여 납부하는 지방세를 구분하여 지방소득세라고 하며, 지방소득세의 신고 및 납부에 관한 내용은 다음과 같다.

1 법인지방소득세 신고 및 납부

[1] 신고
① 「법인세법」 제60조에 따른 신고의무가 있는 내국법인은 각 사업연도의 종료일이 속하는 달의 말일부터 **4개월 이내**에 그 사업연도의 소득에 대한 법인지방소득세의 과세표준과 세액을 납세지 관할 지방자치단체의 장에게 신고하여야 하며, 각 사업연도의 소득금액이 없거나 결손금이 있는 법인의 경우에도 적용한다.

② 제1항에 따른 신고를 할 때에는 그 신고서에 다음 각 호의 서류를 첨부하여야 한다.
1. 기업회계기준을 준용하여 작성한 개별 내국법인의 재무상태표·포괄손익계산서 및 이익잉여금처분계산서(또는 결손금처리계산서)
2. 세무조정계산서
3. 법인지방소득세 안분명세서
4. 그 밖에 「법인세법 시행령」 제97조제5항 각 호에 따른 서류

③ 내국법인은 각 사업연도의 소득에 대한 법인지방소득세 산출세액에서 다음 각 호의 법인지방소득세 세액(가산세는 제외한다)을 공제한 금액을 각 사업연도에 대한 법인지방소득세로서 제1항에 따른 신고기한까지 납세지 관할 지방자치단체에 납부하여야 한다.
1. 해당 사업연도의 공제·감면 세액
2. 해당 사업연도의 수시부과세액
3. 해당 사업연도의 특별징수세액

④ 둘 이상의 지방자치단체에 법인의 사업장이 있는 경우에는 본점 소재지를 관할하는 지방자치단체의 장에게 제2항 각 호의 첨부서류를 제출하면 법인의 각 사업장 소재지 관할 지방자치단체의 장에게도 이를 제출한 것으로 본다.

⑤ 제1항에 따른 신고를 할 때 그 신고서에 제2항제1호부터 제3호까지의 서류를 첨부하지 아니하면 이 법에 따른 신고로 보지 아니한다.
[지방세법 제103조의23(과세표준 및 세액의 확정신고와 납부)]

[2] 과세표준

내국법인의 각 사업연도의 소득에 대한 법인지방소득세의 과세표준은 「법인세법」 제13조에 따라 계산한 금액(「조세특례제한법」 및 다른 법률에 따라 과세표준 산정에 관련한 조세감면 또는 중과세 등의 조세특례가 적용되는 경우에는 이에 따라 계산한 금액)으로 한다. [지방세법 제103조의19]

[3] 세율

▶ 법인지방소득세 세율 [지방세법 제103조의20]

과세표준	세율
2억원 이하	과세표준의 1천분의 9
2억원 초과 200억원 이하	180만원 + (2억원을 초과하는 금액의 1천분의 19)
200억원 ~ 3천억원 이하	3억7천800만원 + (200억원을 초과하는 금액의 1천분의 21)
3천억원 초과	62억5천800만원 + (3천억원을 초과하는 금액의 1천분의 24)

[종전] 2013년 이전 <부가세 방식> 법인세 총결정세액× 10%

총결정세액 = 산출세액 + 가산세 - 조세특례제한법에 의한 공제감면

▶ 세액 공제·감면(2014년 이후)

종 전	현 행
법인세법·조세특례제한법에 의한 공제·감면을 반영한 법인세액을 과세표준으로 지방소득세 산출	지방세특례제한법에 의거 계산하여야 하나, 현재 과세표준 이후 세액 공제·감면 규정 없음

▶ 법인지방소득세의 안분 신고 및 납부 [지방세법 시행령 제100조의13]

법인지방소득세를 신고하려는 내국법인은 법인지방소득세 과세표준 및 세액신고서에 법인지방소득세의 총액과 본점 또는 주사무소와 사업장별 법인지방소득세의 안분 계산내역 등을 적은 법인지방소득세 안분명세서를 첨부하여 해당 지방자치단체의 장에게 서면으로 제출하여야 한다. 다만,「지방세기본법」제135조에 따른 지방세 정보통신망에 전자신고를 한 경우에는 이를 제출한 것으로 본다.

▶ 법인지방소득세 납부기한

1. 법인사업자는 법인세법의 규정에 의하여 각 사업연도의 종료일이 속하는 달의 말일부터 **3개월** 이내에 법인세를 신고 및 납부하여야 한다.
2. 법인지방소득세는 각 사업연도의 종료일이 속하는 달의 말일부터 **4개월** 이내에 산출세액에서 공제감면세액을 차감하고, 국세기본법 및 법인세법에 의한 가산세를 더한 금액의 10%를 신고 및 납부하여야 한다.

② 종합소득 또는 퇴직소득에 대한 지방소득세 신고 및 납부

① 거주자가「소득세법」에 따라 종합소득 또는 퇴직소득에 대한 과세표준확정신고를 하는 경우에는 해당 신고기한까지 종합소득 또는 퇴직소득에 대한 개인지방소득세 과세표준과 세액을 납세지 관할 지방자치단체의 장에게 확정신고·납부하여야 한다. [지방세법 제95조]
② 제1항은 해당 과세기간 동안 종합소득 또는 퇴직소득에 대한 개인지방소득세 과세표준이 없거나 종합소득에 대한 결손금액이 있는 때에도 적용한다. 다만, 제라 퇴직소득에 대한 개인지방소득세를 납부한 자에 대하여는 그러하지 아니하다.
③ 제1항에 따른 확정신고·납부를 할 때에는 해당 과세기간의 종합소득 또는 퇴직소득에 대한 개인지방소득세 산출세액에서 해당 과세기간의 다음 각 호의 세액을 공제하고 납세지 관할 지방자치단체에 납부한다.
1. 토지등 매매차익예정신고 산출세액 또는 그 결정·경정한 세액
2. 공제·감면세액
3. 수시부과세액
4. 특별징수세액
5. 납세조합의 징수세액

▶ **개인지방소득세 신고 및 납부**
① 개인사업자는 소득세법의 규정에 의하여 과세연도의 다음해 **5월 말일**까지 종합소득세를 신고 및 납부하여야 한다.

② 개인지방소득세는 산출세액에서 공제감면세액을 차감하고, 국세기본법 및 소득세법에 의한 가산세를 더한 금액의 10%를 지방소득세로 종합소득세 납세지 관할 세무서장에게 신고하고 납세지 관할 지방자치단체의 장에게 납부하여야 한다.

□ 지방세법 제94조(세액공제 및 세액감면) -요약-
종합소득 또는 퇴직소득에 대한 개인지방소득세의 세액공제 및 세액감면에 관한 사항은 「지방세특례제한법」에서 정한다. [전문개정 2014. 1. 1.]

□ 지방세특례제한법 제100조(창업중소기업 등에 대한 세액감면) -요약-
① 2018년 12월 31일 이전에 수도권과밀억제권역 외의 지역에서 창업한 중소기업과 창업보육센터사업자로 지정받은 내국인에 대해서는 해당 사업에서 최초로 소득이 발생한 과세연도(사업 개시일부터 5년이 되는 날이 속하는 과세연도까지 해당 사업에서 소득이 발생하지 아니하는 경우에는 5년이 되는 날이 속하는 과세연도)와 그 다음 과세연도의 개시일부터 4년 이내에 끝나는 과세연도까지 해당 사업에서 발생한 소득에 대한 개인지방소득세의 100분의 50에 상당하는 세액을 경감한다. <개정 2016. 12. 27., 2021. 12. 28.>

제101조(중소기업에 대한 특별세액감면) ① 중소기업 중 다음 제1호의 감면 업종을 경영하는 기업에 대해서는 2017년 12월 31일 이전에 끝나는 과세연도까지 해당 사업장에서 발생한 소득에 대한 개인지방소득세에 제2호의 감면 비율을 곱하여 계산한 세액상당액을 감면한다. <개정 2016. 12. 27., 2018. 12. 11., 2021. 4. 20., 2021. 8. 17.>

제167조의2(개인지방소득세의 세액공제·감면 등)
①「소득세법」또는「조세특례제한법」에 따라 소득세가 세액공제·감면이 되는 경우(「조세특례제한법」제144조에 따른 세액공제액의 이월공제를 포함하며, 같은 법 제104조의8 제1항에 따른 세액공제는 제외한다)에는 이 장에서 규정하는 개인지방소득세 세액공제·감면 내용과 이 법 제180조에도 불구하고, 그 공제·감면되는 금액(「조세특례제한법」

제127조부터 제129조까지, 제132조 및 제133조가 적용되는 경우에는 이를 적용한 최종 금액을 말한다)의 100분의 10에 해당하는 개인지방소득세를 공제·감면한다.
<개정 2015. 12. 29., 2021. 12. 28.>
[법률 제12955호(2014. 12. 31.) 부칙 제2조의 규정에 의하여 이 조 제1항 및 제2항은 2023년 12월 31일까지 적용함] <2023년 8월 현재 미정>

제180조(중복 특례의 배제) 동일한 과세대상의 동일한 세목에 대하여 둘 이상의 지방세 특례 규정이 적용되는 경우에는 그 중 감면되는 세액이 큰 것 하나만을 적용한다. 다만, 제73조, 제74조의2제1항, 제92조 및 제92조의2와 다른 지방세 특례 규정이 함께 적용되는 경우에는 해당 특례 규정을 모두 적용하되, 제73조, 제74조의2제1항 및 제92조 간에 중복되는 경우에는 그 중 감면되는 세액이 큰 것 하나만을 적용한다.
[전문개정 2023. 3. 14.]

□ 부 칙 <법률 제12153호, 2014. 1. 1.>
제1조(시행일) 이 법은 2014년 1월 1일부터 시행한다. 다만, 제92조제2항 및 제103조의3제4항의 개정규정은 2020년 1월 1일부터, 제103조의20제2항의 개정규정은 2017년 1월 1일부터 시행하고 제123조의 개정규정은 공포 후 3개월이 경과한 날부터 시행하며, 제103조의29의 개정규정은 2015년 1월 1일부터 시행한다.
제2조(일반적 적용례) 이 법은 이 법 시행 후 최초로 납세의무가 성립하는 분부터 적용한다. 다만, 제8장 지방소득세(제103조의29의 개정규정은 제외한다)에 대해서는 이 법 시행 후 최초로 과세기간이 시작되어 납세의무가 성립하는 분부터 적용한다.
<개정 2014. 3. 24.>

□ 부 칙 <법률 제13636호, 2015. 12. 29.>
제1조(시행일) 이 법은 2016년 1월 1일부터 시행한다.
제2조(일반적 적용례) 이 법은 이 법 시행 후 납세의무가 성립하는 분부터 적용한다.

■ 2020년 이후 종합소득세, 퇴직소득세, 양도소득세 등 지방소득세 신고의무 시행
1. 종합소득세, 퇴직소득세 ,양도소득세 신고 및 납부에 대하여 2019년 12월 31일 이전까지는 지방소득세 신고의무가 유예되었으나 2020년 1월 1일 이후 신고분부터는 반드시 신고 및 납부를 하여야 한다.

2. 양도소득세 등에 대하여 지방소득세를 신고하지 않은 경우 지방세기본법 제53조 제1항에 의하여 그 신고로 납부하여야 할 세액의 100분의 20에 상당하는 금액을 가산세로 부담하게 되므로 각별히 유의하여야 한다.

③ 개인지방소득세 특별징수(원천세)

① 원천징수의무자가 거주자로부터 소득세를 원천징수하는 경우에는 원천징수하는 소득세의 100분의 10에 해당하는 금액을 소득세 원천징수와 동시에 개인지방소득세로 특별징수하여야 한다. 이 경우 같은 법에 따른 원천징수의무자는 개인지방소득세의 특별징수의무자로 한다. [지방세법 제103조의13]

② 특별징수의무자가 제1항에 따라 개인지방소득세를 특별징수하였을 경우에는 그 징수일이 속하는 달의 다음 달 10일까지 납세지를 관할하는 지방자치단체에 **납부하여야 한다.** 다만, 「소득세법」제128조제2항 단서에 따라 원천징수한 소득세를 반기별로 납부하는 경우에는 반기의 마지막 달의 다음 달 10일까지 납부할 수 있다.

▶ 개인지방소득세 특별징수에 대한 신고서 제출의무는 없음
납부만 하면 되는 것으로 별도의 신고의무는 없음

❸ 지방소득세 수정신고 및 납부

[1] 법인지방소득세
내국법인이 「국세기본법」에 따라 「법인세법」에 따른 신고내용을 수정신고할 때에는 납세지를 관할하는 지방자치단체의 장에게도 해당 내용을 신고하여야 한다.[지방세법 제103조의24]

[2] 개인지방소득세
개인지방소득세 확정신고를 한 거주자가 「국세기본법」 제45조에 따라 「소득세법」에 따른 신고내용을 수정신고할 때에는 대통령령으로 정하는 바에 따라 납세지를 관할하는 지방자치단체의 장에게 「지방세기본법」 제49조에 따른 수정신고를 하여야 한다. [지방세법 제96조]

02 지방세기본법에 의한 가산세

❶ 지방세 무신고 가산세

① 납세의무자가 법정신고기한까지 과세표준 신고를 하지 아니한 경우에는 그 신고로 납부하여야 할 세액(이 법과 지방세관계법에 따른 가산세와 가산하여 납부하여야 할 이자 상당 가산액이 있는 경우 그 금액은 제외다)의 100분의 20에 상당하는 금액을 가산세로 부과한다. [지방세기본법 제53조]
② 제1항에도 불구하고 사기나 그 밖의 부정한 행위로 법정신고기한까지 산출세액을 신고하지 아니한 경우에는 산출세액의 100분의 40에 상당하는 금액을 가산세로 부과한다.

❷ 지방세 과소신고 가산세

① 납세의무자가 법정신고기한까지 과세표준 신고를 한 경우로서 신고하여야 할 납부세액보다 납부세액을 적게 신고(과소신고)하거나 지방소득세 과세표준 신고를 하면서 환급받을 세액을 신고하여야 할 금액보다 많이 신고(초과환급신고)한 경우에는 과소신고한 납부세액과 초과환급신고한 환급세액을 합한 금액(이 법과 지방세관계법에 따른 가산세와 가산하여 납부하여야 할 이자 상당 가산액이 있는 경우 그 금액은 제외하며, 이하 "과소신고납부세액등"이라 한다)의 100분의 10에 상당하는 금액을 가산세로 부과한다. [지방세기본법 제54조]
② 제1항에도 불구하고 사기나 그 밖의 부정한 행위로 과소신고하거나 초과환급신고한 경우에는 다음 각 호의 금액을 합한 금액을 가산세로 부과한다.
1. 사기나 그 밖의 부정한 행위로 인한 과소신고납부세액등(이하 "부정과소신고납부세액등"이라 한다)의 100분의 40에 상당하는 금액
2. 과소신고납부세액등에서 부정과소신고납부세액등을 뺀 금액의 100분의 10에 상당하는 금액

❸ 납부지연 가산세

납세의무자가 지방세관계법에 따른 납부기한까지 지방세를 납부하지 아니하거나 납부하여야 할 세액보다 적게 납부(과소납부)한 경우 또는 환급받아야 할 세액보다 많이 환급(초과환급)받은 경우에는 다음 각 호의 계산식에 따라 산출한 금액을 합한 금액을 가산세로 부과한다. 이 경우 가산세는 납부하지 아니한 세액, 과소납부분(납부하여야 할 금액에 미달하는 금액) 세액 또는 초과환급분(환급받아야 할 세액을 초과하는 금액) 세액의 100분의 75에 해당하는 금액을 한도로 한다.
[지방세기본법 제55조]

1. 납부하지 아니한 세액 또는 과소납부분 세액(지방세관계법에 따라 가산하여 납부하여야 할 이자 상당 가산액이 있는 경우 그 금액을 더한다) × 납부기한의 다음 날부터 자진납부일 또는 부과결정일까지의 기간일수 × 1십만분의 22
2. 초과환급분 세액(지방세관계법에 따라 가산하여 납부하여야 할 이자 상당 가산액이 있는 경우 그 금액을 더한다) × 환급받은 날의 다음 날부터 자진납부일 또는 부과결정일까지의 기간일수 × 1십만분의 22

> 납부하지 아니한 세액 또는 과소납부분 세액 × 납부기한의 다음 날부터 자진납부일 또는 납세고지일까지의 기간 × 2.2/10,000

[개정 세법] 2022. 6. 7. 이후 납부지연가산세 이자율 인하
1일 0.025% → 0.022%

❹ 특별징수납부 등 불성실가산세

특별징수의무자가 징수하여야 할 세액을 지방세관계법에 따른 납부기한까지 납부하지 아니하거나 과소납부한 경우에는 납부하지 아니한 세액 또는 과소납부분 세액의 100분의 10에 상당하는 금액을 한도로 하여 다음 각 호의 금액을 합한 금액을 가산세로 부과한다. [지방세기본법 제56조]

1. 납부하지 아니한 세액 또는 과소납부분 세액의 100분의 3에 상당하는 금액
2. 다음의 계산식에 따라 산출한 금액

[개정 세법] 2022. 6. 7. 이후 납부지연가산세 이자율 인하
2018년 2월 31일 이전의 미납기간 : 1일 0.03%
2019년 1월 01일 이후의 미납기간 : 1일 0.025%
2022년 6월 07일 이후의 미납기간 : 1일 0.022%

▶ 원천세분 가산세 [① + ②(미납액의 10% 한도)]
① 미납부금액의 3%
② 미납기간 1일 1만분의 2.22(미납부금액 × 미납일수 × 2.22/10,000)

❺ 가산세의 감면 등 [지방세기본법 제57조]

[개정 지방세법] 수정신고시 과소신고 가산세 감면율 조정 및 세분화

수정신고 기일	감면율
1개월 이내	90% 감면
3개월 이내	75% 감면
3 ~ 6개월 이내	50% 감면
6개월 ~ 1년 이내	30% 감면
1년 ~ 1년 6개월 이내	20% 감면

<적용시기> 2020.1.1. 이후 수정신고하는 분부터 적용

[개정 세법] 기한 후 신고시 무신고 가산세 감면율 조정 및 세분화

수정신고 기일	감면율
1개월 이내	50% 감면
3개월 이내	35% 감면
3 ~ 6개월 이내	20% 감면

<적용시기> 2020.1.1. 이후 기한 후 신고하는 분부터 적용

03 주민세 신고·납부 및 가산세

❶ 주민세 종업원분 신고 · 납부 및 가산세

[1] 납세의무자 및 면세점

당해 월을 포함한 12개월간의 급여총액의 월평균금액이 1억35백만을 초과하는 사업소의 사업주로 하며, 12개월간의 급여총액의 월평균금액이 1억35백만을 이하인 사업소의 사업주는 신고 및 납부의무가 없다.

해당 급여지급월을 포함하여 최근 12개월간의 급여총액의 월 평균금액을 산정하여야 하므로 매월 계산하여 신고 및 납부 여부를 판단하여야 한다.

▣ 주민세 종업원분 신고 및 납부대상 사업자 [지방세법 제84조의4]

종 전	개 정
월통상 종업원수가 50인을 초과하여 급여를 지급하는 사업주 (2015.12월귀속분까지	최근12개월간 해당 사업소 급여총액의 월평균금액이 1억3500만원 초과인 사업소의 사업주 (2016.1 귀속분부터)

▶ 면세기준(급여총액의 월평균금액) 산정방법

해당 급여지급월을 포함하여 최근 12개월간(사업기간이 1년 미만인 경우는 급여지급월부터 개업일이 속하는 달까지) 급여총액을 해당 월수로 나누어 산정하되, 휴·폐업등으로 영업일이 15일 미만인 달은 평균금액 산정에서 제외
(2019.1월 귀속분 면세기준 산정) 2018.2. ~ 2019.1.1. 급여총액을 12월로 나눈 금액

◆ 사업소별 면세기준은 매월 계산하여야 함

해당 급여지급월을 포함하여 최근 12개월간의 급여총액의 월 평균금액을 산정하여야 하므로 매월 계산하여야 한다.

[2] 과세표준
종업원분의 과세표준은 종업원에게 지급한 그 달의 급여 총액으로 하며, 급여 총액은 해당 월에 지급한 정기급여의 총액과 상여금, 특별수당 등 비정기적 급여의 총액을 합한 금액으로 한다.

◆ 종업원 급여총액의 월평균금액 산정 시 비과세대상 급여는 포함하지 않음
지방세법 제74조제7호 및 지방세법 시행령 제78조의2에 의거, 종업원 급여총액에는 「소득세법」 제12조제3호에 따른 비과세급여 제외(급여판단기준은 과세표준과 동일)

[3] 세율
종업원분의 표준세율은 종업원 **급여총액의 1천분의 5**로 한다.

[4] 주민세 종업원분 신고 및 납부
① 종업원분의 징수는 신고납부의 방법으로 한다.
② 종업원분의 납세의무자는 매월 납부할 세액을 다음 달 10일까지 납세지를 관할하는 지방자치단체의 장에게 신고하고 납부하여야 한다.
③ 종업원분의 납세의무자가 신고 또는 납부의무를 다하지 아니하면 산출한 세액 또는 그 부족세액에 「지방세기본법」의 규정에 따라 산출한 가산세를 합한 금액을 세액으로 하여 보통징수의 방법으로 징수한다.

♣ 관련 법령 : 지방세법 제84조의2 ~ 제84조의4

[사례] 20×9년 3월 급여의 주민세 종업원분
<예제1>
20×8년 급여 (단위 : 억원)

1월	2월	3월	4월	5월	6월	7월	8월	9월	10월	11월	12월	합계
1.2	1.2	1.2	1.2	1.2	1.2	1.3	1.3	1.3	1.3	1.4	1.4	15.2

20×9년 급여 (단위 : 억원)

1월	2월	3월	4월	5월	6월	7월	8월	9월	10월	11월	12월	합계
1.6	1.8	1.8	1.2									

20×8년 4월부터 20×9년 3월 급여의 합계액을 12로 나눈 금액(월 평균급여액 1.4억원)이 1억35백만원을 초과하므로 주민세 종업원분을 신고 및 납부하여야 한다.
- 20×8년 4월부터 20×8년 3월 급여의 합계액 16.8억원
- 월 평균급여액 1.4억원
- 주민세 종업원분 900,000원(180,000,000원 × 5/1000)

▶ 종업원 추가 고용에 대한 주민세 종업원분 감면

① 중소기업의 사업주가 종업원을 추가로 고용한 경우(해당 월의 종업원 수가 50명을 초과하는 경우만 해당한다)에는 다음의 계산식에 따라 산출한 금액을 종업원분의 과세표준에서 공제한다. 이 경우 직전 연도의 월평균 종업원 수가 50명 이하인 경우에는 50명으로 간주하여 산출한다. [지방세법 제84조의5]

■ 공제액 = (신고한 달의 종업원 수 - 직전 사업연도의 월평균 종업원 수) × 월 적용급여액

② 다음 각 호의 어느 하나에 해당하는 중소기업에 대해서는 다음 각 호에서 정하는 달부터 1년간만 월평균 종업원 수 50명에 해당하는 월 적용급여액을 종업원분의 과세표준에서 공제한다.
1. 사업소를 신설하면서 50명을 초과하여 종업원을 고용하는 경우: 종업원분을 최초로 신고하여야 하는 달
2. 해당 월의 1년 전부터 계속하여 매월 종업원 수가 50명 이하인 사업소가 추가 고용으로 그 종업원 수가 50명을 초과하는 경우(신고하는 달부터 과거 5년 내에 종업원 수가 1회 이상 50명을 초과한 사실이 있는 사업소의 경우는 제외한다): 해당 월의 종업원분을 신고하여야 하는 달

③ 제1항 및 제2항을 적용할 때 월 적용급여액은 신고한 달의 종업원 급여 총액을 신고한 달의 종업원 수로 나눈 금액으로 한다.

◆ 월 통상인원
해당 월의 상시 고용 종업원 수 + 해당 월의 수시 고용종업원의 연인원 / 해당 월의 일수

❷ 주민세 재산분 신고·납부 및 가산세

① 주민세 재산분 납세의무자 및 과세표준과 세율

[1] 납세의무자
주민세 재산분은 해당 사업소의 **연면적이 330제곱미터를 초과하는 경우** 주민세 재산분을 계산하여 신고 및 납부하여야 한다.

[2] 과세표준
재산분의 과세표준은 과세기준일 현재의 사업소 연면적으로 한다.

[3] 세율
1. 재산분의 표준세율은 사업소 연면적 **1제곱미터당 250원**으로 한다.
2. 폐수 또는 산업폐기물 등을 배출하는 사업소로서 **오염물질 배출 사업소**에 대하여는 제1항의 세율의 100분의 200으로 한다.

② 주민세 재산분 신고 및 납부

① 재산분의 징수는 신고납부의 방법으로 한다.
② 재산분의 과세기준일은 **7월 1일**로 한다.
③ 재산분의 납세의무자는 매년 납부할 세액을 7월 1일부터 7월 31일까지를 납기로 하여 납세지를 관할하는 지방자치단체의 장에게 신고하고 납부하여야 한다.
④ 재산분의 납세의무자가 신고 또는 납부의무를 다하지 아니하면 산출한 세액 또는 그 부족세액에 「지방세기본법」의 규정에 따라 산출한 가산세를 합한 금액을 세액으로 하여 보통징수의 방법으로 징수한다.

▶ 지방세기본법의 규정에 의한 가산세
(1) 무신고가산세 : 산출세액의 100분의 20에 상당하는 금액
(2) 납부지연가산세 : 납부하지 아니한 세액 또는 과소납부분 세액 × 납부기한의 다음 날부터 자진납부일 또는 납세고지일까지의 기간 × 2.5/10,000

3

세금절세 전략

# 세금 절세 및 탈세에 대한 조치

1 세금 절세

❶ 개요

사업자의 경우 가능한 사업으로 벌어들인 소득에 대한 세금을 적게 내고 싶어 하는 것은 당연하며, 합법적으로 세금을 적게 낼 수 있다면, 누구든지 세금을 적게 낼 것이다. 세금을 줄이는 것을 절세라고는 하지만, 현실적으로 절세라는 용어는 적절하지 않는 것 같다.

우리가 흔히 말하는 **절세란 "세법을 정확히 알아 법이 정하는 범위내에서 납부하여야 할 세금에서 공제감면을 받는 것과 세법을 잘 몰라 억울한 세금을 추징당하는 것을 미리 방지하는 것이다."** 라고 이해하면 된다.

따라서 이 책에서 살펴볼 내용들은 이러한 관점에서 사업자가 법을 잘 몰라 세금을 줄일 수 있음에도 세금을 많이 내는 사례 및 억울한 세금을 추징당하는 것을 사전에 예방하는 차원에서 관련 내용들을 수록하였다.

❷ 탈세

1 탈세 및 탈세 추적

세금을 적게 내기 위한 가장 확실한 방법은 법인의 경우 매출을 누락하거나 실제 발생하지 않은 경비를 발생한 것으로 하여 소득금액을 줄여 부담할 세금을 줄이는 것이다.

그러나 이와 같은 방법으로 세금을 적게 내는 것을 탈세라고 하며, 탈세의 경우 국세청은 국세청통합전산망을 이용하여 다음과 같은 방법으로 매출누락, 가공매입, 가공경비로 계상한 금액 등을 추적하여 세금을 추징하며, 불성실하게 신고한 부분에 대하여 책임을 물어 신고불성실가산세, 납부불성실가산세, 각종 보고 관련 불성실가산세를 추가로 징수한다.

▶ **세금 탈세 유형**
○ 수입금액(매출, 장려금 등) 누락하여 소득금액을 줄이는 경우
○ 제조과정에서 발생한 작업 부산물(설물)을 처분하였으나 세금계산서 발급을 하지 아니하고, 수익을 누락하는 경우
○ 자체 식당을 운용하면서 종업원으로부터 그 대가의 일부를 법인이 수취하였음에도 이를 신고 누락하는 경우
○ 실제 매입하지 물품 등을 매입한 것으로 처리한 다음 비용을 과다 계상하여 소득금액을 줄이는 경우
○ 실제 지급하지 않은 임금을 지급한 것으로 처리하는 경우
○ 사업자의 개인적인 지출비용을 사업과 관련한 비용으로 처리하여 소득을 줄이는 경우
○ 자산을 비용으로 계상하여 소득을 줄이는 경우
○ 세액공제 또는 감면대상이 아님에도 공제 또는 감면을 받은 경우

♣ 상세 내용 : 과세자료 해명요구 편 참조

2 탈세 추적방법

▶ **국세청은 사업자의 매출 누락을 어떻게 알아 내는가?**

사업자가 경비지출과 관련하여 매입세금계산서를 수취한 경우 매출자의 사업자등록번호를 기재한 매입처별세금계산서합계표를 제출하게 되는데 이를 전산으로 체크하여 매출자가 해당 매출처에 대한 매출처별세금계산서합계표를 제출하지 않은 내용을 파악하여 매출자의 매출누락 여부를 확인하게 된다.

▶ **국세청은 사업자의 실물거래 없는 가공매입을 어떻게 알아 내는가?**

법인이 이익을 줄여 세금을 적게 내고자 하는 경우 및 대표이사가 세금부담없이 법인의 자금을 횡령하고자 하는 경우 또는 비자금을 조성하기 위하여 거래처 등으로부터 매입세금계산서를 실제 거래금액 보다 많이 받거나 실제 물품 등의 공급을 받지 않고, 매입세금계산서를 받아 탈세의 수단으로 악용할 수 있다. 따라서 이와 같은 수요가 있기 때문에 불법적인 방법으로 사업자등록을 하여 실물거래없이 매입세금계산서를 원하는 수요자에게 일정 수수료를 받고, 세금계산서만을 발행하여 주는 자가 있을 수 있으며, 이러한 자를 자료상이라고 한다. 자료상은 국세행정의 근간을 흔드는 중대한 범죄행위로 국세청은 자료상 근절을 위하여 많은 행정력을 동원하여 사업자 중 자료상이 있는 지 여부를 지속적으로 추적 조사하게 되며, 이러한 조사과정에서 적발한 자료상이 발행한 세금계산서를 수취한 사업자를 알 수 있게 된다.

▶ **국세청은 사업자가 경비를 가짜로 계상한 것을 어떻게 알아 내는가?**

국세청은 법인의 법인세신고 및 개인사업자의 종합소득세 신고내용에 대하여 손금(개인 사업자의 경우 필요경비라 함)으로 계상한 금액과 정규영수증을 제출한 금액을 분석하여 손금 또는 필요경비 대비 정규영수증 제출비율이 상대적으로 낮은 사업자에 대하여 실제 경비를 지출하지 않았음에도 경비를 지출한 것처럼 허위로 법인세 또는 소득세를 신고한 혐의가 있는 것으로 보고, 손금산입한 금액과 정규영수증 제출금액에 중대한 차이가 있는 경우 그 사유를 사업자에게 소명 요구를 하거나 수정신고를 하도록 하고 있다.

▶ **국세청은 사업자가 인건비를 가짜로 계상한 것을 어떻게 알아 내는가?**

국세청은 사업자가 경비를 허위로 계상하여 신고를 하였는지 여부에 대하여 여러 가지 경로로 사실 여부를 확인을 하게 된다. 예를 들어 사업자가 일용근로자의 근로소득 지급에 대하여 제출한 지급명세서 내용에 대하여 일용근로기간 동안 실제 일용근로를 제공하였는지 여부를 확인하기 위하여 출입국관리국으로부터 근로자의 출국에 대한 자료를 제출받아 일용근로자의 출국기간 동안 인건비를 허위 계상한 것으로 보아 법인세 등을 추징하는 것이다.

3 탈세에 대한 과세당국의 조치

사업자가 탈세를 하여 납세의무를 성실히 이행하지 않은 경우 그 책임을 물어 원래 부담하여야 할 세금외에 무거운 가산세 등을 추징하며, 그 금액이 중요한 경우 국세청이 납세자를 검찰에 고발하여 형사 처벌까지 받게 한다.

❸ 절세란 무엇을 의미하는가?

전술한 바와 같이 절세는 특별한 방법이 있는 것이 아니라 "세법을 정확히 알아 법이 정하는 범위내에서 납부하여야 할 세금에서 공제감면을 받는 것과 세법을 잘 몰라 억울한 세금을 추징당하는 것을 미리 방지하는 것"을 말한다.

즉, 절세란 세무신고를 성실히 하여 세무조사를 받지 않도록 하는 것이며, 세무신고시 세법을 충분히 숙지하여 국세청통합전산망에 의한 과세자료 해명요구를 받지 않도록 하는 것으로서 이에 대한 자세한 내용은 과세자료 해명요구 편에 대부분의 내용이 수록되어 있으나 다음 세금 절세와 관련한 핵심 기본사항을 참고한다.

또한 본서를 참고하여 세액공제 및 감면대상에 해당하는 경우 공제 또는 감면을 받되, 감면 요건을 잘 검토하여 국세청의 사후관리를 받지 않도록 하는 것이 최상의 절세 전략이라 할 것이다.

2 세금 절세와 관련한 핵심 기본 사항

❶ 부가가치세

1 신용카드 및 현금영수증에 의한 매입세액공제

일반과세자가 다음의 요건을 모두 충족하는 신용카드매출전표 또는 현금영수증을 수취한 경우 그 매입세액은 매출세액에서 공제할 수 있다. 한편, 2021.7.1. 이후 세금계산서 발급의무가 있는 간이과세자(전년도 매출액 4800만원 이상 8000만원 미만)로부터 매입한 금액이 있는 경우 일반과세자와 똑같이 매입세액공제가 가능하다

[1] 사업자명의 신용카드 또는 사업자명으로 발급받은 현금영수증

신용카드매출전표상 별도로 기재된 매입세액 또는 현금영수증의 매입세액을 공제받기 위해서는 원칙적으로 법인의 경우 법인명의 신용카드(법인명의 현금영수증 포함)이어야 하며, 개인사업자의 경우 회사명의 또는 사업주 본인명의의 신용카드(현금영수증 포함)를 사용하여야 한다. 단, 사업과 관련한 재화 또는 용역을 공급받고 종업원명의의 신용카드를 사용하는 경우 재화 또는 용역을 공급한 일반과세자가 매출전표에 세액을 별도로 기재하고 확인한 때에는 그 매입세액을 공제받을 수 있다. 이 경우 종업원 개인은 연말정산시 '신용카드등소득공제'를 받을 수 없다.

◆ 개인카드 사용분의 매입세액공제 여부 (부가 46015 - 1719, 1999.6.22)
신용카드에 구분 표시된 매입세액공제는 사용자가 법인인 경우에는 원칙적으로 법인카드에 대하여 적용되며, 당해 법인의 소속임원 및 종업원 명의의 카드 사용분은 공급받은 재화 또는 용역이 자기의 과세사업과 관련되는지 여부는 구체적인 거래사실에 따라 판단하여 매입세액공제를 받을 수 있다.

[2] 신용카드 매출전표 등에 공급가액과 세액이 구분되어 있을 것

사업자가 재화 또는 용역을 공급받는 경우 그 거래상대방이 일반과세자(개인, 법인 구분없음)로서 신용카드 매출전표 등에 공급받는 자와 부가가치세액을 별도로 기재

하고 확인한 때에는 그 부가가치세액은 매출세액에서 공제할 수 있는 매입세액으로 본다.

[3] 매입세액이 불공제되는 접대비 등 지출 금액이 아닐 것

접대비 또는 비영업용소형승용차의 취득 및 유지비용과 관련한 매입세액은 당초매입세액을 공제받을 수 없는 것이므로 그 매입세액을 공제받을 수 없다. (매입세액 공제에 해당하는 경우에 한하여 세액을 공제받을 수 있음) 예를 들어 화물자동차의 유류구입, 비품, 문구류 등을 구입하거나 직원의 복리후생적 지출과 관련하여 신용카드로 결제한 경우로서 그 매입세액을 공제받을 수 있는 요건을 모두 충족하는 경우 매입세액을 공제받을 수 있으나 접대비 또는 비영업용승용자동차의 취득 및 유지와 관련한 것은 매입세액을 공제받을 수 없는 것이다.

사 례 신용카드매출전표 및 현금영수증으로 매입세액을 공제받을 수 없는 지출

- 거래처 접대비, 상품권 또는 입장권 결제금액, 종업원 선물구입비용
- 여객운송사업자(항공사, 고속철도, 고속버스 등)에게 결제한 것
- 승용차(배기량 1,000cc 초과)의 유류대 및 수선비, 기타 유지비용
- 간이과세자와의 거래 및 면세물품(쌀, 화환, 도서구입비) 구입비용
- 사업과 관련 없는 사업주 개인용도 지출

◆ **종업원 선물구입과 관련한 매입세액의 공제대상 여부**

사업자가 복리후생 목적으로 선물을 구입하여 종업원에게 증정하는 경우에는 그 매입세액은 공제가 가능하다. 그러나 직원에게 주는 선물은 부가가치세법의 규정에 의하여 재화의 공급(개인적 공급)에 해당되는 것이므로 부가가치세가 과세된다.

즉, 종업원선물용으로 물품 등을 구입할 시 부가가치세매입세액을 공제받는 경우에는 그 선물을 종업원에게 지급할 시 다시 부가가치세 매출세액을 계산하여 납부하여야 한다. 단, 매입세액을 공제받지 않는 경우 그 선물을 종업원에게 지급할 시에 부가가치세를 납부하지 않아도 되므로 실무에서는 통상 불공제 처리한다.

[세법 개정] 재화의 공급으로 보지 않는 경조사 관련 재화 범위 확대(부가령 § 19의2)
(종전) 2019년 이후 1인당 연간 10만원 이내의 경조사와 관련된 재화는 개인적공급에서 제외하므로 매입세액을 공제받는 경우에도 과세하지 않는다.

(개정) 경조사를 ①과 ②의 경우로 구분하여 각각 1인당 연간 10만 원 이하 재화
① 경조사와 관련된 재화
② 명절・기념일 등*과 관련된 재화
* 설날・추석・창립기념일・생일 등 포함
- 연간 10만원을 초과하는 경우 초과금액에 대해서 재화의 공급으로 봄
〈적용시기〉 2020.10.7.이 속하는 과세기간에 재화를 공급하는 분부터 적용

[4] 신용카드가맹사업자가 일반과세자로서 다음 요건에 해당할 것

신용카드가맹사업자가 간이과세자 및 일반과세자 중 세금계산서를 발급할 수 없는 목욕・이발・미용업 및 여객운송업(전세버스운송사업자 제외), 입장권을 발행하는 사업자가 아닌 경우 신용카드매출전표의 매입세액을 공제받을 수 있다. 예를 들어 제조업, 도매업 등을 영위하는 사업자로부터 물품 등을 공급받고, 거래시기에 신용카드로 결제한 경우 또는 소매업, 서비스업 등을 영위하는 사업자로부터 물품 등을 공급받고 신용카드로 결제한 경우 그 매입세액을 공제받을 수 있으나 업무와 관련하여 항공기 또는 고속철도를 이용하고 신용카드매출전표를 받은 경우 거래상대방이 세금계산서를 발급할 수 없는 사업자이므로 그 매입세액을 공제받을 수 없다.

◆ 항공료 및 고속철도요금 카드결제시 매입세액공제 여부 (부가46015-1217,1995.07.05)
1. 여객운송사업자가 발급하는 항공권은 부가가치세법시행령 제79조의 2의 규정에 의하여 영수증 발급의무자의 범위에 해당하는 것이므로 부가가치세법 제16조의 세금계산서 발급대상에서 제외되는 것이며, 부가가치세법 제32조의 2에서 규정하는 신용카드사용 매입세액공제 대상에 제외되는 것임.
2. 부가가치세 과세사업자가 자기의 과세사업과 관련하여 출장시 고속철도건설촉진법에 규정된 고속철도에 의한 여객운송용역을 공급하는 자로부터 용역을 공급받는 경우 공급자는 부가가치세법 제32조의 규정에 의하여 영수증만을 발급하는 것으로서 영수증을 발급받은 사업자는 당해 영수증에 의하여는 거래징수당한 부가가치세를 공제할 수 없는 것임

▶ **일반 과세사업자가 간이과세자로부터 세금계산서를 발급받은 경우 및 신용카드 매출전표를 수취한 경우로서 매입세액을 공제받을 수 있는 경우**
2021.7. 이후 전년도 매출액이 4800만원 이상 8000만원 미만인 세금계산서를 발급할 수 있는 간이과세자로부터 수취한 신용카드매출전표의 매입세액은 공제를 받을 수 있다.

Q&A 간이과세자로부터 물품 등을 매입하고, 세금계산서 또는 현금영수증을 발급받은 경우 매입세액을 공제받을 수 있나요?

직전연도 매출액이 4800만원 미만인 간이과세자로부터 현금영수증을 수취하거나 신용카드로 결제한 경우 매입세액을 공제받을 수 없습니다만,

세금계산서 발급이 가능한 간이과세자(직전연도 매출액이 4800만원 이상 8000만원 미만인 간이과세자)로부터 세금계산서, 현금영수증을 발급받거나 신용카드매출전표를 수취한 경우 매입세액을 공제를 받을 수 있으며, 간이과세자로서 세금계산서 발급이 가능한 간이과세자인지 여부는 홈택스에서 조회할 수 있습니다.

홈택스 → 조회발급 → 사업자상태 → 사업자등록번호로 조회

◆ 세금계산서 발급이 가능한 간이과세자인 경우 홈택스 표시
○ 부가가치세 간이과세자(세금계산서 발급사업자)로 표시

[5] 부가가치세 신고시 신용카드매출전표등 수령금액합계표 제출

위 요건을 모두 충족하는 신용카드매출전표는 그 매입세액을 공제받을 수 있으며, '신용카드매출전표등 수령금액합계표'를 부가가치세 신고서에 첨부하여 제출하거나 전자신고하는 경우 전자적으로 제출하여야 한다. 단, 현금영수증의 경우 별도의 명세서 작성없이 공제대상 건수 및 공급가액, 세액합계액만을 작성하여 제출한다.

2 조기환급제도

고정자산 구입하거나 수출하는 사업자의 경우 매입세액이 매출세액보다 많으면, 조기환급을 받을 수 있다.

▶ **일반환급 및 조기환급**

재고과다 등의 사유로 공제대상 매입세액이 매출세액보다 많아 환급이 발생하는 것을 일반환급이라고 하며, 일반환급의 환급세액은 각 과세기간별로 그 **확정신고기한 경과 후 30일내**에 사업자에게 환급한다. (예정분 환급세액은 확정시 공제받음)

반면, 다음의 하나에 해당하는 경우 예정신고기간 중 또는 과세기간 최종 3월중 매월 또는 매 2월(영세율 등 조기환급기간)에 영세율 등 조기환급기간 종료일로부터 25일

내에 과세표준과 환급세액을 신고하는 경우 환급세액을 당해 **조기환급 신고기한 경과 후 15일 이내**에 사업자에게 환급된다.

1. 영세율의 규정이 적용되는 때
2. 사업설비를 신설·취득·확장 또는 증축하는 때

3 의제매입세액공제

면세 계산서 등을 수취한 경우 그 금액에 일정률을 곱한 금액을 매입세액으로 의제하여 공제를 받을 수 있다.

사업자가 부가가치세를 면제받아 공급받거나 수입한 농산물·축산물·수산물 또는 임산물을 원재료로 하여 제조·가공한 재화 또는 창출한 용역의 공급에 대하여 부가가치세가 과세되는 경우에는 면세농산물 등을 공급받거나 수입할 때 매입세액이 있는 것으로 보아 다음의 금액을 매입세액으로 공제할 수 있다.

[개정 세법] 면세농산물 의제매입세액공제 한도 10% 상향 [부령 제84조]

종 전				개 정			
구분	공급가액 (6개월)	공제한도		구분	공급가액 (6개월)	공제한도	
		음식점업	기타			음식점업	기타
개인	1억원 이하	65%	55%	개인	1억원 이하	75%	65%
	1억원~2억원	60%			1억원~2억원	70%	
	2억원 초과	50%	45%		2억원 초과	60%	55%
법인	40%			법인	50%		

<적용시기> 2022년 7월 1일 이후 부가가치세 과세표준 및 세액을 신고하는 분부터

[개정 세법] 면세 농산물 등 의제매입세액공제 확대(부가령 제84조)
2019.1.1. 이후 개인 제조업 중 과자점업, 도정업, 제분업 및 떡류 제조업 중 떡방앗간 면세농산물등 의제매입세액 공제율을 4/104 → 6/106

[개정 세법] 면세농산물 등의 의제매입세액 공제특례 적용기한 연장 등
과세표준 2억원 이하의 개인사업자인 음식점업자에게 적용하는 면세농산물 등의 의제매입세액 우대공제율(109분의 9)의 적용기한을 2023년 12월 31일까지로 연장하고, 유흥주점 등 과세유흥장소의 경영자에게 적용되는 면세농산물 등의 의제매입세액 공제율을 104분의 4에서 <u>102분의 2</u>로 인하함.(부가가치세법 제42조제1항)

4 매입세금 계산서를 누락한 경우 경정청구에 의한 환급

부가가치세 신고시 매입세금계산서를 누락한 경우 해당 과세기간의 신고기한일로부터 5년 이내에 경정청구를 하여 환급을 받을 수 있으며, 이 경우 가산세는 적용하지 아니한다.

5 대손세액공제

매출대금을 받을 수 없는 경우로서 일정한 요건을 충족하면, 매출과 관련하여 이미 납부한 부가가치세를 매출에서 공제를 받을 수 있다.

[1] 회수기일이 2년 이상 지난 중소기업의 외상매출금 대손세액공제
부가 사전-2021-법령해석부가-0749 [법령해석과-1908] 2021. 05. 31
중소기업이 재화 또는 용역을 공급하고 회수하지 못한 외상매출금등의 회수기일이 2020.1.1. 이후 2년을 경과하는 경우 「부가가치세법」 제45조 및 같은 법 시행령 제87조에 따라 그 확정된 날이 속하는 과세기간에 대손세액을 공제받을 수 있는 것임

[2] 부도어음의 대손세액공제
사업자가 부가가치세가 과세되는 재화 또는 용역을 공급하고 그 대가로 어음을 받았으나 공급받는 자(어음발행인)가 부도 발생한 경우 어음을 수취한 분 및 부도 이전 외상매출금(중소기업의 경우에만 해당함)에 대하여 금융기관이 당해 어음에 대하여 부도확인을 한 날부터 6월이 경과한 날이 속하는 부가가치세 확정신고기간에 채무자의 폐업 여부 및 재산유무와 관계없이 매출세액에서 차감할 수 있다. 단, **부도발생일 이후의 외상매출금**은 상법상 소멸시효가 완성된 경우의 사유로 그 대손이 확정이 된 날이 속하는 과세기간의 매출세액에서 차감할 수 있다.

▶ 부도발생일

부도발생일은 금융기관으로부터 실제로 부도확인을 받은 날을 말하는 것이며, 지급기일 전에 금융기관에서 부도확인을 받은 경우에는 그날로 한다.

[3] 폐업한 거래처의 매출채권에 대한 대손세액공제

채무자가 단순히 사업을 폐업하였다고 하여 대손상각 및 대손세액공제를 할 수 없으며, 당해 채권의 회수를 위하여 강제집행 등의 법적 제반 절차를 취하여 채무자의 무재산임을 객관적으로 입증할 수 있는 경우 소멸시효가 완성되기 전에 거래처의 폐업을 사유로 대손상각 및 대손세액공제를 받을 수 있다.

▶ 폐업자에 대한 대손상각 및 대손세액공제

거래처 사업폐지로 인하여 채권을 회수할 수 없음을 납세자가 객관적으로 입증할 수 없는 경우 다른 대손사유(매출채권 소멸시효 완성 등)를 통하여 대손세액공제를 받을 수 있다.

◆ 폐업자의 소멸시효 완성전 대손세액공제
(서면3팀-3224, 2007.11.30.)
공급받는 자가 사업을 폐지하여 채권을 회수할 수 없음이 객관적으로 입증되는 경우에는 소멸시효가 완성되지 아니하여도 그 대손이 확정된 날이 속하는 과세기간의 확정신고시 대손세액공제를 받을 수 있는 것임

[4] 채권의 일부를 포기한 경우 대손세액공제

사업자가 부가가치세가 과세되는 재화 또는 용역을 공급하고 공급받는 자로부터 매출채권의 전부 또는 일부만을 회수하고 그 나머지는 채무를 면제하여준 경우 당해 채무를 면제하여준 금액에 대하여는 대손세액공제를 받을 수 없다.
(부가46015-1016, 1998.05.15.)

[5] 소멸시효 완성에 의한 매출채권의 대손세액공제

사업자가 부가가치세가 과세되는 재화 또는 용역을 공급한 후 그 공급일부터 **5년**이 지난 날이 속하는 과세기간에 대한 확정신고 기한까지 소멸시효완성을 사유로 매출채권의 대손이 확정된 경우에는 대손이 확정된 날(소멸시효가 완성된 날)이 속하

는 과세기간에 대한 확정신고시 대손세액공제를 받을 수 있는 것이며, 대손이 확정된 날이 속하는 과세기간에 대한 확정신고시 대손세액공제를 받지 못한 경우에는 경정청구에 의하여 대손세액공제 신청을 할 수 있다.

▶ 소멸시효완성에 의한 대손세액공제의 경우 무재산임을 입증하지 않아도 됨
소멸시효가 완성된 채권의 경우 대손상각은 거래처의 무재산임을 입증하여야 대손상각을 할 수 있으나 대손세액공제는 거래처의 무재산임을 반드시 입증하여야 하는 것은 아니다.

▶ 대손세액공제 신청시기 및 경정청구에 의한 대손세액공제
대손세액공제는 대손세액공제를 받을 수 있는 시기에 대손세액공제를 받아야 하는 것이며, 해당 시기 이후에는 경정청구를 하여 대손세액공제를 받을 수 있다.

① 사업폐지, 부도, 파산 등의 사유가 발생한 날이 속하는 확정신고시 대손세액공제를 신청하지 못한 경우 소멸시효 완성일이 속하는 사업연도에 소멸시효 완성을 사유로 대손세액공제를 신청할 수 있다.
② 사업자가 재화 또는 용역을 공급하고 그 대가로 받은 어음 또는 수표가 부도발생한 경우 수표 또는 어음의 부도발생일로부터 6개월이 경과한 날이 속하는 과세기간의 확정신고시에 대손세액공제를 받을 수 있는 것이나, 당해 확정신고시 공제받지 못한 경우에는 경정청구에 의하여 공제받을 수 있다.
③ 사업자가 수표 또는 어음의 부도발생일로부터 6개월이 경과한 날이 속하는 과세기간의 확정신고시에 대손세액공제를 받지 아니하고 상법상 소멸시효가 완성된 날이 속하는 과세기간에 대손세액공제를 하고자 하는 경우에는 소멸시효가 완성된 날이 속하는 과세기간에 대손세액공제를 받을 수 있다.

▶ 대손세액공제 신청
① 대손세액을 공제받을 수 있는 시점의 부가세 확정신고시 대손세액공제신고서에 그 사실을 증명할 수 있는 서류를 첨부하여 매입세액을 공제받을 수 있다.
* 첨부서류 : 매출세금계산서 사본, 부도어음 사본, 법원 확정판결문 사본

② 대손세액공제의 범위는 사업자가 부가가치세가 과세하는 재화 또는 용역을 공급한 후 그 **공급일로부터 10년**이 경과된 날이 속하는 과세기간에 대한 확정신고 기

한까지 확정되는 대손세액으로 하며, 년 이내에 확정된 대손세액을 공제받지 못한 경우 경정청구에 의하여 공제를 받을 수 있다.

[세법 개정] 대손세액공제 적용기한 확대(부가령 §87 ②)
(적용기한) 공급일로부터 5년 이내 대손확정 : 5년 이내 → 10년 이내
<적용시기> 2020.2.11. 이후 확정되는 분부터 적용

6 수출하는 면세사업자의 면세 포기에 의한 매입세액공제

부가가치세가 면제되는 재화나 용역을 공급하는 사업자를 '면세사업자'라 하는데, 면세사업자는 부가가치세를 내지 않지만, 물건 등을 구입할 때 부담한 매입세액도 공제 받지 못한다. 이러한 불이익을 제거하기 위하여 부가가치세법에서는 특정한 재화 또는 용역을 공급하는 경우 면세를 포기하고 과세사업자로 적용받을 수 있도록 하고 있다.

7 매입자 발행 세금계산서 제도

[1] 개요
제조·도매업자 등 세금계산서 발행대상 사업자가 재화를 공급한 후 세금계산서를 발급하지 아니한 경우에 공급받는 자의 신청에 의하여 세금계산서를 발급하는 제도를 말한다. [조특법 제126조의4, 조특령 제121조의4]

[2] 발행대상 사업자 및 금액
세금계산서 발급의무 있는 일반과세자로부터 공급대가 10만원 이상의 재화나 용역을 공급받고 공급자가 세금계산서를 발급하지 아니한 경우, 공급받는 자의 신청에 의하여 관할세무서장의 승인을 받아 세금계산서를 발급함

[3] 신청방법
1) 공급받는 자가 세금계산서 발급시기부터 **과세기간의 종료일부터 3개월**이내에 "거래사실 확인 신청서"에 영수증, 무통장입금증 등 증빙서류를 첨부하여 신청인 관할 세무서장에 신청(거래사실 입증책임은 신청인에게 있음)

2) 관할 세무서장은 이를 공급자 관할세무서장에게 통보하고, 공급자 관할 세무서장은 신청일의 익월 말일까지 공급자의 거래사실 여부를 확인하고 그 결과를 공급자와 신청인 관할세무서장에게 통보한다.

[개정 세법] 매입자발행 세금계산서 발행 신청기한 연장(부가령 §71의2)
(종전) 공급시기가 속하는 과세기간 종료일로부터 3개월 이내
(개정) 공급시기가 속하는 과세기간 종료일로부터 6개월 이내
<적용시기> 2019. 2. 12. 이후 재화 또는 용역을 공급받는 분부터 적용

[4] 세금계산서의 발행 및 신고
1) 거래사실 확인 통지를 받은 신청인은 매입자발행 세금계산서를 발행하여 공급자에게 발급함. 단, 신청인 및 공급자가 관할세무서장으로부터 거래사실 확인 통지를 받은 경우에는 세금계산서를 발급한 것으로 본다.
2) 부가가치세 예정신고, 확정신고, 경정청구 시 매입자발행 세금계산서합계표를 제출하여 해당 재화 또는 용역의 공급시기에 해당하는 과세기간의 매출세액 또는 납부세액에서 매입세액으로 공제받을 수 있음.(조특령121의4 ⑪)

▶ 매입자 발행 세금계산서 발급 절차 요약
1. [신청인] → 관할 세무서에 '거래사실 확인 신청서' 제출
2. [세무서] → 요건 검토 및 공급자 관할 세무서 통보
3. [세무서] → 신청인에게 확인 결과 통지
4. [신청인] → 공급사에 매입사발행세금계산서 발급
5. [신청인] → 재화 또는 용역의 공급시기에 해당하는 과세기간의 매출세액 또는 납부세액에서 매입세액으로 공제

8 수출하는 면세사업자의 매입세액공제

면세사업자가 수출을 하는 경우, 관할 세무서장에게 「면세포기신고서」를 제출하고 과세사업자로 사업자등록을 정정하면, 사업자등록을 정정한 이후 거래분부터 매입세액을 공제 받을 수 있다.

❷ 법인세

① 법인세법상 익금불산입되는 내용 확인

[1] 법인이 내국법인으로부터 받는 수입배당금 중 일정금액

법인이 투자한 법인(피투자법인)으로부터 받는 배당소득의 경우 피투자법인은 당해 법인이 창출한 이익에 대하여 법인세를 납부한 후 배당한 것임에도 투자법인이 기업회계에 의한 배당금수익을 영업외수익으로 계상한 이익에 대하여 투자법인에게 법인세가 다시 과세된다면 동일한 소득에 대하여 이중으로 과세하는 문제가 발생한다. 따라서 이러한 문제를 조정하기 위하여 법인세법에서는 투자법인의 배당금수익에 대하여 지분비율에 따라 일정 금액을 익금불산입 하도록 규정하고 있다.

지분비율에 따른 익금불산입률

출자대상	지분비율	익금불산입률
상장·등록법인	30% 초과	50%
	30% 이하	30%
비상장법인	50% 초과	50%
	50% 이하	30%

▶ 지분비율 100%인 경우 익금불산입률 : 100%

익금불산입액 중 차감하여야 할 금액

$$\text{지급이자} \times \frac{(\text{타법인출자가액} \times \text{익금불산입률})\text{의 적수}}{\text{자산총액 적수}}$$

▶ 자산총액은 당해 내국법인의 사업연도종료일 현재 재무상태표상의 자산총액을 말한다.

> **사 례** 건설공제조합 배당금 익금불산입
>
> 내국법인이 다른 내국법인에 출자하여 배당금을 수령하는 경우 익금에 산입하는 것이나 배당기준일 현재 3월 이상 보유하고 있는 주식 등에 해당하는 경우에는 아래의 금액은 익금불산입(기타)하는 것임
> 익금불산입액 = (수입배당금 − 지급이자 × 주식적수/재무제표상 자산적수) × 익금불산입비율
> (건설공제조합이 비상장법인으로서 보유지분이 50% 이하인 경우 익금불산입비율 : 30%)

[개정 세법] 국내자회사 배당금 이중과세 조정 합리화(법인법 §18의2·18의3)

종 전	개 정
□ 수입배당금 익금불산입 < 일반법인 > **상장법인** | 지분율	익금불산입률
100%	100%
30%이상 100%미만	50%
30%미만	30%	 **비상장법인** 	지분율	익금불산입률
100%	100%
50%이상 100%미만	50%
50%미만	30%		□ 기업형태 구분없이 지분율에 따라 제도 합리화 | 지분율	익금불산입률
50%이상	100%
30%이상 50%미만	80%
30%미만	30%	

<적용시기> '23.1.1. 이후 배당받는 분부터 적용
<특례규정> '23년 및 '24년 배당받는 분에 대해서는 종전 규정 선택 허용

[2] 정부보조금을 구분 경리하는 경우 익금불산입할 수 있음

연구개발 등을 목적으로 기술개발촉진법등에 의하여 정부출연금을 수령하고 구분 경리하는 경우로서 당해 연도에 연구개발비등으로 사용하지 못한 경우 출연금 수령 시점에는 익금에 산입하지 아니하며, 해당 연구개발비로 지출하는 경우 시점 또는 감가상각비에 상당하는 금액을 익금에 산입한다. [조세특례제한법 제10의2]

② 결손금 소급공제제도 활용

결손금의 공제방법에는 당기의 결손금을 차후 사업연도에 이월하여 차후 사업연도의 소득에서 공제해 주는 이월공제방법과 전기사업연도로 소급하여 전기사업연도의 과세 표준에서 공제하여 기납부한 법인세를 환급해주는 소급공제방법이 있다. 세법상 중소기업이 아닌 법인은 결손금의 이월공제(2009. 1. 1 이후 10년, 2020.1.1. 이후 15년)만 허용하고 있으나, 중소기업의 경우에는 소급공제도 허용된다.

결손금의 공제방법에는 당기의 결손금을 차후 사업연도에 이월하여 차후 사업연도의 소득에서 공제해 주는 이월공제방법과 전기사업연도로 소급하여 전기사업연도의 과세표준에서 공제하여 기납부한 법인세를 환급해주는 소급공제방법이 있다. 세법상 중소기업이 아닌 법인은 결손금의 이월공제(2009. 1. 1 이후 10년, 2020.1.1. 이후 15년)만 허용하고 있으나, 중소기업의 경우에는 소급공제도 허용된다.

□ 법인세법 제72조(중소기업의 결손금 소급공제에 따른 환급) -요약-
① 중소기업에 해당하는 내국법인은 각 사업연도에 결손금이 발생한 경우 대통령령으로 정하는 직전 사업연도의 법인세액을 한도로 제1호의 금액에서 제2호의 금액을 차감한 금액을 환급 신청할 수 있다. <개정 2018. 12. 24.>
1. 직전 사업연도의 법인세 산출세액(제55조의2에 따른 토지등 양도소득에 대한 법인세액은 제외한다)
2. 직전 사업연도의 과세표준에서 소급공제를 받으려는 해당 사업연도의 결손금 상당액을 차감한 금액에 직전 사업연도의 제55조제1항에 따른 세율을 적용하여 계산한 금액

■ 환급세액
중소기업이 당해 사업연도에 결손금이 발생된 경우 그 결손금에 대하여 직전사업연도의 소득에 대하여 과세된 다음의 법인세액을 한도로 환급 신청할 수 있다.

▶ 아래 ①과 ②중 적은 금액을 환급세액으로 한다.
① 직전사업연도 법인세 산출세액 - 공제 또는 감면된 법인세액
② 직전사업연도 법인세 산출세액 - [(직전 사업연도 과세표준 - 소급공제 결손금 × 직전사업연도 법인세율]
이 경우 소득 공제받은 결손금은 공제받은 금액으로 처리하며, 다음 사업연도 이후에는 과세표준계산상 다시 공제하지 아니한다.

❸ 법인세 공제 및 감면

법인세 및 소득세 공제감면은 그 내용이 방대하고, 복잡하므로 국세청에서 발간한 책자 및 파일을 참고한다.

◼ 국세청 홈페이지 → 국세신고안내 → 법인세 → 참고자료실
- [책자] 2023 중소기업 세제세정지원제도
- [2023 법인세 신고안내] 알아두면 유익한 공제감면 제도 안내
- 2022년 최고경영자가 알아야 할 세무관리

◼ 국세상담센터 홈페이지 → 참고자료 → 법인세
- 21년 귀속 법인세 신고시 고용증대세액공제 계산 및 서식 작성방법
- R&D 세액공제 사전 심사제도

◼ 국세청 홈페이지 국세정책/제도 - 통합자료실 - 국세청 발간책자
- 개정세법 해설

2023년 개정세법 해설

- 분야별해설 책자

2023년 가업승계 지원제도 안내책자
2022년 일감몰아주기 및 일감떼어주기 증여세 신고 안내

[개정 세법] 「조특법」상 세액공제의 이월공제기간 확대(조특법 §144①)
(종전)
- 이월공제기간 : 5년
- 중소기업 투자세액공제 : 7년 [창업 초기 중소기업(설립일로부터 5년 이내)의 경우]
- R&D비용 세액공제 : 10년 [창업 초기 중소기업(설립일로부터 5년 이내)의 경우]

(개정) 「조특법」상 모든 세액공제의 이월공제기간을 10년으로 확대
<적용시기> '21.1.1. 이후 법인세 신고시 이월공제기간이 경과하지 않은 분부터 적용

[개정 세법] 창업 중소기업 세액감면 대상 확대 및 적용기한 연장(조특법 §6)

종 전	개 정
□ 창업 중소기업 세액감면	□ 생계형 창업 기준완화 및 적용기한 3년 연장
○ (적용대상) 창업 중소기업, 벤처기업, 에너지기술중소기업 등	
- (생계형 창업) 창업 중소기업 중 연간 수입금액 4,800만원 이하	- 연간 수입금액 8,000만원 이하
○ (감면율) 기업유형·지역 등에 따라 차등 적용	○ (좌 동)
<table><tr><td rowspan="2">구 분</td><td colspan="2">기본 감면</td><td rowspan="2">추가 감면</td></tr><tr><td>수도권 과밀억제권역 內</td><td>수도권 과밀억제권역 外</td></tr><tr><td>창업중소기업</td><td>-</td><td>5년 50%*</td><td rowspan="5">상시근로자 증가율 × 50%</td></tr><tr><td>청년 생계형</td><td>5년 50%</td><td>5년 100%</td></tr><tr><td>벤처기업</td><td colspan="2">5년 50%*</td></tr><tr><td>에너지기술 중소기업</td><td colspan="2">5년 50%*</td></tr><tr><td>창업보육센터</td><td colspan="2">5년 50%*</td></tr></table> * 신성장 서비스업 : 3년 75% 2년 50%	
○ (적용기한) '21.12.31.	○ '24.12.31.

<적용시기> '22.1.1. 이후 개시하는 과세연도 분부터 적용

▶ 생계형 창업중소기업 감면

2024년 12월 31일 이전에 창업한 창업중소기업에 대해서는 최초로 소득이 발생한 과세연도와 그 다음 과세연도의 개시일부터 4년 이내에 끝나는 과세연도까지의 기간에 속하는 과세연도의 수입금액(과세기간이 1년 미만인 경우 1년으로 환산한 총수입금액)이 8천만원 이하인 경우 그 과세연도에 대한 소득세 또는 법인세에 다음 각 호의 구분에 따른 비율을 곱한 금액에 상당하는 세액을 감면한다.

1. 수도권과밀억제권역 외의 지역에서 창업한 창업중소기업의 경우: 100분의 100
2. 수도권과밀억제권역에서 창업한 창업중소기업의 경우: 100분의 50

[개정 세법] 중소기업특별세액감면 적용기한 연장 등(조특법 §7)

현 행	개 정
□ 중소기업 특별세액감면	□ 적용기한 연장 및 일부 업종 감면율 변경
○ (업종) 제조업 등 48개	○ (좌 동)
○ (감면율) 5~30%	○ (좌 동)
<table><tr><th>본점 소재지</th><th>업 종</th><th colspan="2">감면율(%)</th></tr><tr><td></td><td></td><td>소기업</td><td>중기업</td></tr><tr><td rowspan="2">수도권</td><td>도(소)매업, 의료기관 운영업</td><td>10</td><td>-</td></tr><tr><td>제조업 등 나머지 46개 업종</td><td>20</td><td>-</td></tr><tr><td rowspan="2">지방</td><td>도(소)매업, 의료기관 운영업</td><td>10</td><td>5</td></tr><tr><td>제조업 등 나머지 46개 업종</td><td>30</td><td>15</td></tr></table>	
* 전기통신업, 인쇄물 출판업 등을 영위하는 수도권 중기업은 10% 감면	* 특례 폐지
<신설>	**알뜰주유소 특례 신설** (2022년 중 일반주유소가 알뜰주유소로 전환 시 2023년까지 발생하는 소득에 대해 감면율 +10%p)
○ (적용기한) '22.12.31.	○ '25.12.31.

<적용시기> '23.1.1. 이후 개시하는 과세연도 분부터 적용

■ (감면사업 결손금을 감면소득에 미합산) 감면사업과 관련 없는 이자수익, 자산처분익 등을 제외한 감면소득에 감면사업의 결손금을 합산하지 않아 감면소득을 과다하게 계산
- (사례) 제조업·건설업 겸영 법인이 건설업 관련 결손을 감면소득에 합산하지 않아 감면소득을 과다하게 계산

- (감면업종 착오) 감면 업종을 영위하지 않으나 세액감면을 적용
- (사례) 음식점업을 영위하는 중소법인이 중소기업특별세액감면 신청

[개정 세법] 통합고용세액공제 신설(조특법 §29의8 신설)

현 행	개 정
□ 고용지원 관련 세액공제 제도 ❶ 고용증대 세액공제(§29의7) 고용증가인원 × 1인당 세액공제액	□ "통합고용세액공제"로 통합·단순화 ○ (적용대상) 모든 기업* 　* (제외) 소비성 서비스업 ○ (기본공제) 　: 고용증가인원 × 1인당 세액공제액

구 분	공제액 (단위:만원)			
	중소 (3년 지원)		중견 (3년 지원)	대기업 (2년 지원)
	수도권	지방		
상시근로자	700	770	450	-
청년 정규직, 장애인, 60세 이상 등	1,100	1,200	800	400

　* 청년 연령범위(시행령): 15~29세

❷ 사회보험료 세액공제(§30의4)
고용증가인원 × 사용자분 사회보험료 × 공제율

구 분	중소 (공제율)
상시근로자 (2년 지원)	50%**
청년*, 경력단절여성 (2년 지원)	100%

　* 청년 연령범위(시행령): 15~29세
　** 전기통신업, 인쇄물 출판업 등의 서비스업종을 영위하는 기업은 75%

구 분	공제액 (단위:만원)			
	중소 (3년 지원)		중견 (3년 지원)	대기업 (2년 지원)
	수도권	지방		
상시근로자	850	950	450	-
청년 정규직, 장애인, 60세 이상, 경력단절여성 등	1,450	1,550	800	400

- 우대공제 대상인 청년 연령범위* 확대 경력단절여성을 우대공제 대상에 추가
　* 청년 연령범위(시행령): 15~34세
　** 일부 서비스업종 우대는 폐지

- 공제 후 2년 이내 상시근로자 수가 감소하는 경우 공제금액 상당액을 추징

<적용시기> '23.1.1. 이후 개시하는 과세연도 분부터 적용
* '23년 및 '24년 과세연도 분에 대해서는 기업이 '통합고용세액공제'와 기존 '고용증대 및 사회보험료 세액공제' 중 선택하여 적용 가능(중복 적용 불가)

현 행	개 정
❸ 경력단절여성 세액공제(§29의3①) 경력단절여성 채용자 인건비 × 공제율 	구 분	공제율	
---	---	---
	중소	중견
경력단절여성(2년)	30%	15%	 ❹ 정규직 전환 세액공제(§30의2) 정규직 전환 인원 × 공제액 * 전체 상시근로자 수 미감소 시 	구 분	공제액 (단위:만원)	
---	---	---
	중소	중견
정규직 전환자 (1년 지원)	1,000	700	 ❺ 육아휴직복귀자 세액공제(§29의3②) 육아휴직 복귀자 인건비 × 공제율 * 전체 상시근로자 수 미감소 시 	구 분	공제율	
---	---	---
	중소	중견
육아휴직 복귀자 (1년 지원)	30%	15%		○ (추가공제) 정규직 전환·육아휴직 복귀자 인원 × 공제액 * 전체 상시근로자 수 미감소 시 | 구 분	공제액 (단위:만원)	
---	---	---
	중소	중견
정규직 전환자 (1년 지원) 육아휴직 복귀자 (1년 지원)	1,300	900	 - 전환일·복귀일로부터 2년 이내 해당 근로자와의 근로관계 종료 시 공제금액 상당액 추징

<적용시기> '23.1.1. 이후 개시하는 과세연도 분부터 적용

▶ 통합고용세액공제 신설

2023년 1월 1일 이후 개시하는 과세연도 분부터 고용증대세액공제를 중심으로 5개의 고용지원 제도를 통합하여 '통합고용세액공제'를 신설하여 시행한다.

다만, 2023년 및 2024년 과세연도 분에 대해서는 기업이 '통합고용세액공제'와 기존 '고용증대 및사회보험료 세액공제' 중 선택하여 적용 가능 (중복 적용 불가)

[개정 세법] 국가전략기술 R&D·시설투자 세제지원 강화(조특법 §10·§24)

종 전	개 정
□ 기업의 R&D비용 및 시설투자에 대한 세제지원	□ 국가전략기술 관련 R&D 비용 및 시설투자 세제지원 강화
○ (지원방식) ❶연구·인력개발비 세액공제 ❷통합투자세액공제	○ (좌 동)
○ (지원구조) 일반, 신성장·원천기술 투자의 2단계 구조	○ 국가전략기술 단계 신설 → 3단계 * 국가경제안보 목적상 중요한 기술로, 경제·사회적 안보가치, 산업파급효과가 큰 기술
○ (지원내용) 신성장·원천기술 공제율 우대	○ 국가전략기술 공제율 추가 우대
<신 설>	- R&D비용 : 신성장·원천기술 대비 + 10%p 상향

R&D 비용(%)	대	중견	중소
일 반	2	8	25
신성장·원천기술	20~30		30~40

R&D 비용(%)	대	중견	중소
일 반	2	8	25
신성장·원천기술	20~30		30~40
국가전략기술	30~40		40~50

<신 설>

- 시설투자 : 신성장·원천기술 대비 + 3~4%p 상향

시설투자(%)	당기분			증가분
	대	중견	중소	
일 반	1	3	10	3
신성장·원천기술	3	5	12	

시설투자(%)	당기분			증가분
	대	중견	중소	
일 반	1	5	10	3
신성장·원천기술	3	6	12	
국가전략기술	8	8	16	4

<적용시기> '23.1.1. 이후 투자하는 분부터 적용

❹ 근로자 연말정산

[1] 기본공제대상자가 연금소득이 있어도 소득공제를 받을 수 있음
연간 과세대상 연금액이 다음 금액 이하인 기본공제를 받을 수 있으므로 공제대상자에서 누락하지 않도록 한다.

▶ **공적연금소득(국민연금, 공무원연금, 군인연금 등)**
공적연금소득 연간 수령액 중 2002년 이후 불입액에 대한 연금수령액(과세소득) 상당액이 5,166,666원 이하인 경우
- 공적연금 소득금액 100만원 (연금 5,166,666원 - 연금소득공제 4,166,666원)

▶ **사적연금**
연간 총연금액이 1,200만원을 이하인 경우

[참고] 연금소득과 건강보험료 피부양자 자격
공적연금(국민연금, 공무원연금, 사립학교교직원연금, 군인연금 등) 및 사적연금 중 연금운용수익으로 인한 연금액의 연간 합계택이 연간 2천만원을 초과하는 경우 직계존비속의 피부양자가 될 수 없으므로 건강보험료 지역가입자로 별도로 건강보험료를 납부하여야 한다. 이 경우 건강보험료 부과기준이 되는 연금소득은 연금의 50%로 한다.

[2] 기본공제 대상자가 일용근로자인 경우 소득공제를 받을 수 있음
기본공제대상자가 일용근로자인 경우 소득금액에 관계없이 연령조건 등을 충족하는 경우 배우자공제 및 부양가족공제를 받을 수 있다.

[3] 기본공제대상자가 사망한 연도에는 소득공제를 받을 수 있음
기본공제대상에 해당하는 부모님이 당해 연도에 사망한 경우에도 당해 연도에는 소득공제를 받을 수 있음

[4] 의료기관에서 장애인증명서를 발급받은 경우 장애인공제를 받을 수 있음
장애인복지법에 의한 장애인이 아니더라도 항시 치료를 요하는 중증환자(암, 중풍 등)의 경우에도 의료기관(병원, 한의원 등)에서 장애인증명서를 발급받은 경우 장애인공제가 가능하다.

[5] 60세가 되지 않은 부모님의 의료비세액공제와 신용카드 등 공제

60세가 되지 않은 소득 없는 부모님의 의료비지출액과 신용카드사용액을 공제받을 수 있다. 단, 기부금의 경우에는 연령요건 및 소득요건을 모두 충족(60세이상 + 소득금액 100만원 이하)하여야 한다.

[7] 청년 등 중소기업 취업자에 대한 소득세 감면 확대(조특법 § 30)

근로계약 체결일 현재 연령이 15세 이상 34세 이하인 청년(2018년 1월 1일 이후 29세 → 34세), 60세 이상인 사람·장애인(2014년 1월 1일 이후) 경력단절여성(2017년 1월 1일 이후)이 **감면대상 업종의 중소기업체**(비영리기업 포함)에 2023년 12월 31일까지 취업하는 경우 그 중소기업체로부터 받는 근로소득으로서 **취업일부터 3년 (2018년 이후 청년의 경우 5년)이 되는 날**이 속하는 달까지 발생한 소득에 대해서 일정비율에 상당하는 금액을 감면받을 수 있다. 이 경우 소득세 감면기간은 소득세를 감면받은 사람이 다른 중소기업체에 취업하거나 해당 중소기업체에 재취업하는 경우에 관계없이 소득세를 감면받은 최초 취업일부터 계산한다.

▶ 취업 연도별 감면율 [감면한도액 : 150만원]
2016.1.1. ~ 2017.12.31. 기간 : 100분의 70(감면한도액 150만원)
2018.1.1. 이후 : 100분의 70(청년의 경우 100분의 90)

▶ 2018년 개정 → 감면기간 및 감면율
청년 중소기업 취업자 소득세 감면기간은 취업일부터 5년이 되는 날이 속하는 달까지이다. 예를 들어 2017년 6월 10일 입사한 경우 감면기간은 2017년 6월부터 2022년 6월 30일까지이며, 2017년 6월 10일부터 2017년 12월까지는 70%의 감면율이 적용되고, 2018년 1월부터 2022년 6월 30일까지 적용되는 감면율은 90%이다. (취업일부터 감면기간을 계산하는 것으로 신청일이 아님)

▶ 2018년 이후 취업하고, 종전 근무지에서 감면을 받은 사실이 없는 경우
취업일(근로계약체결일) 현재 연령이 15세이상 34세 이하인 경우 취업월부터 5년간 근로소득세의 90%를 감면받을 수 있다.

▶ 감면대상 연령
1. 감면대상 근로자 연령은 만34세 이하로서 취업시 연령요건을 충족하면 취업일부터 5

년이 되는 날까지 감면 적용을 받을 수 있는 것으로 감면 기간 중 연령을 초과하는 경우에도 감면을 받을 수 있다.

▶ 감면대상 업종
- 제조업
- 건설업
- 도매 및 소매업
- 운수업
- 숙박 및 음식점업(주점 및 비알콜 음료점업은 제외한다)
- 부동산업 및 임대업, 기타 전문·과학 및 기술 서비스업
- 건축기술·엔지니어링 및 기타 과학기술서비스업,
- 출판·영상·방송통신 및 정보서비스업(비디오물 감상실 운영업 제외)
- 농업, 임업 및 어업, 광업, 전기·가스·증기 및 수도사업
- 하수·폐기물처리·원료재생 및 환경복원업, 연구개발업, 광고업
- 시장조사 및 여론조사업, 사업시설관리 및 사업지원 서비스업
- 기술 및 직업훈련 학원, 사회복지 서비스업
- 수리업을 주된 사업으로 영위하는 기업

[세법 개정(안)] 중소기업 취업자에 대한 소득세 감면 적용기한 연장 및 대상 확대 (조특법 §30, 조특령 §27)
컴퓨터학원 등
<적용시기> '24.1.1. 이후 개시하는 과세연도 분부터 적용

▶ 제외 업종 예시
- 법무관련, 회계·세무관련 서비스업 등
- 보건업(병원, 의원 등)
- 금융 및 보험업
- 예술, 스포츠 및 여가관련 서비스업
- 교육서비스업(기술 및 직업훈련 학원 제외), 기타 개인 서비스업
- 국가, 지방자치단체, 공공기관 및 지방공기업

[개정 세법] 2023년 이후 중소기업 취업자에 대한 소득세 감면한도를 과세기간별 150만원에서 200만원으로 상향함(제30조)

[8] 핵심인력성과보상금에 대한 소득세 감면(조특법 § 29의6)

[세법 개정] 중소·중견기업 성과보상기금 소득세 감면 확대 및 적용기한 연장

종 전	개 정
□ 중소·중견기업 성과보상기금 소득세 감면	□ 감면 확대 및 적용기한 연장
○ (감면대상자) 성과보상기금에 가입한 중소·중견기업 근로자	○ (좌 동)
○ (감면율) 중소기업 : 50%, 중견기업 : 30%	○ 청년에 대한 감면율 상향 - (청년) 중소기업 : 90% 　　　　　중견기업 : 50% - (그외) 중소기업 : 50% 　　　　　중견기업 : 30%
○ (감면대상소득) 만기 수령한 공제금 중 기업기여금	○ (좌 동)
○ (적용기한) '21.12.31.까지 가입	○ '24.12.31.

<적용시기> '22.1.1. 이후 수령하는 분부터 적용

▶ **중소기업 핵심인력 성과보상기금(내일채움공제)이란?**
① 중소기업 핵심인력의 장기재직 촉진 및 인력양성 등을 위해 「중소기업 인력지원 특별법(제5장의 2)」에 따라 설치된 기금을 말한다.
② 핵심인력(중소기업이 지정)과 해당 중소기업이 동 기금에 매달 적립금을 각각 납입하고 **5년 이상** 재직 후 핵심인력이 수령 ⇒ 핵심인력에 대한 장기재직 인센티브

[9] 정치자금기부금 세액공제

「정치자금법」에 따라 정당(후원회 및 선거관리위원회 포함)에 기부한 정치자금은 이를 지출한 해당 과세연도의 소득금액에서 10만원까지는 그 기부금액의 전액(소득세 90,909원 + 지방소득세 9,091원)을 세액공제받을 수 있다.

❺ 원천세

① 금융소득 세금절세

금융소득이란 예금에 대한 이자소득 및 법인의 주주가 투자(출자)에 대한 대가로 법인으로부터 받는 배당소득을 말한다.

금융소득(이자소득 + 배당소득)이 2천만원 이하인 경우 14%(지방소득세 1.4% 별도)의 세금만을 부담하면 되나 2천만원을 초과하게 되면, 종합과세가 되고, 이로 인하여 건강보험료도 추가되므로 배당을 하는 경우 이자소득을 포함하여 2천만원을 초과하지 않도록 하면 세금을 절세할 수 있다.

② 기타소득 또는 사업소득(인적용역 등) 원천징수

[1] 기타소득 원천징수

사업자가 없는 개인으로부터 인적용역을 제공받는 경우로서 계속·반복적인 인적용역인 경우에는 원천징수대상 사업소득으로 보아 사업소득세를 징수 및 납부하여야 하나 계속성 여부가 불분명한 경우 기타소득으로 보아 기타소득세를 징수 및 납부를 하는 것이 세금 측면에서 매우 유리하다.

사업소득으로 원천징수하는 경우 그 소득자는 무조건 종합소득세 신고를 하여야 하며, 필요경비가 없는 경우 사업소득 전액이 소득이 된다. 반면, 기타소득으로 보아 기타소득세를 징수하는 경우 연간 기타소득금액이 300만원(기타소득 - 필요경비) 이하인 경우 종합소득세 신고의무가 없으며, 기타소득에 대하여 종합신고를 하더라도 인적용역의 경우 특별한 절차없이 그 지급금액의 60%를 필요경비로 인정받을 수 있으므로 기타소득의 절세효과는 매우 크다.

▶ **사업소득**

사업소득이란 개인이 물적 시설없이 근로자를 고용하지 아니하고 독립적으로 일의 성과에 따라 수당 또는 이와 유사한 성질의 대가를 받는 용역으로 원천징수대상이 되는 사업소득은 용역을 제공하는 자가 독립된 자격으로 인적용역 또는 의료보건 용역을 계속·반복적으로 제공하고 지급받는 대가를 말한다.

■ 사업소득 원천징수세액 = 총지급액 × 3%

▶ **기타소득**

기타소득이란 이자소득·배당소득·사업소득·근로소득·연금소득 및 퇴직소득양도소득외의 소득으로 일시적이고, 우발적으로 발생하는 소득을 말한다. 사업소득과 기타소득 여부는 그 일에 대해 상대방이 계속성이 있느냐, 없느냐에 따라 적용이 달라진다. 즉 그 지급을 받는 자가 일시적으로 용역을 제공하는 것이라면, 기타소득으로 보아 인적용역의 경우 그 지급금액의 60%를 필요경비로 공제한 금액에 대하여 20%(지방소득세 별도)의 세율을 적용하여 기타소득세를 원천징수하여 신고 및 납부하여야 한다.

[2] 기타소득의 60%를 필요경비로 공제할 수 있는 인적용역

① 다음에 해당하는 인적용역을 일시적으로 제공하고 지급받는 대가
1. 고용관계없이 다수인에게 강연을 하고 강연료 등의 대가를 받는 용역
2. 라디오·텔레비전방송 등을 통하여 해설·계몽 또는 연기의 심사 등을 하고 보수 또는 이와 유사한 성질의 대가를 받는 용역
3. 변호사·공인회계사·세무사·건축사·측량사·변리사기타 전문적 지식 또는 특별한 기능을 가진 자가 당해 지식 또는 기능을 활용하여 보수 또는 기타 대가를 받고 제공하는 용역
4. 기타의 용역으로서 고용관계없이 수당 또는 이와 유사한 성질의 대가를 받고 제공하는 용역
5. 계약의 위약 또는 해약으로 인하여 받는 위약금과 배상금 중 주택입주자가 주택건설업자로부터 받은 주택입주 지체상금
② 문예·학술·미술·음악 또는 사진에 속하는 창작품에 대한 원작자로서 받는 소득으로서 다음의 하나에 해당하는 것
1. 원고료
2. 저작권사용료인 인세
3. 미술·음악 또는 사진에 속하는 창작품에 대하여 받는 대가

③ 광업권·어업권·산업재산권 및 산업정보, 산업상 비밀, 상표권·영업권(점포임차권 포함), 토사석의 채취허가에 따른 권리, 지하수의 개발·이용권 그 밖에 이와 유사한 자산이나 권리를 양도하거나 대여하고 그 대가로 받는 금품으로서 필요경비가 확인되지 아니하거나 수입금액의 100분의 80에 미달하는 것

■ 기타소득 원천징수세액 = (총지급액 − 필요경비)× 20%

[개정 세법] 기타소득에 해당하는 인적용역 및 영업권의 필요경비율 조정
(소득세법 제19조 제1항·제21조 제1항·제45조 제2항, 시행령 제32조·제55조)
○ 원고료, 인세, 일시적 강연료, 자문료 등
○ 무형자산(영업권, 광업권, 어업권, 상표권 등)의 양도 및 대여소득
<적용시기> (2018년 3월 이전) 80%, (2018.4월~12월) 70%
(2019년 1월 1일이 속하는 과세기간에 발생한 소득분부터) 60%

③ 원천세 소액부징수

[1] 소득세법에 의한 원천징수세액

원천징수세액(이자소득세 제외)이 **1천원 미만**인 경우 납부할 의무는 없다. 단, 지급시점에서 소득자별로 지급액에 대해 원천징수할 세액의 합계액을 기준으로 한다.

[2] 법인세법에 의한 원천징수세액

원천징수세액이 1천원 미만인 경우 해당 법인세를 징수하지 아니한다. 소득세법에서는 소액으로 나누어 매일 이자를 지급하는 예금에 가입하여 과세를 회피하는 사례를 방지하기 위하여 이자소득에 대하여는 소액부징수를 적용하지 않고 있으나 법인세는 이자소득에 대하여도 소액부징수 제도가 적용된다. (법인세법 제73조)

[3] 지방소득세

원천징수세액에 대한 지방소득세는 특별징수분(원천세분)에 대한 소액부징수제도가 없으므로 금액에 관계없이 납부하여야 하나 법인지방소득세 등의 소득분 지방세는 그 세액이 **2천원 미만**인 경우 납부의무를 면제하고 있다. (지방세법 제103조의60

❻ 개인사업자의 종합소득세 절세

1 개요

개인사업자의 종합소득세는 총수입금액(매출 등)에서 필요경비(사업과 관련한 지출)를 차감한 금액을 소득금액으로 하여 소득금액에서 인적공제 및 연금저축불입금액 등을 공제한 후의 금액(과세표준)에 소득세 기본세율을 곱한 금액을 산출세액으로 하며, 산출세액에서 각종 세액감면 및 세액공제를 차감한 금액을 납부하게 된다.

따라서 개인사업자의 세금절세 핵심은 사업과 관련한 필요경비를 철저히 챙겨서 소득금액을 줄이는 것이며, 소득공제가 가능한 소상공인공제부금 등을 납입하여 과세표준을 줄이고, 세액감면 및 세액공제액을 누락하지 않도록 하는 것이 최상의 방법이다.

2 소득공제

● 인적공제

▶ 기본공제

구 분	공제한도	공제요건
본 인 공 제	150만원	모든 사업자
배 우 자 공 제	150만원	연간 소득금액이 100만원 이하인 배우자
부양가족공제	150만원 (1인당)	연간 소득금액이 100만원 이하인 부양가족으로 아래의 연령조건을 충족하는 자 부모 등 직계존속 : 60세 이상 자녀 등 직계비속 : 20세 이하 형제자매 : 60세 이상, 20세 이하 단, 형제자매는 주민등록이 같이 되어 있어야 함

▶ 직계존속의 경우 주민등록이 달리 되어 있더라도 근로자의 다른 형제자매가 근로소득세(근로자) 또는 종합소득세(사업자) 신고시 부양가족공제를 받지 않는 경우 부양가족공제가 가능하다.

■ 추가공제 (2023년 귀속 종합소득세 신고 기준)

구 분	공제한도	공제요건
경 로 우 대	100만원	공제대상 부양가족 중 만70세 이상인 자
장 애 인 공 제	200만원	기본공제대상자인 경우 연령에 제한 없이 추가공제를 받을 수 있다. 단, 소득금액이 100만원을 초과하는 경우에는 공제대상에서 제외한다.
한 부 모 공 제	100만원	배우자가 없는 사람으로서 기본공제대상자인 직계비속 또는 입양자가 있는 경우
부 녀 자 공 제	50만원	• 종합소득금액 3천만원 이하의 남편이 있는 여성 (남편의 소득이 있는 경우에도 공제됨) • 종합소득금액 3천만원 이하의 배우자가 없는 여성으로서 부양가족이 있는 세대주

▶ 인적공제대상자의 소득금액과 공제대상 여부

기본공제대상자의 연간소득금액이 100만원을 초과하는 경우 배우자공제 및 부양가족공제 뿐만 아니라 추가공제도 받을 수 없다. 연간소득금액이란 종합(이자·배당·사업·근로·연금·기타소득금액)·퇴직·양도소득금액의 연간 합계액을 말한다.

소 득 종 류	100만원 이하 소득금액 계산
근 로 소 득 자	연간근로소득의 합계금액이 5백만원 이하인 경우
일용직근로자	공제대상 부양가족이 일용근로자인 경우 소득액에 관계없이 기본공제대상자에 해당된다.
사업자 및 사업소득사(인적용역사업자 등)	부양가족의 사업수입금액에 국세청에서 매 년 고시되는 단순경비율을 적용하여 소득금액이 100만원 이하인 경우 부양가족공제를 받을 수 있으며, 이하 다른 소득의 경우에도 동일하게 적용한다.
기 타 소 득 자	기타소득에 해당하는 강의료, 원고료, 인세 등을 받는 기타소득자인 경우 수입금액에서 60%의 필요경비를 차감한 금액으로 연간 기타소득금액(기타소득 - 필요경비)이 100만원 이하인 자 [기타소득 250만원 이하] 단, 기타소득의 60% 또는 80%를 필요경비로 인정받을 수 있는 기타소득(소득세법 시행령 제87조)이 아닌 경우 실제 발생한 필요경비를 공제한 후의 금액을 기준으로 한다.
퇴 직 소 득 자	퇴직금총액을 소득금액으로 본다. 따라서 퇴직금총액이 100만원을 초과하는 경우 부양가족공제대상이 아니다.

소 득 종 류	100만원 이하 소득금액 계산
이자, 배당 소 득 자	이자 및 배당소득의 합계액이 연간 2,000만원 이하인 경우로서 다른 소득이 없는 경우 기본공제대상자에 해당한다.
연 금 소 득 자	분리과세되는 사적연금소득(총연금액이 연1,200만원 이하)과 공적연금 중 2001.12.31 이전 불입액을 기초로 수령하는 연금은 비과세소득이므로 연간소득금액 100만원에 포함되지 않는다. (연금지급기관에 문의)
양 도 소 득 자	양도소득금액(양도가액 - 필요경비- 장기보유특별공제액)이 100만원을 초과하는 경우 부양가족공제대상이 아니다.

● 기타 소득공제

공제종류	공제내용 및 공제금액
국민연금보험	본인이 납부한 국민연금보험료 전액
개인연금저축	2000년 이전 불입한 연금저축 (불입액의 40%, 한도액 72만원) 2001년 이후 불입한 연금저축 → 세액공제
소기업·소상 공인공제부금 소 득 공 제	거주자가 소기업·소상공인공제(노란우산 등)에 가입하여 납부하는 공제부금 중 500만원 이내의 금액을 종합소득금액에서 공제받을 수 있으며, 연금저축소득공제와 별도로 공제를 받을 수 있다. 사업소득금액 4천만원 이하 : 500만원 사업소득금액 4천만원 초과 1억원 이하 : 300만원 사업소득금액 1억원 초과 : 200만원 [개정 세법] 2019년 이후 부동산임대소득금액은 소득공제를 받을 수 없음

▶ **개인사업주 4대보험료 소득공제 또는 필요경비 산입**

(국민연금보험료) 사업자의 국민연금보험료는 필요경비에 산입할 수 없으며, 종합소득금액에서 국민연금보험료로 소득공제를 받을 수 있다.

(국민건강보험료) 국민건강보험료 및 노인장기요양보험료의 경우 사업자 본인이 직장가입자로 가입하여 부담하는 보험료 또는 지역가입자로 부담하는 보험료는 필요경비에 산입할 수 있다

🔵 소기업·소상공인 공제부금에 대한 소득공제

▶ 개요
소기업.소상공인에 대한 공제부금인 '노란우산공제제도'는 중소기업협동조합법에 의해 설립된 경제단체인 '중소기업중앙회'가 운영하며, 소기업·소상공인의 폐업·노령 등에 따른 생계위험으로부터 생활안정을 기하고, 사업재기의 기회를 제공하기 위해 사회안전망 구축의 일환으로 도입되었다. [조세특례제한법 제86조의3]

▶ 소득공제
거주자가 소기업·소상공인 공제에 가입하여 납부하는 공제부금에 대해서는 해당 연도의 공제부금 납부액과 다음 각 호의 구분에 따른 금액 중 적은 금액에 해당 과세연도의 사업소득금액(법인의 대표자로서 해당 과세기간의 총급여액이 7천만원 이하인 거주자의 경우에는 근로소득금액으로 한다.)에서 공제한다.

1. 해당 과세연도의 사업소득금액이 4천만원 이하인 경우: 500만원
2. 해당 과세연도의 사업소득금액이 4천만원 초과 1억원 이하인 경우: 300만원
3. 해당 과세연도의 사업소득금액이 1억원 초과인 경우: 200만원

[개정 세법] 부동산임대업 소득공제 배제 [조세특례제한법 제86조의3 ①]
소기업·소상공인 생활안정 등을 지원하기 위한 취지를 감안하여 부동산임대업에 대해서는 소득공제를 배제함
<적용시기> 2019.1.1. 이후 납부하는 분부터 적용
2018.12.31. 이전에 소기업·소상공인 공제에 가입한 자에 대해서는 개정규정에도 불구하고 종전의 규정에 따른다.

▶ 노란우산공제부금 가입대상자
1. 사업체가 소기업·소상공인 범위에 포함되는 개인사업자 또는 법인의 대표자는 누구나 가입할 수 있다. 단, 비영리법인의 대표자와 가입제한 대상에 해당되는 대표자는 가입할 수 없다.
2. 가입자가 법인의 대표이사이고 대표이사가 납부한 공제부금인 경우 대표이사의 연말정산시 소득공제를 받을 수 있다.

◆ 소기업·소상공인의 범위
1. 상시근로자 50인 미만 : 광업, 제조업, 건설업, 운수업, 출판·영상·방송통신 및 정보서비스업, 사업시설 관리 및 사업지원 서비스업, 보건업 및 사회복지 서비스업, 전문·과학 및 기술 서비스업
2. 상시근로자 10인 미만 : 상기 업종 외의 업종
3. 가입제한 업종 : 일반유흥주점업, 무도유흥주점업, 단란주점업

③ 종합소득세 과세표준 및 세율과 산출세액

소득금액에서 이월결손금 공제 후의 종합소득금액에서 소득공제를 공제한 금액을 과세표준(세금을 부과하는 기준이 되는 금액)이라 하며, 아래 세율을 곱한 금액을 산출세액으로 한다.

- 소득금액 = 총수입금액(매출 등) - 필요경비
- 과세표준 = 소득금액 - 이월결손금 - 소득공제
- 산출세액 = 과세표준 × 기본세율
- 결정세액 = 산출세액 + 가산세 - 세액공제 및 세액감면

▶ 2022년 및 2023년 귀속분 소득세 기본세율 (소득세법 §55①)

2022년 기본세율			2023년 기본세율		
과세표준 구간	세율	누진공제액	과세표준 구간	세율	누진공제액
1,200만원 이하	6%		1,400만원 이하	6%	
1,200만원 초과 4,600만원 이하	15%	108만원	1,400만원 5,000만원 이하	15%	126만원
4,600만원 초과 8,800만원 이하	24%	522만원	5,000만원 8,800만원 이하	24%	576만원
8,800만원 초과 1억5천만원 이하	35%	1,490만원	8,800만원 1.5억원 이하	35%	1,544만원
1억5천만원 초과 3억원 이하	38%	1,940만원	1.5억원 3억원 이하	38%	1,994만원
3억원 초과 5억원 이하	40%	2,540만원	3억원 5억원 이하	40%	2,594만원
5억원 초과 10억원 이하	42%	3,540만원	5억원 10억원 이하	42%	3,594만원
10억원 초과	45%	6,540만원	10억원 초과	45%	6,594만원

4 세액공제

● 연금계좌세액공제 [소득세법 제59조의3 ①]

[1] 연금저축의 과세 방법
세액공제대상 연금저축을 세제적격 연금저축이라 하며, 세액공제대상이 아닌 연금저축을 세제비적격연금저축이라 한다.

▶ **세제적격 연금저축**
세액공제대상 연금저축의 경우 불입시 세액공제를 받을 수 있으나 연금으로 수령시에는 연금소득으로 과세하며, 세액공제가 되는 연금저축(세제적격 연금저축)에 가입하는 경우 세액공제를 받지 않았더라도 추후 연금으로 받는 경우 이자상당액에 대해서 연금소득으로 소득세가 과세된다.

▶ **세제비적격 연금저축의 과세방법**
보험차익에 대한 이자소득세 과세 및 연금소득 비과세
보험차익에 대하여는 이자소득세(보험차익의 14%) 및 지방소득세(이자소득세의 14%)가 과세되나 연금을 수령하는 시점에서는 연금소득세가 과세되지 않는다.

◆ 10년 이상 가입한 연금저축의 보험차익에 대한 비과세
세제비적격 연금저축에 가입하고 10년 이상 저축을 유지하는 경우 발생하는 보험차익에 대해서는 이자소득세 및 연금소득세가 과세하지 않는다. 따라서 세액공제 목적이 아니라면, 세액공제가 되지 않는 연금저축(일명 "세제비적격 연금저축")에 가입하는 것이 유리하다. 왜냐하면, 세액공제요건을 갖추지 못한 연금저축에서 발생한 이자는 이자소득으로 과세되는 것이나, 보험의 가입기간이 10년 이상인 경우에는 보험차익에 대해 비과세를 하고 있기 때문이다. 단, 10년 이내 중도해지시에는 보험차익에 대하여 및 이자소득세 및 지방소득세가 과세된다.

[2] 연금계좌 세액공제
종합소득이 있는 거주자가 연금계좌에 납입하는 금액으로서 다음 각 호의 어느 하나에 해당하지 아니하는 금액을 5년 이상 납입하고 연금형태로 받는 연금저축의 경우

그 **불입액의 12%(종합소득금액이 4500만원 이하인 자 및 총급여액이 5500만원 이하인 근로자의 경우에는 15%)를** 해당 과세기간의 산출세액에서 공제를 받을 수 있으며, 세액공제를 받을 수 있는 연금보험료를 '세제적격연금저축'이라고 한다. 다만, 세액공제를 받을 수 있는 금액은 연간 6900만원을 한도로 한다.

▶ **세액공제대상 연금계좌 요건**

연금계좌란 다음 각 호의 어느 하나에 해당하는 계좌를 말한다.
1. 다음 각 목의 어느 하나에 해당하는 금융회사 등과 체결한 계약에 따라 '연금저축'이라는 명칭으로 설정하는 계좌(연금저축계좌)
가. 신탁업자와 체결하는 신탁계약
나. 투자중개업자와 체결하는 집합투자증권 중개계약
다. 보험계약을 취급하는 기관과 체결하는 보험계약

2. 퇴직연금을 지급받기 위하여 가입하여 설정하는 다음 각 목의 어느 하나에 해당하는 계좌(퇴직연금계좌)
가. 확정기여형퇴직연금제도에 따라 설정하는 계좌
나. 개인형퇴직연금제도에 따라 설정하는 계좌

▶ **납입요건**

1. 연간 1천800만원 이내(연금계좌가 2개 이상인 경우 그 합계액)의 금액을 납입할 것
2. 연금수령 개시 이후에는 연금보험료를 납입하지 않을 것

[관련 법령] 소득세법 제59조의3

▶ **세액공제대상 퇴직연금 납입한도 확대**

2015.1.1. 이후 납입하는 분부터 연금계좌세액공제 한도와는 별도로 근로자 개인이 퇴직연금에 납입하는 금액에 대하여 연 300만원을 한도로 추가공제를 받을 수 있다.

연금저축	퇴직연금	공제금액	연금저축	퇴직연금	공제금액
0	700	700	500	200	700
500	500	900	700	0	600

[개정 세법] 연금계좌 세제혜택 확대(소득법 §59의3, §64의4 신설)

종 전	개 정
□ 연금계좌 세액공제 대상 납입한도 ㅇ 연금저축 + 퇴직연금	□ 세액공제 대상 납입한도 확대 및 종합소득금액 기준 합리화 ㅇ 연금저축 + 퇴직연금

총급여액 (종합소득금액)	세액공제 대상 납입한도 (연금저축 납입한도)		세액 공제율
	50세미만	50세이상	
5,500만원 이하 (4,000만원)	700만원 (400만원)	900만원* (600만원*)	15%
1.2억원 이하 (1억원)			12%
1.2억원 초과 (1억원)	700만원 (300만원)		

  * '22.12.31.까지 적용

총급여액 (종합소득금액)	세액공제 대상 납입한도(연금저축 납입한도)	세액 공제율
5,500만원 이하 (4,500만원)	900만원 (600만원)	15%
5,500만원 초과 (4,500만원)		12%

종 전	개 정

□ 연금계좌 납입한도
ㅇ 연금저축 + 퇴직연금
: 연간 1,800만원
ㅇ 추가납입 가능
  - ISA계좌* 만기 시 전환금액
    * 개인종합자산관리계좌
<추 가>
	□ 연금계좌 추가납입 확대
	ㅇ (좌 동)
	
	ㅇ 추가납입 항목 신설
	  - (좌 동)
	
	1주택 고령가구*가 가격이 더 낮은 주택으로 이사한 경우 그 차액(1억원 한도)
	* 부부 중 1인 60세 이상

□ 연금계좌에서 연금수령 시 과세방법
ㅇ 1,200만원 이하 : 저율·분리과세* 또는 종합과세
  * (55세~69세) 5%
    (70~79세) 4%
	□ 연금소득 1,200만원 초과 시에도 분리과세 선택 가능
	ㅇ (좌 동)

(80세~) 3% (종신수령) 4%	
○ 1,200만원 초과 : 종합과세	○ 종합과세 또는 15% 분리과세

<적용시기> (공제 대상 납입한도) '23.1.1. 이후 납입하는 분부터 적용
(추가납입) '23.1.1. 이후 주택을 양도하는 분부터 적용
(연금수령 시 분리과세 선택) '23.1.1. 이후 연금수령하는 분부터 적용

● 성실사업자 의료비 및 교육비 세액공제

근로자의 경우 보험료, 의료비, 교육비, 주택임차와 관련한 원리금, 주택취득과 관련한 이자비용, 신용카드등 사용금액에 대하여 일정금액을 근로소득금액에서 별도로 공제를 받을 수 있지만, 사업자의 경우 이러한 지출금액에 대하여 사업소득금액에서 원칙적으로 공제를 받을 수 없다.

다만, **성실신고확인대상자** 및 다음에 정하는 **성실사업자로서 <u>일정 요건을 갖춘 경우</u>**에는 의료비세액공제 및 교육비세액공제를 받을 수 있으며, 사업자의 경우 공제받을 수 있는 표준세액공제의 경우에도 7만원이 아닌 **12만원**(의료비 및 교육비 공제액이 100만원을 넘는 경우에는 세액공제를 받을 수 없음)을 공제받을 수 있다.

사업자의 표준세액공제란 근로소득이 없는 거주자로서 종합소득이 있는 사람에 대해서는 7만원을 공제하여 주는 제도를 말한다.

▶ 성실사업자 [소득세법 시행령 제118조의8]
성실사업자란 다음 각 호의 요건을 모두 갖춘 사업자를 말한다.

1. 신용카드가맹점 및 현금영수증가맹점으로 모두 가입한 사업자 또는 전사적(全社的) 기업자원 관리설비나 판매시점정보관리시스템설비를 도입한 사업자
2. 복식부기장부 또는 간편장부를 비치·기장하고, 그에 따라 소득금액을 계산하여 신고할 것
3. 사업용계좌를 신고하고, 해당 과세기간에 사업용계좌를 사용하여야 할 금액의 3분의 2 이상을 사용할 것

▶ 교육비 또는 의료비세액공제 대상 성실사업자 요건
① 해당 과세기간의 수입금액으로 신고한 금액이 직전 3개 과세기간의 연평균수입금액의 100분의 50을 초과할 것. 단, 과세기간이 3개 과세기간에 미달하는 경우에는 사업의 개시일이 속하는 과세기간과 직전 과세기간의 연평균수입금액으로 한다.
② 해당 과세기간 개시일 현재 2년 이상 계속하여 사업을 경영할 것
③ 국세의 체납사실, 조세범처벌사실, 세금계산서·계산서 등의 발급

▶ 성실사업자 의료비 세액공제
의료비세액공제의 경우 부양가족의 연령 및 소득금액의 제한을 받지 않는다. 따라서 20세 이상인 자녀 또는 60세 미만의 부모 및 소득금액이 100만원을 초과하는 기본공제대상자의 의료비지출액도 의료비세액공제를 받을 수 있으며, 다음의 공제대상 의료비에 15%를 곱한 금액을 산출세액에서 세액공제를 받을 수 있다.

◆ 세액감면에 대한 농어촌특별세 납부
조세특례제한법에 의하여 세액공제를 받는 경우에는 농어촌특별세를 납부하여야 하며, 성실사업자로서 세액을 공제받은 경우(조세특례제한법 제122조의3) 세액공제액의 20%를 농어촌특별세로 납부하여야 한다.

▶ 성실사업자 교육비 세액공제
기본공제대상자(연령 제한을 받지 아니함)인 본인·배우자·직계비속·형제자매·동거입양자를 위하여 지출한 교육비로서 공제대상 교육비에 15%를 곱한 금액을 세액공제받을 수 있다

▶ 교육비 공제한도액

구 분	공제한도액	공제대상교육비
근로자 본인	교육비 지출금액 전액	수업료·입학금·공납금
유치원아 및 취학전아동	1인당 300만원	취학전 아동
초·중·고등학생	1인당 300만원	학원수강료
대학생	1인당 900만원	

♣ 상세내용 : 국세청 발간 <연말정산 안내책자> 참고

▶ **성실신고확인대상사업자**

성실신고확인제도란 '성실사업자로서 일정요건을 갖춘 사업자의 의료비 및 교육비 세액공제'와는 별개로 수입금액이 일정규모 이상인 사업자에 대해서 세무사 등에게 장부의 기장내용의 정확성 여부를 확인받아 종합소득세 과세표준 확정신고의 특례를 받을 수 있는 제도를 말하며, 해당 과세기간의 수입금액의 합계액이 다음에 정하는 금액 이상인 경우 성실신고확인을 받아 종합소득세 신고를 하여야 한다..

▣ 성실신고확인대상자에 해당하는 업종별 기준금액 (2023년 귀속분)

업 종 별	기준금액
1. 농업·임업 및 어업, 광업, 도매 및 소매업, 부동산매매업 그 밖에 제2호 및 제3호에 해당하지 아니하는 사업	15억원
2. 제조업, 숙박 및 음식점업, 전기·가스·증기 및 수도사업, 하수· 폐기물처리·원료재생 및 환경복원업, 건설업(비주거용 건물 건설업은 제외하고, 주거용 건물 개발 및 공급업을 포함한다), 운수업, 출판·영상·방송통신 및 정보서비스업, 금융 및 보험업	7.5억원
3. 부동산 임대업, 전문·과학 및 기술 서비스업, 사업시설관리 및 사업지원서비스업, 교육 서비스업, 보건업 및 사회복지 서비스업, 예술·스포츠 및 여가관련 서비스업, 수리 및 기타 개인 서비스업, 가구내 고용활동	5억원

● **기장세액공제**

간편장부대상자가 소득세 과세표준확정신고를 할 때 복식부기에 따라 기장하여 소득금액을 계산하고 관련 서류를 제출하는 경우에는 해당 장부에 의하여 계산한 사업소득금액이 종합소득금액에서 차지하는 비율을 종합소득 산출세액에 곱하여 계산한 금액의 100분의 20에 해당하는 금액을 종합소득 산출세액에서 공제한다. 다만, 공제세액이 100만원을 초과하는 경우에는 100만원을 공제한다.
[소득세법 제56조의2]

● **표준세액공제**

근로소득이 없는 거주자로서 종합소득이 있는 경우 **연 7만원(성실사업자 12만원)**을 종합소득산출세액에서 공제를 받을 수 있다. [소득세법 제59조의4 ⑨]

근로자가 아닌 사업자는 보험료, 의료비, 교육비, 주택자금공제 등과 관련한 특별세액공제를 받을 수 없다. 단, <u>성실사업자</u>의 경우 의료비 및 교육비세액공제를 받을 수 있으며, 표준공제세액은 12만원이다.

● 전자신고세액공제

종합소득세 신고를 홈택스에서 전자신고하는 경우 2만원을 세액공제받을 수 있다. 이 경우 납부할 세액이 음수인 경우에는 이를 없는 것으로 한다.
[조세특례제한법 제104조의8]

▶ 전자신고세액공제액 총수입금액 산입

부가가치세 전자신고세액공제액은 총수입금액에 산입하여야 하나 종합소득세 전자신고세액공제액은 총수입금액에 산입하지 않는다.

● 조세특례제한법에 의한 세액공제

♣ 국세청 발간 [2023 중소기업 세제세정지원제도] 참고
국세청 홈페이지 → 국세신고안내 → 법인세 → 참고자료실

● 조세특례제한법에 의한 세액감면

♣ 국세청 발간 [2023 중소기업 세제세정지원제도] 참고
국세청 홈페이지 → 국세신고안내 → 법인세 → 참고자료실

◾ 신규사업자 세금절세

● 신규 개업연도의 기장의무

[1] 개업연도 수입금액이 복식부기의무자 수입금액보다 적은 경우

신규사업자의 경우 개업한 연도에는 간편장부대상자에 해당하므로 간편장부에 의하여 종합소득세 신고를 할 수 있으며, 추계(수입금액에 국세청에서 정한 경비율을 곱한 금액을 소득금액으로 계산하는 방식)로 신고를 하는 경우에는 **단순경비율**에 의하여 소득금액을 계산하여 신고할 수 있고, 추계로 신고하는 경우에도 무기장가산세가 적용되지 않는다.

> 신규사업자의 경우 장부기장을 하지 않고, 수입금액(매출액)에 국세청에서 정한 소득율을 곱한 금액으로 소득금액을 계산하여 종합소득세 신고(추계신고라 함)를 할 수 있으므로 세무사사무소에 기장을 맡기지 않고 사업자가 직접 신고할 수 있으므로 비용을 절약할 수 있다.

▶ **단순경비율에 의한 추계소득금액 계산**

신규 사업자로서 개업연도의 수입금액이 복식부기기장의무자 기준금액에 미달하는 사업자 및 전년도 수입금액이 단순경비율 적용대상사업자에 한하여 단순경비율에 의한 추계소득을 계산하여 종합소득세를 신고할 수 있다. 따라서 신규사업자로서 개업한 사업연도의 수입금액이 복식부기기장 미만인 경우 최초 사업연도는 수입금액(매출액)에 단순경비율(국세청에서 매 년 고시함 : 국세청 홈페이지 참조)을 곱하여 계산한 금액을 필요경비로 계상하여 수입금액에서 필요경비를 차감한 금액을 소득금액으로 하여 소득세를 신고할 수 있으므로 사업자 본인이 소득세를 신고할 수 있으며, 단순경비율에 의한 소득금액은 다음과 같이 계산한다.

◾ 소득금액 = 총수입금액 - (총수입금액 × 단순경비율)

[2] 개업연도 수입금액이 복식부기 수입금액 이상인 경우

신규사업자라 하더라도 사업을 개시한 연도의 수입금액이 복식부기기장의무자에 해당하는 경우에도 간편장부에 의하여 신고를 할 수 있다. 다만, 추계의 방식으로 신고를 하는 경우 **기준경비율**에 의하여 추계신고를 하여야 하며, 이 경우에도 간편장부대상자에 해당하므로 기준경비율 적용시 해당 업종 기준경비율의 2분의 1(복식부기기장의무자가 기준경비율로 추계신고하는 경우 기준경비율 축소)이 아닌 기준경비율의 100%가 적용된다. 또한 기준경비율을 적용하여 계산한 소득금액과 단순경비율의 **2.8배**(신규사업자가 아닌 복식부기의무자의 경우 3.4배)를 적용하여 계산한 소득금액 중 적은 금액을 추계소득금액으로 계산할 수 있다.

즉, 신규사업자의 경우 신규 개업연도는 수입금액의 크기에 관계없이 **간편장부대상자에 해당**하며, 추계에 의한 신고를 하는 경우 단순경비율을 적용하여 소득금액을 계산한다. 다만, 신규 사업연도의 수입금액이 아래 복식부기기장의무자 기준금액 이상인 사업자가 추계로 신고하는 경우 **기준경비율**을 적용하여야 한다는 의미이며, 기준경비율에 의하여 추계 신고하더라도 무기장가산세는 적용되지는 않는다.

▶ 복식부기의무자 [직전연도 수입금액이 아래 업종별 기준금액 이상인 사업자]

업 종 별	기준금액
1. 농업·임업 및 어업, 광업, 도매 및 소매업, 부동산매매업 그 밖에 제2호 및 제3호에 해당하지 아니하는 사업	3억원
2. 제조업, 숙박 및 음식점업, 전기·가스·증기 및 수도사업, 하수·폐기물처리·원료재생 및 환경복원업, 건설업(비주거용 건물 건설업은 제외하고, 주거용 건물 개발 및 공급업을 포함한다), 운수업, 출판·영상·방송통신 및 정보서비스업, 금융 및 보험업	1억5천만원
3. 부동산 임대업, 전문·과학 및 기술 서비스업, 사업시설관리 및 사업지원 서비스업, 교육 서비스업, 보건업 및 사회복지 서비스업, 예술·스포츠 및 여가관련 서비스업, 수리 및 기타 개인 서비스업, 가구내 고용활동	7천5백만원

▶ 기준경비율에 의한 추계소득금액 계산

단순경비율적용대상 사업자가 아닌 경우로서 추계에 의하여 종합소득세를 신고하는 경우 기준경비율을 적용하여야 하며, 기준경비율에 의한 소득금액은 다음과 같이 계산한다.

1. 신규사업자의 수입금액이 복식부기기장의무자에 해당하는 경우
기준경비율을 적용하여야 한다. 단, 기준경비율 축소(기준경비율 × 1/2) 기준은 적용하지 아니하며, 무기장가산세 또한 없다. 그리고 신규로 사업을 개시한 사업자는 간편장부대상자에 해당하여 단순경비율로 신고하는 경우 적용배율은 2.8배로 한다.

2. 간편장부대상자의 추계에 의한 소득금액 (①, ② 중 적은 금액)
① 소득금액= [수입금액 - (수입금액 × 단순경비율)] × 2.8배
② 소득금액= 수입금액 - 주요경비 - (수입금액 × 기준경비율)

◆ 2023년 귀속분 배율 [소득세법 시행규칙 제67조]
- 복식부기기장의무자 : 3.4배
- 간편장부대상자 : 2.8배

◆ 주요경비
1. 매입비용(사업용고정자산의 매입비용 제외)
2. 임차료로서 증빙서류에 의하여 지출하였거나 지출할 금액
3. 종업원의 급여와 임금으로서 증빙서류에 의하여 지급한 금액

♣ 국세청 홈페이지 → 국세정책제도 → 통합자료실 → 기타참고책자

개업연도 다음해의 기장의무

신규로 개업한 연도의 다음해는 신규로 사업을 개시한 사업연도의 수입금액을 기준으로 기장의무를 판단하되, **수입금액은 별도로 환산하지 아니하므로** 개업연도의 수입금액만으로 기장의무를 판단하여야 한다.

예를 들어 2022년 6월 1일 제조업을 개업하고 2022년도 전체 수입금액이 1억 5천만원을 넘는 경우에는 2023년도 귀속분 사업소득은 복식부기에 의하여 기장을 하여야 하나 1억 5천만원 미만인 경우에는 간편장부에 의하여 기장을 할 수 있다.

● 소득세 감면

[1] 창업중소기업 등에 대한 법인세·소득세 감면

♣ 국세청 발간 [2023 중소기업 세제세정지원제도] 참고
국세청 홈페이지 → 국세신고안내 → 법인세 → 참고자료실

[2] 추계신고시 창업중소기업 감면

간편장부대상자가 추계신고를 하는 경우 창업중소기업 세액감면을 받을 수 있다. 단, 복식부기기장의무자가 추계로 신고하는 경우에는 창업중소기업 세액감면을 받을 수 없다. (법령해석과2288, 2016.07.13)

▶ 창업중소기업에 대한 세금지원 내용 요약

면제감면 세금	면제 또는 감면내용
소득세 감면 [조특법 제6조]	수도권 과밀억제권역외의 지역에서 창업한 중소기업 등에 대하여 창업 후 소득 발생연도와 그 후 4년간 매년 납부할 소득세의 50% 감면
인지세 감면 [조특법 제116조]	창업 후 2년내 융자관련문서에 대하여 인지세 면제
취득세 감면 [지방세특례제한법 제58조의 3 ①]	수도권 과밀억제권역외의 지역에서 창업한 중소기업의 경우 창업후 4년 내 취득한 사업용자산에 대한 취득세의 75% 감면
등록면허세 감면 [지방세특례제한법 제58조의 3 ③]	① 창업중소기업의 법인설립등기에 대한 등록면허세 면제(창업일로부터 4년 이내에 자본 또는 출자액을 증가하는 경우와 창업중에 벤처 기업으로 확인받은 경우 1년내 행하는 법인설립등기포함) ② 창업일로부터 4년 이내에 법인의 주소 또는 대표이사의 주소 변경등기에 대한 등록면허세 면제
재산세 감면 [지방세특례제한법 제58조의 3 ②]	[개정 세법] 2018년 이후 창업의 경우 창업일부터 3년간 재산세를 면제하고, 그 다음 2년간은 재산세의 100분의 50에 상당하는 세액을 경감함
창업 기업 투자에 대한 소득공제 [조특법 제16조]	중소기업창업투자조합 및 벤처기업 등에 출자한 금액의 10% 소득공제 [1천5백만원 이하분은 100분의 100, 1천5백만원 초과분부터 5천만원 이하분은 100분의 50, 5천만원 초과분은 100분의 30]

 # 근로·배당·퇴직소득의 세금 비교 및 절세 효과

개인기업의 경우에는 사업에서 발생한 소득에 대하여 적법하게 종합소득세만 신고납부하면, 양도소득세 과세대상이 아닌 자산은 자기의 재산으로 언제든지 특별한 절차없이 처분할 수 있다. 반면, 법인의 경우 대주주인 대표이사라 하더라도 적법한 절차를 거쳐 세법에서 정하는 세금을 부담한 다음 법인의 재산을 가져갈 수 있으며, 어떤 방법으로 법인의 재산을 취득하여야 세금을 적게 낼 수 있는 지 등에 대하여 살펴본다.

1 소득의 종류 및 절세 방안

❶ 소득의 종류

① 소득의 종류

[1] 근로소득

근로소득이란 개인이 국가, 공공기관, 사업장 등에서 근로를 제공하고 그에 대한 대가로 받는 소득을 말하며, 법인의 대표이사가 법인으로부터 받는 소득도 근로소득에 해당한다. 근로소득의 경우 소득을 지급하는 자가 매월 근로소득 간이세액표에 의하여 근로소득세를 원천징수하여 납부하며, 연말정산으로 근로소득에 대한 납세의무는 종결되므로 근로소득만 있는 자는 종합소득세 신고는 하지 아니한다. 다만, 근로소득이 있는 자로서 금융소득이 2천만원을 초과하거나 사업소득 등 다른 종합과세 대상소득에 있는 경우 종합소득과 합산하여 종합소득세 신고를 하여야 한다.

[2] 사업소득
사업소득이란 개인사업자가 사업을 운영하여 얻게 되는 소득으로 총수입 금액에서 필요경비를 차감한 금액으로 하며, 반드시 종합소득세 신고를 하여야 한다.

[3] 금융소득(이자소득 + 배당소득)
금융소득이란 이자소득 및 배당소득을 말한다. 금융소득의 연간 합계액이 2천만원 이하인 경우 종합소득에 합산하지 아니하나 2천만원을 초과하는 경우에는 종합소득세 신고를 하여야 하며, 다른 종합소득 신고대상 소득이 있는 경우 합산하여 신고하여야 한다.

[4] 연금소득
① 연금소득은 공적연금과 사적연금으로 구분하며, 공적연금(국민연금, 공무원연금, 군인연금, 사립학교교직원연금)은 근로소득과 같은 방법으로 공적연금을 지급하는 자가 매월 연금소득 간이세액표[소득세법 시행령 별표3]에 의하여 원천징수하고 연금지급기관에서 연말정산을 함으로써 공적연금소득자의 납세의무는 종결된다. 다만, 공적연금을 지급받는자가 사업소득 등 다른 종합과세대상 소득이 있는 경우 종합소득과 합산하여 종합소득세 신고를 하여야 한다.
② 사적연금(금융·보험회사 연금, 퇴직연금)의 경우 사적연금이 연간 1200만원 이하인 경우 종합소득에 합산하지 아니하나 연간 1200만원을 초과하는 경우 종합소득세 신고를 하여야 한다.

[5] 기타소득
사업소득, 근로소득, 이자소득, 배당소득, 연금소득에 해당하지 않는 소득을 기타소득(일시적인 소득)이라 하며, 기타소득금액(기타소득 - 필요경비)이 연간 300만원을 초과하는 경우에는 종합소득세 신고를 하여야 한다.

2 종합소득에 합산하지 않는 소득

거주자의 소득은 1년 단위로 계산하며, 소득이 있는 자는 원칙적으로 1년 동안 벌어들인 자기의 소득에 대하여 종합소득세 신고 및 납부를 하여야 한다. 다만, 조세정책 목적에 의하여 일부 소득은 종합소득에 합산하지 아니하고, 소득을 지급하는 자가 소득세를 원천징수하여 납부함으로써 소득을 지급받는 자의 납세의무가 종결되도록 하고 있으며, 다음의 소득은 종합소득에 합산하지 아니한다.

▶ **종합소득에 합산하지 않는 소득**
1. 근로소득만 있는 경우
2. 이자소득과 배당소득의 합계액이 2,000만원 이하인 경우
3. 일용근로소득
4. 연간 1,200만원 이하의 사적연금소득
5. 기타소득금액(기타소득 - 필요경비)이 300만원 이하인 경우

3 종합소득 신고와 무관한 소득

[1] 퇴직소득
퇴직소득은 1년 단위의 소득이 아니라 근로자가 근로를 제공한 전체 기간에 대한 소득이므로 1년 단위의 소득에 대하여 신고하는 종합소득에 합산하지 않는다.

퇴사자에게 퇴직금을 지급하는 경우 퇴직금을 지급하는 자는 퇴직소득에 대한 퇴직소득세를 계산하여 신고 및 납부한다.

[2] 양도소득
양도소득은 1년 단위의 소득이 아니라 양도소득세 과세대상 물건의 보유기간 동안의 전체소득에 대한 소득이므로 종합소득에 합산하지 아니하며, 양도소득이 있는 자는 종합소득과는 별도로 양도소득에 대하여 양도소득세를 신고 및 납부하여야 한다.

[3] 증여세

부모 등으로부터 자산을 증여받은 경우 증여를 받은 자는 상속세 및 증여세법의 규정에 의하여 증여세를 신고 및 납부를 하여야 한다.

[4] 상속세

부모 등으로 부터 자산을 상속받은 경우 상속을 받은 자는 상속세 및 증여세법의 규정에 의하여 상속세를 신고 및 납부를 하여야 한다.

❷ 과세방법의 차이 및 세금절세 방안

1 개요

앞에서 살펴본 바와 같이 소득에 따라 과세방법이 다르고, 금융소득의 경우 2천만원을 초과하는 경우 종합소득에 합산을 하여야 하며, 퇴직소득은 종합소득에 합산을 하지 아니하므로 소득을 어떤 방법으로 지급하느냐에 따라 개인이 부담하여야 하는 세금이 달라질 수 있다. 예를 들어 법인의 대표이사에게 급여를 지급하는 것보다 퇴직금을 지급하는 경우 과세방법의 차이로 세금을 대폭 줄일 수 있으므로 2016년 이후 임원에 대한 퇴직금 중간정산이 폐지됨에 따라 2015년 많은 법인기업들이 대표이사에 대한 중간정산을 한 것이다.

이는 퇴직금의 경우 총지급하는 퇴직금을 근속연수로 나눈 금액에 대하여 일정 세율을 적용함으로서 적은 소득금액 구간의 세율(소득의 크기에 따라 누진세율 적용)을 적용할 수 있으므로 1년간 총지급 금액을 기준으로 세금을 계산하는 근로소득세보다 세금을 적게 낼 수 있는 것이다.

또한 주주인 대표이사에게 법인의 이익으로 배당금을 지급하는 경우로서 금융소득이 2천만원을 초과하는 경우 종합소득에 합산하여 누진세율을 적용하여야 하나 배당금의 경우 배당세액 공제를 받을 수 있으므로 급여를 지급하는 것보다 세금을 줄일 수 있다.

② 주주인 대표이사가 법인재산을 개인재산으로 전환하는 과정

● 급여 및 상여금 지급

법인기업의 대주주인 대표이사는 법인의 주식을 보유함으로서 주주에 해당하고, 동시에 법인의 경영자에 해당한다. 법인의 경영자는 법인 경영에 대한 대가로 법인으로부터 급여를 받을 수 있는 권리를 가진다. 단, 법인이 대표이사에게 급여를 지급하는 경우 소득세법의 규정에 의하여 근로소득으로 보며, 법인은 대표이사의 급여 지급에 대하여 근로소득세 및 지방소득세(근로소득세의 10%)를 징수하여 신고 및 납부하여야 한다.

▶ 급여 및 상여금 지급에 대한 세무리스크

법인의 임원에게 정관의 규정 또는 정관의 규정에 의한 주주총회의 결의를 거치지 아니하고 급여 및 상여금을 지급하는 경우 또는 적법한 절차에 의하여 상여금을 지급하였다 하더라도 세무조사과정에서 법인세법 제26조에 의한 과다경비로 보는 경우 또는 정관변경 등을 하여 특정 임원에게만 차별적으로 상여금을 과다지급하는 경우 손금불산입 될 수 있다.

☐ 상법 제388조(이사의 보수) 이사의 보수는 정관에 그 액을 정하지 아니한 때에는 주주총회의 결의로 이를 정한다.

☐ 법인세법 제26조(과다경비 등의 손금불산입) 다음 각 호의 손비 중 대통령령으로 정하는 바에 따라 과다하거나 부당하다고 인정하는 금액은 내국법인의 각 사업연도의 소득금액을 계산할 때 손금에 산입하지 아니한다.
1. 인건비
2. 복리후생비

☐ 국징 1234.21-659, 1967. 8. 16.
법인세법상 임원보수의 손금산입한도에 대하여 제한하고 있지 않으나 상법 제388조에서 임원의 보수지급에 대하여는 정관에 그 한도액을 정하지 아니한 때에는 주주총회의 결의로 정하도록 되어 있으므로, 임원에 대한 보수 중 정관이나 주주총회의 결의에 의하여 정하여진 한도액을 초과하는 것은 손금으로 인정되지 아니한다.

☐ 조심2013서0894, 2013.06.28, 기각
[제 목] 임시주주총회에서 변경된 정관에 따라 지급된 특별상여금 및 퇴직금 한도초과액을 손금불산입한 처분은 정담함.
[요 지] 청구법인이 이해 당사자만 참석하는 임시 주주총회를 개최하여 청구법인의 대표이사와 이사에게만 차별적으로 많이 지급되도록 정관을 변경한 것으로 보이므로 청구주장은 받아들이기 어려움

퇴직금 지급

근로자의 경우 근로자퇴직급여보장법의 규정에 의하여 1년 이상 근무를 하게 되면, 퇴직금을 받을 권리가 있는 것과 같이 법인의 대표이사라 하더라도 퇴직을 사유로 퇴직금을 받을 수 있는 권리가 있다. 이는 법인의 대표이사 등 임원에게는 근로자퇴직급여보장법의 규정에 의한 퇴직금 지급의무는 없으나 법인의 정관에서 대표이사 등 임원의 퇴직시 퇴직금 지급을 규정한 경우 퇴직금을 받을 수 있다.

[사례] 이사의 보수에 대한 정관 규정
제○조 (이사 및 감사의 보수와 퇴직금) ① 이사와 감사의 보수는 주주총회의 결의로 이를 정한다.
② 이사와 감사의 퇴직금의 지급은 주주총회 결의를 거친 임원 퇴직금지급규정에 의한다.

법인이 대표이사에게 퇴직금을 지급하는 경우 소득세법의 규정에 의하여 퇴직소득으로 보며, 법인은 대표이사의 퇴직금 지급에 대하여 퇴직소득세 및 지방소득세(근로소득세의 10%)를 징수하여 신고 및 납부하여야 한다.

▶ 퇴직금 지급에 대한 세무리스크
정관의 규정 또는 정관의 규정에 의한 주주총회의 결의를 거치지 아니하고 퇴직금을 지급하는 경우 또는 적법한 절차에 의하여 퇴직금을 지급하였다하더라도 세무조사 과정에서 법인세법 제26조에 의한 과다 경비로 보는 경우 손금불산입될 수 있다.

● 배당금 지급

주주인 대표이사는 법인의 주주로서 법인에서 이익이 발생한 경우 상법의 규정에 의하여 출자에 대한 대가로 법인의 이익처분에 의한 배당을 받을 수 있는 권리를 가지게 된다. 법인이 주주에게 배당금을 지급하는 경우 소득세법의 규정에 의하여 배당소득으로 보며, 법인은 배당금 지급에 대하여 배당소득세 및 지방소득세(배당소득세의 10%)를 징수하여 신고 및 납부하여야 한다.

▶ 배당금 지급에 대한 세무리스크

주주총회에서 특정주주는 배당을 받지 않고 다른 주주들은 주식수에 따라 배당을 받기로 결의한 경우 주주총회에서 배당을 결의한 금액 중 배당을 받지 않은 주주의 지분에 상당하는 금액에 대하여 배당을 받지 않는 주주가 다른 주주들에게 증여한 것으로 보아 증여세가 부과된다. 예를 들어 주주인 대표이사에게만 배당을 하는 경우 다른 주주는 배당권리를 포기한 것이므로 배당을 받을 금액에 상당하는 금액을 대표이사에게 증여한 것으로 보아 대표이사는 증여세를 부담하여야 하므로 배당시 유의하여야 할 것이다.

[개정세법] 초과배당 증여이익에 대한 과세 강화(상증법 §41의2, 상증령 §31의2)

종 전	개 정
□ 초과배당 증여이익 과세	□ 초과배당 증여이익에 대한 과세 강화
○ 증여자 : 배당을 포기한 최대주주 ○ 수증자 : 최대주주와 특수관계인 주주 ○ 증여이익(초과배당) : 최대주주와 특수관계인 주주가 자신의 지분율을 초과하여 받은 배당금	○ (좌 동)
○ 과세방식 : ①「초과배당에 대한 소득세」와 ②「초과배당에 대한 증여세」중 큰 금액	○ 초과배당 증여이익에 대해 소득세·증여세 모두 과세 ① 초과배당에 대해 소득세 과세 ② (초과배당 - 소득세)에 대해 증여세 과세

<적용시기> '21.1.1. 이후 증여받는 분부터 적용

□ 초과배당을 지급받은 시점에서 증여세액을 가계산한 후 실제 소득세액을 반영하여 증여세액을 정산(환급·차액납부)
* 초과배당금액이 발생한 연도의 다음 연도 5.1.~5.31.까지 신고

□ 실제소득세액
① 초과배당금액이 분리과세된 경우 : 해당 세액
② 초과배당금액이 종합과세된 경우 : 종합소득세액 - 해당 초과배당금액을 제외하고 계산한 종합소득세액
<적용시기> '21.1.1. 이후 증여받는 분부터 적용

▣ 가지급금

주주인 대표이사는 전자의 내용과 같이 소득세법에서 정하는 절차에 의하여 법인의 재산을 개인 소유로 전환할 수 있는 것으로 이 이외의 다른 특별한 방법은 없다.

그럼에도 불구하고, 대주주인 대표이사가 적법한 절차없이 법인의 자산을 임의로 인출하여 가는 경우 법인은 법인의 대표이사에게 자금을 일시 대여하여 준 것으로 처리하여야 하며, 이 돈의 명칭을 가지급금이라 한다.

이러한 방식으로 법인의 대표이사가 법인의 자금을 계속 인출하여 가는 경우 세무상 중대한 문제가 발생하게 되며, 이로 인하여 재무관리자는 가지급금 처리문제로 어려움을 겪게 되는 것이며, 가지급금의 세무상 문제는 가지급금편에서 상술한다.

일반적으로 가지급금이 많다는 것은 법인의 이익(이익이 발생한 만큼 법인의 순자산은 늘어 남)이 누적적으로 발생하여 법인의 유동자금이 충분함에도 당장의 세금문제를 회피하기 위하여 주주인 대표이사에게 급여를 인상하여 지급하거나 배당처분을 하지 않음으로서 발생한 것이므로 적절한 방법으로 가지급금을 줄이기 위한 조치를 하여야 할 것이다. 다만, 법인이 자금을 차입하여 확보한 자금으로 법인의 대표이사에게 업무와 무관한 돈을 계속 지급하는 경우에도 가지급금이 발생할 수 있으나 이 경우 더욱 심각한 문제가 발생할 수 있으므로 이러한 일이 발생하지 않도록 하는 것이 상책일 것이다.

2 소득의 지급 방법과 절세 효과

❶ 개요

주주인 대표이사가 법인의 자금을 개인재산으로 전환하는 과정은 대표이사에게 급여를 지급하거나 배당금을 지급하는 방법, 퇴직금으로 지급하는 것 이외에 특별한 방법은 없다.

다만, 근로소득, 배당소득, 퇴직소득의 계산 구조 및 세율이 각각 다르므로 이들 소득의 계산 구조 및 세율, 세무상 유의할 사항 등을 충분히 이해하면, 세금을 절세하면서 가지급금 발생을 방지할 수 있을 것이다.

▶ 소득의 종류 및 종합과세 합산 여부

소득 종류		원천징수세율	종합과세 여부
금융소득	이자소득	14%(금융기관)25%(기타)	연간 금융소득이 2천만원을 초과하는 경우 종합소득 신고
	배당소득	지급금액의 14%	
근로소득		간이세액표 → 연말정산	근로소득만 있는 경우 종합소득세 신고의무가 없으나 다른 종합소득 신고대상소득이 있는 경우 종합소득세 신고
퇴직소득		퇴직소득세 계산 방법 참조	종합소득세 신고대상 아님

❷ 근로소득, 배당소득, 퇴직소득의 세율

1 개요 등

근로소득, 배당소득, 퇴직소득의 계산방법은 그 구조가 다소 복잡하다. 본 장의 목적은 임원의 소득 종류에 따른 절세 효과를 살펴보기 위한 것으로 대략적 구조만 설명하기로 한다.

② 근로소득 세율

[개정 세법] 2023년 소득세 기본세율 (소득세법 §55①)

과세표준 구간	세율	누진공제액
1,400만원 이하	6%	
1,400만원 5,000만원 이하	15%	126만원
5,000만원 8,800만원 이하	24%	576만원
8,800만원 1.5억원 이하	35%	1,544만원
1.5억원 3억원 이하	38%	1,994만원
3억원 5억원 이하	40%	2,594만원
5억원 10억원 이하	42%	3,594만원
10억원 초과	45%	6,594만원

<적용시기> '23.1.1. 이후 발생하는 소득 분부터 적용

③ 배당소득 세율

[1] 배당소득에 대한 세율

법인이 주주에게 배당금을 지급하는 경우 그 지급액의 100분의 14를 배당소득세로 배당소득세의 10%를 지방소득세로 징수하여 징수일의 다음달 10일까지 관할 세무서에 신고 및 납부한다.

[2] 배당소득 분리과세 및 종합과세

▶ 배당소득 분리과세

분리과세란 일용근로소득 또는 특정 소득(이자소득, 배당소득, 기타소득, 연금소득) 중 일정 금액 미만인 경우 종합소득에 합산하지 않아도 되는 소득을 말하며, 금융소득(이자소득 + 배당소득)의 연간 합계액이 2,000만원 이하인 경우 종합소득에 합산하지 않는다.

▶ 배당소득 종합과세

배당소득은 금융소득으로서 이자 및 배당소득 금액이 연간 2,000만원을 초과하는 경우에 종합과세되며, 근로소득이 있는 경우 근로소득과 배당소득을 합산하여 종합소득세를 신고하여야 한다.

[3] 종합과세되는 배당소득의 배당세액공제

개인사업자는 사업소득에 대하여 종합소득세가 과세되어 납세가 종결되나 법인 사업자는 법인에서 발생한 소득에 대하여 법인세가 과세되고, 법인이 잉여소득을 출자자인 주주등에게 배당하는 경우 다시 배당소득이 과세됨으로서 이중과세 문제가 발생한다. 따라서 이중과세를 경감하기 위하여 주주단계의 소득세에서 일정한 세액을 차감하여 공제하여 주는 것을 배당세액공제라 하며 각 소득자별로 배당세액을 공제하는 계산방식은 아래와 같다.

▶ 배당소득금액 가산

종합소득을 계산함에 있어 종합과세되는 배당소득이 있는 경우 당해연도의 총수입금액에 배당소득의 100분의 11에 상당하는 금액을 가산한 금액으로 한다.
다만, 배당소득중 배당세액공제가 배제되는 의제배당은 제외한다.

[세법 개정(안)] 배당소득 이중과세 조정을 위한 배당가산율 조정(소득법 §17)
(현행) 배당가산액 = 배당소득 × 11%
(개정) 배당가산액 = 배당소득 × 10%*
- 현행 법인세 최저세율(9%)을 기준으로 가산율 산정
<적용시기> '24.1.1. 이후 지급받는 소득 분부터 적용

▶ 배당세액공제

거주자의 종합소득금액에 배당소득의 100분의 11에 상당하는 금액(Gross-Up)이 합산되어 있는 경우에는 당해연도의 총수입금액에 가산한 금액(Gross-Up)에 상당하는 금액을 종합소득산출세액에서 공제한다. 단, 배당세액공제의 대상이 되는 배당소득금액은 종합소득과세표준에 포함된 배당소득금액으로서 이자소득 등의 종합과세기준금액(2,000만원)을 초과하는 것으로 한다.

4 퇴직소득세 계산

▶ 퇴직소득 세액계산 프로그램 안내

국세청 [홈택스] 홈페이지 오른쪽 상단 「모의계산」 클릭 → 「퇴직소득 세액계산」에서 프로그램을 제공

❸ 소득 유형별 총 부담할 세금 비교

① 근로소득과 배당소득 비교

다음의 예제와 같이 1억원을 급여로 추가로 지급하는 경우와 이익 배당으로 처분하는 경우 추가로 부담할 세액에 상당한 차이가 있으므로 세금을 절세하기 위해서는 배당금 지급을 고려하여야 한다. 다만, 이익 배당의 경우 모든 주주에게 지분율에 비례하여 배당을 하여야 하는 문제는 있다.

[예제] 근로소득 연말정산 내용(과세대상 급여총액 1억 5천만원)

구 분		금 액	비 고
근로소득		150,000,000원	
근로소득공제		15,750,000원	
근로소득금액		134,250,000원	
소득공제	기본공제	7,500,000원	본인, 부양가족 4명
	추가공제	1,000,000원	경로우대
	국민연금보험료	2,240,000원	
	건강보험료	4,000,000원	
	신용카드등사용액	2,510,000원	
소득공제 합계		17,250,000원	
종합소득 과세표준		117,000,000원	
산출세액		26,050,000원	
세액공제	근로소득세액공제	500,000원	
	자녀세액공제	300,000원	
	연금계좌세액공제	480,000원	
	보장성보험료세액공제	120,000원	
	의료비세액공제	1,000,000원	
	교육비세액공제	1,500,000원	
	기부금세액공제	1,100,000원	
세액공제 합계		5,000,000원	
결정세액		21,050,000원	

[개정 세법] 근로소득공제 한도 설정(소득법 §47)
공제 한도 : 2,000만원
<적용시기> 2020.1.1. 이후 발생하는 소득 분부터 적용

▶ 근로소득공제금액 [소득세법 제47조]

총급여액	근로소득공제금액
500만원 이하	총 급여액의 100분의 70
500만원 ~ 1천500만원	350만원 + 500만원을 초과하는 금액의 100분의 40
1천500만원 ~ 4천500만원	750만원 + 1천500만원을 초과하는 금액의 100분의 15
4천 500만원 ~ 1억원	1천200만원 + 4천500만원을 초과하는 금액의 100분의 5
1억원 초과	1천475만원 + 1억원을 초과하는 금액의 100분의 2

인적공제	공제금액
1. 기본공제	
본인	1,500,000원
배우자(소득 없음)	1,500,000원
자녀 2명(20세 이하)	3,000,000원
어머니(75세, 소득없음)	1,500,000원
2. 추가공제	
경로우대공제	1,000,000원
합 계	8,500,000원

▶ 2022년 및 2023년 귀속분 소득세 기본세율 (소득세법 §55①)

2022년 기본세율			2023년 기본세율		
과세표준 구간	세율	누진공제액	과세표준 구간	세율	누진공제액
1,200만원 이하	6%		1,400만원 이하	6%	
1,200만원 초과 4,600만원 이하	15%	108만원	1,400만원 5,000만원 이하	15%	126만원
4,600만원 초과 8,800만원 이하	24%	522만원	5,000만원 8,800만원 이하	24%	576만원
8,800만원 초과 1억5천만원 이하	35%	1,490만원	8,800만원 1.5억원 이하	35%	1,544만원
1억5천만원 초과 3억원 이하	38%	1,940만원	1.5억원 3억원 이하	38%	1,994만원
3억원 초과 5억원 이하	40%	2,540만원	3억원 5억원 이하	40%	2,594만원
5억원 초과 10억원 이하	42%	3,540만원	5억원 10억원 이하	42%	3,594만원
10억원 초과	45%	6,540만원	10억원 초과	45%	6,594만원

□ 소득세법 제59조(근로소득세액공제) ①근로소득이 있는 거주자에 대해서는 그 근로소득에 대한 종합소득 산출세액에서 다음의 금액을 공제한다. 〈개정 2015.5.13.〉

근로소득에 대한 종합소득 산출세액	공제액
130만원 이하	산출세액의 100분의 55
130만원 초과	71만5천원 + (130만원을 초과하는 금액의 100분의30)

② 제1항에도 불구하고 공제세액이 다음 각 호의 구분에 따른 금액을 초과하는 경우에 그 초과하는 금액은 없는 것으로 한다. <개정 2015. 5. 13., 2022. 12. 31.>

1. 총급여액이 3천 300만원 이하인 경우: 74만원
2. 총급여액이 3천 300만원 초과 7천만원 이하인 경우: 74만원 - [(총급여액 - 3천 300만원) × 8/1000]. 다만, 위 금액이 66만원보다 적은 경우에는 66만원으로 한다.
3. 총급여액이 7천만원 초과 1억2천만원 이하인 경우: 66만원 - [(총급여액 - 7천만원) × 1/2]. 다만, 위 금액이 50만원보다 적은 경우에는 50만원으로 한다.
4. 총급여액이 1억2천만원을 초과하는 경우: 50만원 - [(총급여액 - 1억2천만원) × 1/2]. 다만, 위 금액이 20만원보다 적은 경우에는 20만원으로 한다.

[1] 급여를 1억원 추가 지급하는 경우 더 부담할 근로소득세 등

구 분		금 액	금 액
근로소득		150,000,000원	250,000,000원
근로소득공제		15,750,000원	17,750,000원
근로소득금액		134,250,000원	232,250,000원
소득공제	기본공제	7,500,000원	7,500,000원
	추가공제	1,000,000원	1,000,000원
	국민연금보험료	2,240,000원	2,240,000원
	건강보험료	4,000,000원	4,000,000원
	신용카드등사용액	2,510,000원	2,510,000원
소득공제 합계		17,250,000원	17,250,000원
종합소득 과세표준		117,000,000원	215,000,000원
산출세액		26,050,000원	62,300,000원
세액공제	근로소득세액공제	500,000원	500,000원
	자녀세액공제	300,000원	300,000원
	연금계좌세액공제	480,000원	480,000원
	보장성보험료세액공제	120,000원	120,000원
	의료비세액공제	1,000,000원	1,000,000원
	교육비세액공제	1,500,000원	1,500,000원
	기부금세액공제	1,100,000원	1,100,000원
세액공제 합계		5,000,000원	5,000,000원
결정세액		21,050,000원	57,300,000원

◘ 1억원을 급여 인상하는 경우 추가되는 세금 등

세목	금액	산출근거
1. 근로소득세	36,250,000원	(57,300,000원 - 21,050,000원)
2. 지방소득세	3,625,000원	(5,730,000원 - 2,105,000원)
합 계	39,875,000원	

◘ 1억원을 이익으로 배당하는 경우 추가되는 세금 등

세목	금액	산출근거
1. 근로소득세	26,754,000원	(47,804,000원 - 21,050,000원)
2. 지방소득세	2,675,400원	(4,780,400원 - 2,105,000원)
합 계	29,429,400원	

[2] 배당금으로 1억원을 지급하는 경우 추가 부담할 세금 등

1) 배당소득세 14,000,000원
2) 근로소득과 배당소득을 합산한 금액으로 종합소득세 계산

▶ 종합소득산출세액 = ①과 ② 중 큰 금액

① 일반산출세액 = (종합소득과세표준 - 2,000만원) × 기본세율 + 2,000만원 × 14%

② 비교산출세액 = (종합소득과세표준 - 금융소득금액) × 기본세율
+ 금융소득 × 원천징수세율

구 분		급여 인상시 세액	이익배당시 세액
산출세액		62,300,000원	61,604,000원
세액공제	근로소득세액공제	500,000원	500,000원
	자녀세액공제	300,000원	300,000원
	연금계좌세액공제	480,000원	480,000원
	보장성보험료세액공제	120,000원	120,000원
	의료비세액공제	1,000,000원	1,000,000원
	교육비세액공제	1,500,000원	1,500,000원
	기부금세액공제	1,100,000원	1,100,000원
	배당세액공제		8,800,000원
세액공제 합계		5,000,000원	13,800,000원
결정세액		57,300,000원	47,804,000원

[금융소득 종합과세 상세 내용] 국세청 홈페이지 → 국세정책/제도 → 통합자료실 → 국세청 발간책자 → 분야별 해설책자 (금융소득종합과세 해설)

사 례 배당소득이 2천만원 초과시 그로스업 및 배당세액공제

- 근로소득금액   134,250,000원
  근로소득금액 = 근로소득 - 근로소득공제
- 배당소득   100,000,000원 (국내 비상장법인의 배당소득)
  배당소득가산액 8,800,000원(100,000,000원 - 20,000,000원) × 11%
- 배당소득합계   108,800,000원
  [배당소득 100,000,000원 + 배당가산액 8,800,000원]
- 종합소득금액   243,050,000원
- 소득공제   17,250,000원
- 과세표준   225,800,000원
- 비교산출세액   61,604,000원
- 배당세액공제   8,800,000원 [MIN : 8,800,000원, 21,554,000원]
  21,554,000원 = 61,604,000원 - 40,050,000원
  (산출세액에서 배당소득 그로스업 금액을 배당세액공제)
- 배당세액공제 후 세액   52,804,000원

◆ **비교산출세액(61,604,000원) = ①과 ② 중 큰 금액**

① 종합과세 산출세액 = (종합소득과세표준 225,800,000원 - 20,000,000원) × 기본세율 + 2,000만원 × 14% = **61,604,000원**

② 분리과세 산출세액 = [금융소득외 종합소득과세표준 (134,250,000원) - 소득공제 (17,250,000원)] × 기본세율 + [금융소득 (100,000,000원) × 원천세율(14%)] = 26,050,000원 + 14,000,000원 = **40,050,000원**

2 근로소득과 퇴직소득 비교

퇴직소득은 퇴직을 하는 경우 지급되는 금액으로 이익의 배당과 같이 기업의 의사결정으로 지급할 수 있는 사안이 아니므로 단순원리로 비교할 수는 없다. 다만, 퇴직금을 지급하는 경우 근로소득 대비 절세 효과를 알아보기 위하여 퇴직소득세를 계산하여 볼 수 있으며, 퇴직소득세의 계산 방법은 매우 복잡하므로 국세청에서 제공하는 퇴직소득 세액계산 프로그램을 참고한다.

♣ 홈택스 → 세금종류별 서비스 → 모의계산(좌측 하단) → 퇴직소득세액

4

세무조사

세무조사 기준과 대비책

01 세무조사 개요

❶ 개요

세무조사란 납세의무자가 세금을 세법이 정하는 바에 의하여 성실히 신고 및 납부를 하였는지 여부를 조사하기 위한 일체의 행위로 세무공무원이 납세의무자 등을 상대로 질문하거나 장부, 서류 등을 검사. 조사. 확인하는 행위를 말한다.

세무조사의 가장 중요한 목적은 납세자가 세금을 탈세하였는 지 여부를 조사하는 것으로 탈세 유형은 여러 가지가 있을 수 있으나 가장 일반적인 방법으로는 고의적으로 장부상 수익(매출)을 누락하거나 실제 발생하지 않은 비용을 사업과 관련하여 지출한 것으로 처리하여 소득금액을 줄여 세금을 줄이는 것일 것이다.

그리고 법인의 자산을 양도하면서 실제보다 저가로 양도하여 양수인에게 이익을 주고, 법인은 수익을 적게 계상함으로써 소득을 줄이는 경우도 있으며, 반대로 자산을 고가로 매입하여 특정 매도인에게 이익을 주고 법인은 손해를 입게 되어 세금을 줄이는 방법이 있을 수 있다.

세무조사는 정기 세무조사와 수시 세무조사와 구분하며, 세무공무원은 다음의 어느 하나에 해당하는 경우에 정기적으로 신고의 적정성을 검증하기 위하여 대상을 선정하여 세무조사를 할 수 있다.

1. 국세청장이 납세자의 신고 내용에 대하여 정기적으로 성실도를 분석한 결과 불성실 혐의가 있다고 인정하는 경우
2. 최근 4과세기간 이상 같은 세목의 세무조사를 받지 아니한 납세자에 대하여 업종, 규모 경제력 집중 등을 고려하여 신고 내용이 적정한지를 검증할 필요가 있는 경우
3. 무작위 추출방식으로 표본조사를 하려는 경우

조사공무원은 세무조사를 통하여 납세자가 여러 가지 편법을 사용하여 세금을 탈세한 내용을 추적하게 되며, 이러한 유형에 대하여는 탈세 및 탈세 사례에서 살펴보기로 한다.

❷ 탈세 및 탈세 사례와 형사처벌

소득을 적법하지 않는 방법으로 줄여 세금을 적게 내는 것을 탈세라고 하며, 탈세의 경우 국세청은 세무조사등을 통하여 납세의무를 성실히 이행하지 않은 책임을 물어 원래 부담하여야 할 세금외에 무거운 가산세 등을 추징하며, 그 금액이 중요한 경우 지방국세청장 또는 세무서장이 납세자를 검찰에 고발하여 형사처벌까지도 받게 한다. 탈세의 대표적인 방법은 소득을 줄이는 것으로 그 구체적인 사례는 다음과 같다.

1 전형적인 세금 탈세 유형

○ 수입금액(매출, 장려금 등) 누락하여 소득금액을 줄이는 경우
○ 실제 매입하지 물품을 매입한 것으로 처리하여 비용을 과다계상하는 경우
○ 실제 지급하지 않은 임금을 지급한 것으로 처리하는 경우
○ 사업자의 개인적 지출비용을 사업과 관련한 비용으로 처리하는 경우
○ 자산을 비용으로 계상하여 소득을 줄이는 경우
○ 손익 귀속연도를 임의로 조작하여 세금 납부를 이연하는 경우

② 세금 탈세에 대한 검찰 고발

탈세한 세금이 중대하여 지방국세청장 또는 세무서장이 징역형에 처할 것으로 판단되는 경우 검찰에 고발하도록 되어 있으나 통상의 세무조사로 인한 탈세의 경우 검찰에 고발하지는 않는다.

□ **조세범처벌절차법 제17조(고발)** ① 지방국세청장 또는 세무서장은 다음 각 호의 어느 하나에 해당하는 경우에는 통고처분을 거치지 아니하고 그 대상자를 즉시 고발하여야 한다.
1. 정상(情狀)에 따라 징역형에 처할 것으로 판단되는 경우
2. 제15조제1항에 따른 통고대로 이행할 자금이나 납부 능력이 없다고 인정되는 경우
3. 거소가 분명하지 아니하거나 서류의 수령을 거부하여 통고처분을 할 수 없는 경우
4. 도주하거나 증거를 인멸할 우려가 있는 경우

□ **조세범 처벌법 제3조(조세 포탈 등)** ① 사기나 그 밖의 부정한 행위로써 조세를 포탈하거나 조세의 환급·공제를 받은 자는 2년 이하의 징역 또는 포탈세액, 환급·공제 받은 세액(이하 "포탈세액등"이라 한다)의 2배 이하에 상당하는 벌금에 처한다. 다만, 다음 각 호의 어느 하나에 해당하는 경우에는 3년 이하의 징역 또는 포탈세액등의 3배 이하에 상당하는 벌금에 처한다.
1. 포탈세액등이 3억원 이상이고, 그 포탈세액등이 신고·납부하여야 할 세액(납세의무자의 신고에 따라 정부가 부과·징수하는 조세의 경우에는 결정·고지하여야 할 세액을 말한다)의 100분의 30 이상인 경우
2. 포탈세액등이 5억원 이상인 경우

❸ 세무조사와 관련하여 알아 두면 도움이 되는 내용

경리업무를 보면서 가장 신경이 쓰이는 것이 세무조사일 것이다. 세무조사는 받지 않는 것이 상책이므로 피할 수 있으면 피하는 것이 좋다. 세무조사를 경리실무자의 판단으로 피하기는 어려운 문제이지만, 세무조사 선정기준 등을 잘 알아 두어 미리 경영자와 상의하여 세금을 성실히 신고 및 납부를 하게 되면, 세무조사를 받을 확률은 그만큼 줄어들게 된다.

그러나 국세청에서 관리하는 성실 신고납부의 기준을 납세자가 잘 알 수 없고, 실제 이익이 많이 나지 않아 소득을 적게 신고한 경우라도 그 사유를 국세청의 전산시스템만으로 납세자의 사정 및 성실도를 정확히 분석하는 것이 현실적으로 어렵다보니 국세청에서 아무리 공정한 세무조사 선정을 하려고 하여도 쉽지 않은 부분이 있으며, 이로 인하여 세무조사라는 것이 예측 가능한 것은 아니다.

따라서 세금을 성실히 신고납부하는 것만으로 세무조사를 받지 않는 것도 아니므로 경리실무자가 세무조사에 대하여 전전긍긍할 필요는 없을 것이다.

또한 세무조사대상으로 선정이 되어 세무조사를 받게 되면, 조사공무원은 경리실무자의 업무 착오에 의한 사소한 세금 과소납부 내용을 조사하는 것이 아니라 근본적인 탈세가 있었는 지 여부를 중점적으로 조사하게 되며, 이에 대한 책임은 경영자가 알고 있을 것이고, 경영자가 책임을 져야 할 사항이므로 경리실무자의 실수로 챙기지 못한 소액의 지출증빙누락, 비용 지출금액 중 회계기말에 그 기간이 경과하지 않는 선급비용의 계상 누락, 기말재고자산의 계상 착오, 세금과 무관한 회계처리의 오류, 대표이사의 사적 자금 인출 등에 대한 내용에 대하여 지나치게 신경을 쓸 필요는 없으므로 조사시 조사공무원의 질문이나 서류 제출 요구등에 침착하게 대응하면 된다.

다만, 업무 착오로 인하여 중요한 금액의 세금추징이 있는 경우 어려움이 있을 수 있으므로 가산세 편 및 본 장의 내용을 충분히 숙지하여 문제가 되지 않도록 평소에 유의하여 업무를 처리하여야 한다.

02 세무조사 리스크를 최소화하기 위한 방법

❶ 일반 사항

세무조사 리스크를 최소화하기 위한 최상의 방법은 수익 및 비용을 정당하게 처리하여 사업자의 소득금액을 정당하게 신고하여 세금을 성실히 납부하고, 세법의 규정에 의한 각종 신고 및 의무규정을 성실히 이행하는 것이다.

소득금액을 정당하게 신고하고, 각종 신고 및 세법의 의무규정을 제대로 이행한 경우라면, 세무조사가 있더라도 두려워 할 아무런 이유가 없다. 세무조사가 두려운 것은 세법에서 신고납부하도록 한 세금을 탈세하였기 때문일 것이다. 과거에는 조사공무원이 세금 추징 실적을 많이 내기 위하여 무리한 세무조사도 있으나 최근에는 실적 위주의 세금 추징은 하지 않으며, 합리적인 방법으로 조사하여 탈세 사실이 없는 경우 억지로 세금을 과세하지는 않기 때문이다.

따라서 세금을 탈세하지 아니하고, 성실히 신고 및 납부를 하는 만큼 세무조사의 부담감은 줄어드는 것으로서 평소 세금을 적법하게 신고납부하는 사업자의 경우 본 장의 내용은 특별한 의미가 없을 수도 있다.

다만, 직접 탈세는 하지 않았으나 재무팀의 업무 착오로 인한 과실로 고액의 세금이 추징되는 중대한 문제가 발생할 수 있으므로 평소에 이러한 리스크를 관리하기 위한 충분한 노력은 하여야 한다.

업무 착오에 의한 세금 추징의 문제는 세무조사가 아니더라도 신고한 내용이 국세청의 전산시스템에 의하여 잘못되었음이 적발되어 세금을 추징당하여 재무담당자가 어려운 상황에 처할 수도 있으므로 본서를 최대한 활용하여 이러한 상황에 직면하지 않도록 하여야 할 것이다.

❷ 세무조사와 관련하여 알아 두어야 하는 사항

사업의 경영자가 사업으로 벌어들인 소득에 대하여 적법하게 세금을 내고자하는 마인드가 있는 경우 재무팀은 세무조사로 인한 직접적인 스트레스를 받을 이유가 없을 것이다. 문제는 세법에서 정한 세금을 편법적인 방법을 이용하여 세금을 내지 않고, 법인의 대표이사가 법인의 돈을 계속 인출하여 가져가거나 개인사업자의 경우 세금을 어떻게든 적게 내기 위하여 매출을 누락하거나 실제 발생하지 않은 비용을 장부상 계상하여 소득을 줄이기 때문에 발생하는 것이다. 고액의 세금을 탈세한 경우 세무조사가 두려운 것은 당연한 것이며, 경영자가 세금 탈세를 지시한 경우 경리실무자가 세무조사로 답답할 이유는 없다.

탈세한 사실을 감추기 위하여 편법적인 방법을 동원하다 보니 그 내용이 세무조사로 적발될까 불안한 것이다. 따라서 사업자가 세무조사로부터 자유로워지기 위해서는 세금을 성실하게 신고납부하는 것 이외의 다른 특별한 방법은 없는 것이며, 책이나 정보를 통하여 세금을 줄일 수 있는 기법을 배울 수는 없는 것이다.

참고로 시중에 '세금절세'란 제목의 책들이 있는데 현실적으로 절세라는 용어는 적절하지 않다. 왜냐하면, 세금을 적게 내기 위한 가장 확실한 방법은 사업자의 경우 매출을 누락하거나 실제 발생하지 않은 경비를 발생한 것으로 하여 사업소득금액을 줄여 부담할 세금을 줄이는 것으로서 사업자가 매출을 누락허가나 경비를 가짜로 계상하여 소득을 줄이는 것은 탈세행위에 해당하는 것이다.

절세란 "세법을 정확히 알아 법이 정하는 범위내에서 납부하여야 할 세금에서 적법하게 공제 또는 감면을 받는 것과 국세청에서 사업자에게 제공하는 납세편의내용을 잘 이용하는 것 및 세법을 잘 몰라 억울한 세금을 추징당하는 것을 미리 방지하는 것이다."라고 이해하면 된다.

지금부터 살펴볼 내용들은 이러한 관점에서 법을 잘 몰라 억울한 세금을 추징당하는 것을 사전에 예방하는 차원에서 관련 내용을 살펴보도록 한다.

03 세무조사 선정 기준

세무조사 대상을 선정하는 과정과 절차 등에 대한 일반적인 사항은 조사사무처리규정에 규정되어 있으나 조사선정에 관한 분명한 사유를 명시적으로 규정한 내용은 없다. 다만, 일반적인 조사선정기준을 살펴보면 각종 세금을 성실히 신고하는 사업자의 경우 세무조사를 받을 확률은 그만큼 줄어든다.

최근의 조사방향은 경제적 여건이나 정책적인 배려에 의하여 조사선정을 하는 경향이 뚜렷하다. 예를 들면, 최근 경기침체로 인하여 제조업 및 건설업의 경우에는 특별한 경우를 제외하고는 조사를 유보하고 있으며, 공평과세를 위하여 전문직 종사자, 사치성 소비향략업소, 상습적으로 매출을 누락하여 신고하는 입시학원, 요식업소, 사채업자 등에 대한 조사가 강화되고 있다.

그러나 불성실 신고사업자, 장기간 조사를 받지 아니한 업체에 대하여는 정기조사를 계속하여 실시하므로 사업자는 평소 세무조사를 염두에 두어 회계장부를 적법하고, 성실히 기록 및 기장하여 세무조사시 세법에 대한 이해 부족등으로 인하여 과세관청으로부터 불이익을 당하지 않도록 유의하여야 할 것이다.

일반적인 경우 조사선정시 과세관청은 사업자의 성실신고 여부를 조사선정의 가장 중요한 기준으로 삼고 있다. 그렇다면, 성실신고의 기준은 무엇이며 성실 도는 어떻게 분석되고 있는가?

사업자가 그 사업과 관련한 소득을 적법하게 신고하였는지의 여부를 과세관청이 정확히 분석하기란 현실적으로 어렵다. 왜냐하면, 사업자는 자기의 사업과 관련한 1년간의 소득에 대하여 스스로 계산하여 관할 세무서에 신고하여야 하며, 신고시 같은 종류의 사업을 영위하는 사업자의 경우라 하더라도 개개인의 사업자가 가지고 있는 사업의 특성 및 기술력, 영업력 등 주어진 상황이 다르고 소기업의 경우 자기의 사업과 관련하여 1년 동안의 소득이 얼마인지를 실제 계산하기가 어려우므로 사업자 본인도 잘 알 수 없는 소득을 세법의 규정에 의하여 정확히 계산하여 신고하여야 하는 문제가 있는 것이다. 그렇다 하더라도 과세관청은 차선책으로 중소사업자의 경우 세무대리인제도를 통하여 사업자의 소득을 일정 형식에 의하여 신고하도록 하고 있으나 사업자가 자기의 소득을 정확하게 신고하여 세금을 납부하기란 쉽지 않은 것이다. 따라서 과세관청이 사업자의 소득신고에 대한 성실여부를 판단하기란 극히 어려운 문제이나 사업자 개개인의 사업특성을 먼저 고려한 다음(종업원 수, 차입금 여부, 사업장의 임차 여부, 특수관계자와의 거래 등) 동종 업종 사업자의 소득신고내용을 비교 분석하여 성실도 여부를 판단하는 것이며, 주요 신고사항을 분석하여 조사선정에 반영하고 있는 것이다.

❶ 국세기본법에서 정한 세무조사 선정기준

1 세무조사 정기 선정

세무공무원은 다음 각 호의 어느 하나에 해당하는 경우에 정기적으로 신고의 적정성을 검증하기 위하여 대상을 선정(정기선정)하여 세무조사를 할 수 있다. 이 경우 세무공무원은 객관적 기준에 따라 공정하게 그 대상을 선정하여야 한다.
[국세기본법 제81조의6 ②]
1. 국세청장이 납세자의 신고 내용에 대하여 **정기적으로 성실도를 분석**한 결과 불성실 혐의가 있다고 인정하는 경우
2. 최근 4과세기간 이상 같은 세목의 세무조사를 받지 아니한 납세자(장기 미조사자에 대한 세무조사 : 납세자의 이력이나 세무정보 등을 고려하여 국세청장이 정하는 기준에 따름)에 대하여 업종, 규모, 경제력 집중 등을 고려하여 신고 내용이 적정한지를 검증할 필요가 있는 경우
3. 무작위추출방식으로 표본조사를 하려는 경우

2 세무조사 정기 선정외의 조사

세무공무원은 정기선정에 의한 조사 외에 다음 각 호의 어느 하나에 해당하는 경우에는 세무조사를 할 수 있다.

1. 납세자가 세법에서 정하는 신고, 성실신고확인서의 제출, 세금계산서 또는 계산서의 작성·교부·제출, 지급명세서의 작성·제출 등 납세협력의무를 이행하지 아니한 경우

2. 무자료거래, 위장·가공거래 등 거래 내용이 사실과 다른 혐의가 있는 경우
3. 납세자에 대한 구체적인 탈세 제보가 있는 경우
4. 신고 내용에 탈루나 오류의 혐의를 인정할 만한 명백한 자료가 있는 경우
5. 납세자가 세무공무원에게 직무와 관련하여 금품을 제공하거나 금품제공을 알선한 경우

③ 세무조사의 면제대상자

세무공무원은 다음 각 호의 요건을 모두 충족하는 자에 대해서는 세무조사를 하지 아니할 수 있다. 다만, 객관적인 증거자료에 의하여 과소신고한 것이 명백한 경우에는 그러하지 아니하다.

[1] 업종별 수입금액이 다음에 정하는 금액 이하인 사업자
① 개인 : 간편장부대상자
② 법인 : 해당 법인의 수입금액이 1억원 이하인 자

[2] 장부 기록 등이 다음에 정하는 요건을 모두 충족하는 사업자
① 모든 거래사실이 객관적으로 파악될 수 있도록 복식부기방식으로 장부를 기록·관리할 것
② 과세기간 개시 이전에 신용카드가맹점으로 가입하고 해당 과세기간에 신용카드로 결제를 거부하거나 신용카드매출전표를 사실과 다르게 발급하는 행위를 하지 아니할 것(신용카드가맹점으로 가입하여야 하는 사업자만 해당)
③ 과세기간 개시 이전에 현금영수증가맹점으로 가입하고 해당 과세기간에 현금영수증의 발급을 거부하거나 사실과 다르게 발급하는 행위를 하지 아니할 것(현금영수증가맹점으로 가입하여야 하는 사업자만 해당)
④ 사업용계좌를 개설하여 사용할 것(개인인 경우만 해당)
⑤ 업종별 평균 수입금액 증가율 등을 고려하여 국세청장이 정하여 고시하는 수입금액 등의 신고기준에 해당할 것
⑥ 해당 과세기간의 법정신고납부기한 종료일 현재 최근 3년간 조세범으로 처벌받은 사실이 없을 것
⑦ 해당 과세기간의 법정신고납부기한 종료일 현재 국세의 체납사실이 없을 것

❷ 세무조사 대상자로 선정될 수 있는 확률이 높은 경우

① 동종 업종의 유사한 매출규모 사업자를 비교하여 신고소득이 현저히 낮거나 매입 대비 매출이 적은 사업자
② 정규영수증 수취비율을 분석하여 동종 업종에 비하여 정규영수증 수취비율이 현저히 낮은 사업자
③ 특정 계정과목의 구성 비율이 동종 업종에 비하여 상대적으로 높은 경우로서 가공 경비의 가능성이 높다고 판단되는 사업자
④ 매출누락이 가능한 현금수입업종으로 지역, 상권 등을 분석하여 신고소득이 현저히 낮은 사업자로 추정되는 사업자
⑤ 세무서에 신고한 소득금액이 낮음에도 불구하고, 업무 무관 해외 여행이 빈번하거나 국세청 전산시스템에 의하여 확인되는 소비지출(골프회원권, 고급승용차, 별장, 고급콘도 등의 구입) 규모가 큰 사업자
⑥ 자료상으로 판단되는 사업자 및 동종 업종에 비하여 매입 대비 매출이 현저히 높은 사업자로서 실물 거래없는 가짜 세금계산서 발행의 가능성이 높다고 판단되는 사업자

❸ 세무신고 내용의 성실도 분석에 의한 선정 기준

1 성실도 분석의 일반원칙

① 신고성실도는 법인세, 소득세, 부가가치세, 원천제세, 양도소득세 등의 신고사항과 각종 세원정보 등을 반영하여 전산시스템에 의해 평가함을 원칙으로 하고, 세무정보자료 수집 등 세원관리 정보에 의한 평가로 보완할 수 있다.
② 전산시스템으로 신고성실도를 평가할 때에는 평가요소 및 가중치를 과학적이고 객관적인 방법으로 정하여야 한다.

2 법인의 법인세 신고내용에 대한 분석

[1] 법인사업자 분석자료
법인세과세표준 및 세액신고서, 법인세과세표준 및 세액조정계산서, 요약재무상태표, 요약손익계산서, 요약원가명세서, 기타 세무조정에 관한 신고서류 등

[2] 세무조사 선정을 위한 주요 분석 사항
① 소득률 : 각 사업연도 소득금액 ÷ 수입금액
② 소득 증가율 : 당해 연도 소득률 ÷ 전년도 소득률
③ 수입금액 증가율 : 당해 연도 수입금액 ÷ 전년도 수입금액
④ 산출세액 부담비율 : 산출세액 ÷ 수입금액
⑤ 판매비 및 일반관리비, 제조원가의 계정과목 구성항목

계정과목 구성항목이 동종 업종 사업자보다 특정 계정과목이 과다할 경우 실제 지출되지 않은 비용을 가공으로 계산하였을 가능성이 크므로 불성실 신고사업자일 가능성이 높은 것으로 판단한다.

[3] 공제 및 감면세액의 성실도 분석
각종 공제 및 감면세액은 성실도 분석에는 포함하지 않는 것으로 판단이 된다. 공제 및 감면세액의 정당성 여부는 국세청이 필요한 경우 간접조사를 이용하여 확인을 하게 된다. 다만, 세무조사시에는 공제 및 감면세액의 정당성 여부에 대하여 면밀히 검토를 하게 된다.

3 개인사업자 종합소득세 신고내용에 대한 분석

[1] 개인사업자 분석자료
종합소득세과세표준 및 세액신고서, 세액조정계산서, 요약재무상태표, 요약손익계산서, 요약원가명세서, 기타 세무조정에 관한 신고서류

[2] 세무조사 선정을 위한 주요 분석사항
① 소득률 : 각 사업연도 소득금액 ÷ 수입금액
② 소득 증가율 : 당해 연도 소득률 ÷ 전년도 소득률
③ 수입금액 증가율 : 당해 연도 수입금액 ÷ 전년도 수입금액
④ 총부담세액비율 : 총부담세액 ÷ 수입금액
⑤ 판매비 및 일반관리비, 제조원가의 계정과목 구성항목

4 부가가치세 신고내용에 대한 분석

[1] 분석자료
부가가치세 신고서 및 제출서류

[2] 분석사항 및 연계추적 조회대상자(조사 선정 가능자)

(1) 전국 평균 부가율 대비 당해 업체 부가가치율이 낮은 사업자
부가가치율은 부가가치세 분석 중 가장 중요한 분석사항으로 동종 사업자와 비교하여 부가가치율이 낮은 업체는 불성실신고사업자로 판단한다. 부가가치율이 낮다는 것은 동종 업종의 비슷한 매출과 비교하여 동종 업종 보다 매입자료가 많은 것으로 실물 거래 없는 가공매입세금계산서를 수취하였을 가능성이 높다고 판단하기 때문이다. 따라서 사업자는 통상 1년을 기준으로 부가율이 동종 업종 사업자의 평균 부가율보다 낮을 경우 그 원인을 분석하여 착오가 있는 것은 수정하고, 기타 사유가 있는 경우에는 세무조사를 받지 않도록 성실하게 신고하여야 할 것이다.

▶ **부가가치율 계산 (매입에는 유형자산매입분 제외)**
부가가치율은 다음과 같이 계산하며, 고정자산 매입분은 제외한다. 부가가치세 신고서에 **일반매입과 고정자산매입을 구분**하여 기재하도록 한 것은 일반매입의 부가가치율을 국세청이 분석하기 위한 것이다.

$$부가가치율 = \frac{매출 - 매입}{매출} \times 100$$

▶ 부가가치율 계산 사례 : 매출 200 매입 180 (일반매입 160, 고정자산매입 20)
부가가치율 20% = [(200 - 160) ÷ 200)]× 100

▶ 부가가치율 착오 및 착오 내용 수정
고정자산매입을 착오로 일반매입으로 기재를 하여 부가가치세신고를 한 경우 또는 관할 세무서에서 사업자의 업종코드가 잘못 처리된 경우 등이 있으며, 잘못된 내용이 있으면, 이를 정정하여야 한다.

> **보 충** 업종별 부가가치율 공시
> 과거 국세청에서 업종별 부가가치율을 공시하였으나 납세자들이 세무조사등에 대한 부담감으로 부가가치율을 억지로 맞추기 위하여 매입자료를 누락하거나 일시적인 재고 누적이 있음에도 이를 분산하여 신고하는 등의 부작용으로 인하여 현재는 국세청이 공시하고 있지 않다.

(2) 자료상과의 거래자

자료상이란 물품 등의 실제 거래 없이 세금계산서만을 발행하여 매입세금계산서를 필요로 하는 사업자에게 일정금액을 받고 매입세금계산서를 파는 자를 말하며, 매입세금계산서 수취시 각별한 주의를 요한다.

예를 들어 사업자가 A 라는 물품을 '갑'에게 구입하였는데 '갑'이 세금계산서를 발행할 수 없는 경우(간이과세자 등의 사유로) '갑'이 물품을 판매하기 위하여 제3자 명의의 세금계산서를 건네주어 수취하였으나 이 세금계산서가 자료상이 발행한 것이면, 선의의 피해를 당할 수 있으므로 특히 유의하여야 한다. 그리고 제3자 명의의 세금계산서가 자료상이 아니더라도 이와 같이 사업자가 '갑'에게 물품을 구입하고 다른 사업자명의의 세금계산서를 수취하면 사실과 다른 세금계산서(위장매입)로서 매입세액을 추징당하고 가산세도 추징되므로 세금계산서는 반드시 정당하게 수취하여야 한다.

04 세무조사 유형

❶ 세무조사 유형 구분

세무조사는 세무조사의 근거가 되는 법률에 따라 일반세무조사와 조세범칙조사로 구분된다. 일반 세무조사는 각 세법에 규정하는 질문조사권 또는 질문검사권에 근거하여 과세요건의 성립여부와 납세자의 신고내용의 적법성 여부를 검증하기 위하여 과세권을 실현하고 과세의 공평을 기할 목적으로 행하는 조사로서 조사의 강도에 따라 일반조사와 특별조사로 구분되며, 특별조사는 세금을 탈루시킨 수법이나 규모로 보아 통상의 조사방법으로는 조사의 실효를 거두기 어려운 경우에 별도의 계획에 의하여 실시한다.

일반 세무조사의 경우 조사내용이나 조사유형에 따라 법인세, 소득세, 상속세, 증여세 조사 및 유통과정 추적. 금융거래추적. 부동산투기. 주식이동조사 등으로 나누어 볼 수 있다.

조세범칙조사는 조세범처벌절차법에 근거하여 조세에 관한 법률 위반행위에 대하여 조세범처벌법을 적용하여 처벌(벌금 통고 또는 고발)함으로써 납세질서를 확립할 목적으로 행하는 조사활동이다.

❷ 세무조사의 목적과 방법

1 일반조사

납세의무자가 신고를 하지 않아 납세의무가 확정되지 아니한 경우에는 과세요건 사실의 유무를 확인하여 구체적인 납세의무를 확정할 목적으로, 납세의무자의 신고에 의하여 구체적인 납세의무가 확정된 경우에는 신고 내용의 적법성 여부를 검증할 목적으로 조사하고 있으며 각 세법상 질문조사권 또는 질문검사권의 규정에 의한 조사. 검사원증을 소지하고 납세자의 사업장 등에 출장하여 임의조사 방법에 의하여 조사한다.

2 특별조사

일반조사와 같은 목적으로 조사하나 신고 내용이 극히 불성실하고 세금탈루 혐의로 보아 통상적인 일반조사로서는 조사의 효과를 거두기 어려운 경우 납세자로부터 장부 등을 임의제시를 받아 세무관서에서 장부, 서류 등을 조사하며, 장부조사 이외에 거래처조사 및 금융 추적 조사를 병행함으로써 일반조사보다 강도가 높은 세무조사이다. 그러나 특별조사도 임의조사이므로 납세의무자가 장부, 서류 등을 임의로 제시하지 않는다는 이유로 가택이나 사업장 등을 수색하는 등 강제적으로 조사할 수는 없다.

3 조세범칙조사

[1] 조세범칙조사 개요
이중장부, 서류의 위조. 변조. 허위계약, 사기 및 기타 부정한 방법에 의하여 조세를 포탈한 자 등 조세범처벌법상 범칙행위에 해당하는 자를 조사하여 처벌할 목적으로 실시하는 사법적 성격의 조사로서 조세범처벌절차법에 따라 범칙 혐의자 등을 심문하거나 장부, 서류 등을 영치 또는 압수, 수색하는 방법으로 조사한다. 범칙 조사에는 임의조사와 강제조사의 방법이 있으며, 영치조사는 임의조사에 해당하고 영장에 의한 조사는 강제조사에 해당된다.

[2] 조세범칙조사 대상의 선정
지방국세청장 또는 세무서장은 다음의 어느 하나에 해당하는 경우에는 조세범칙조사를 실시하여야 한다.

① 조세범칙행위의 혐의가 있는 자(이하 "조세범칙행위 혐의자"라 한다)를 처벌하기 위하여 증거수집 등이 필요한 경우

② 연간 조세포탈 혐의금액 등이 다음에 정하는 금액 이상인 경우
1. 연간 조세포탈 혐의금액 또는 연간 조세포탈 혐의비율이 다음표의 구분에 따른 연간 조세포탈 혐의금액 또는 연간 조세포탈 혐의비율 이상인 경우
2. 조세포탈 예상세액이 연간 5억원 이상인 경우

연간 신고수입금액	연간 조세포탈 혐의금액	연간 조세포탈 혐의비율
100억원 이상	20억원 이상	15% 이상
50억원 이상 100억원 미만	15억원 이상	20% 이상
20억원 이상 50억원 미만	10억원 이상	25% 이상
20억원 미만	5억원 이상	

③ 지방국세청장 또는 세무서장은 「조세범 처벌법」 제3조에 해당하는 조세범칙사건에 대하여 조세범칙조사를 실시하려는 경우에는 위원회의 심의를 거쳐야 한다.

4 기타 조사

[1] 추적 조사

추적조사란 재화·용역 또는 세금계산서·계산서의 흐름을 거래의 앞·뒤 단계별로 추적하여 사실관계를 확인하는 세무조사를 말한다.

[2] 기획 조사

기획조사란 소득종류별·계층별·업종별·지역별·거래유형별 세부담 불균형이나 구조적인 문제점 등을 시정하기 위하여 국세청장, 지방국세청장 또는 세무서장이 별도의 계획에 따라 실시하는 세무조사를 말한다.

05 세무조사 절차

❶ 세무조사의 사전 통지

① 세무조사를 실시하는 경우에는 세무조사 사전통지를 작성하여 조사개시 10일 전에 납세자 또는 납세관리인에게 송달하고 송달을 확인할 수 있는 근거서류를 보관하여야 한다. 다만, 사전통지를 하면 증거인멸 등의 우려가 있어 조사목적을 달성할 수 없다고 인정되는 경우에는 조사관서장의 승인을 받아 사전통지를 생략하고 조사를 시작할 수 있다.
② 조사관서장은 조사받는 납세자에게 세무조사 사전통지 또는 세무조사 통지를 할 때 세무조사에 따른 안내 등을 교부하여야 한다.

❷ 세무조사 기간 및 세무조사 기간의 연장

① 세무공무원은 조사대상 세목·업종·규모, 조사 난이도 등을 고려하여 세무조사 기간이 최소한이 되도록 하여야 한다. 다만, 다음 각 호의 어느 하나에 해당하는 경우에는 세무조사 기간을 연장할 수 있다.
1. 납세자가 장부·서류 등을 은닉하거나 제출을 지연하거나 거부하는 등 조사를 기피하는 행위가 명백한 경우
2. 거래처 조사, 거래처 현지확인 또는 금융거래 현지확인이 필요한 경우
3. 세금탈루 혐의가 포착되거나 조사 과정에서 조사유형이 「조세범처벌절차법」에 따른 조세범칙조사로 전환되는 경우
4. 천재지변이나 노동쟁의로 조사가 중단되는 경우
5. 납세자보호관 또는 담당관이 세금탈루혐의와 관련하여 추가적인 사실 확인이 필요하다고 인정하는 경우
6. 세무조사 대상자가 세금탈루혐의에 대한 해명 등을 위하여 세무조사 기간의 연장을 신청한 경우로서 납세자보호관등이 이를 인정하는 경우

② 세무공무원은 제1항에 따라 세무조사 기간을 정할 경우 조사대상 과세기간 중 연간 수입금액 또는 양도가액이 가장 큰 과세기간의 연간 수입금액이 100억원 미만인 납세자에 대한 세무조사 기간은 20일 이내로 한다.

❸ 세무조사 실시에 따라 사업자가 준비하여야 할 내용

1 조사 사업연도의 세무신고와 관련한 제 장부

1. 법인세신고서 및 재무제표
2. 장부 및 전표와 증빙서류철
3. 부가가치세 신고서 및 종이 세금계산서철
4. 전자세금계산서 발급 및 수령 내역
5. 재고자산수불부 및 거래명세서, 출고증, 입고증 등
6. 원천징수이행상황신고서 및 지급명세서
7. 법인등기부등본, 정관, 주주명부, 주주총회의사록, 이사회의사록
8. 각종 계약서 및 사규, 내부규정집
9. 자산 및 부채에 대한 명세서 및 부동산 보유현황
10. 수익과 관련한 입금내용 및 비용 지출과 관련한 예금통장
11. 기타 조사공무원이 요구하는 서류

2 서류 정리 및 보완

세무조사시 불필요한 오해를 받을 수 있는 개인 수첩이나 문건은 정리하여야 하며, 각종 계약서 등의 내용이 세무적으로 문제가 될 수 있는 지 여부를 사전 검토한다.

06   세무조사 사항 및 세무 리스크 체크 포인트

❶ 법인세

1 수익

[1] 수익 누락 여부 조사

(1) 현금 매출 누락 여부 확인

(2) 무자료 매입에 의한 매출 누락 여부 확인

(3) 생산량 조작에 의한 매출 누락 여부 확인

(4) 부산물 등의 매출 누락 여부 확인

(5) 매출 단가 조작 또는 제품의 등급 조작에 의한 매출 누락

(6) 거래처에 자금을 무상으로 빌려준 것으로 처리하여 이자수익 누락
법인의 지금으로 특수관계자가 아닌 거래처에 자금을 빌려주는 경우 법인의 익금 산입하지 않는다는 규정을 이용하여 실제로는 대표이사가 이자를 받았음에도 이자수익을 누락함

(7) 종업원 식당 수입에 대한 수입금액 누락
회사에서 식당을 자체적으로 운용하고, 식대의 일부를 직원으로부터 받고 있으나 이를 법인의 수입금액으로 처리하지 아니함

[2] 수익 관련 세무 리스크

(1) 고용노동부의 고용촉진 및 유지 관련 지원금
두루누리지원금, 고용촉진 및 유지관련 지원금은 수익에 산입하여야 한다.

(2) 판매장려금 등의 수익 또는 비용 차감
법인이 거래처와의 사전약정에 의하여 지급하는 판매장려금은 상대방과의 약정에 의한 지급기일(그 지급기일이 정하여져 있지 아니한 경우에는 지급한 날)이 속하는 사업연도의 매출액에서 차감하는 것임. [서이46012-10170, 2002.01.29]

(3) 공사진행 수익
건설·제조 기타 용역의 제공으로 인한 익금과 손금은 그 목적물의 건설등의 착수일이 속하는 사업연도부터 그 목적물의 인도일이 속하는 사업연도까지 그 목적물의 건설등을 완료한 정도(작업진행률)를 기준으로 하여 계산한 수익과 비용을 각각 해당 사업연도의 익금과 손금에 산입한다. 다만, 다음 각 호의 어느 하나에 해당하는 경우에는 그 목적물의 인도일이 속하는 사업연도의 익금과 손금에 산입할 수 있다.

[법령 제69조]
1. 중소기업인 법인이 수행하는 계약기간이 1년 미만인 건설등의 경우
2. 기업회계기준에 따라 그 목적물의 인도일이 속하는 사업연도의 수익과 비용으로 계상한 경우

2 비용

[1] 원가 및 경비 변태 처리 조사

(1) 제조원가 및 매출원가 (제조업)
1. 원·부재료비 가공 계상 : 실물거래 없는 가공매입세금계산서 수취 여부
2. 원·부재료비 매입단가 과대 계상

(2) 공사원가 및 매출원가 (건설업)
1. 노무비, 재료비, 운송비, 외주비 등의 가공 계상
2. 잉여 자재를 공사 원가로 처리

(3) 급여 및 임금
1. 실제 근무하지 않는 직원의 인건비를 지급한 것으로 처리하였는 지 여부 확인
2. 근무하지 않는 일용직 근로자를 근로한 것으로 하여 비용처리하였는 지 여부

(4) 퇴직금
1. 실제 지급하지 아니한 퇴직금을 퇴직금으로 손금산입하였는지 여부
2. 퇴직금 지급대상이 아님에도 퇴직금을 지급하여 손금산입하였는지 여부

(5) 복리후생비
1. 대표이사의 개인적인 지출을 복리후생비로 처리하였는지 여부
2. 접대비가 한도 초과됨으로서 접대비를 복리후생비로 처리하였는지 여부
3. 직원에 대한 명절 상여금, 학자금, 주택 임차자금 등의 지원금액을 복리후생비로 처리하여 근로소득세를 과소납부하였는 지에 대한 확인

(6) 접대비
접대비 한도초과로 접대비를 복리후생비 등 다른 계정과목으로 분산처리하였는지 여부에 대한 조사

(7) 보험료
법인이 납부한 보험료 중 수익자가 대표이사인 경우 손금불산입하고, 대표이사에 대한 상여로 처분함

(8) 여비교통비
1. 국내 출장비의 출장비 지출에 대한 정당성 및 증빙서류 확인
2. 해외출장비 등에 대한 출장비의 정당성 여부 및 증빙서류 확인

(9) 수선비
유형자산 등의 수선비 중 자산의 가치가 증가된 것임에도 불구하고 이를 해당 자산으로 처리하지 아니하고 수선비로 처리하여 비용을 과다계상하였는 지 확인

(10) 대손상각비
거래처가 폐업하였다는 사실만으로는 대손상각할 수 없음에도 대손상각처리한 금액이 있는 지 여부에 대한 확인

(11) 이자비용
대표이사 등의 개인 차입금을 가수금으로 처리한 다음 이자비용을 회사의 비용으로 처리한 경우 등 확인

(12) 기타비용
1. 거래처 부담 경비를 회사부담 비용으로 처리하였는지 여부 확인
2. 경품, 판매촉진비, 광고선전비 등의 가공 계상 여부 확인
3. 인건비 가공 계상 여부(예 : 과근무조작 등)
4. 기타 경비의 가공 계상 여부

[2] 세무 리스크

(1) 일용직 임금
출국 중인 자를 일용직으로 처리하여 경비를 잘못 계상한 내용에 대하여 국세청이 출입국관리국으로부터 출국자료를 받아 일용직근로자에 대한 **지급명세서**의 정당성 여부에 대한 세무서의 과세자료 해명 통보를 받고 법인세를 수정하여 익금산입하고 대표이사에 대한 상여로 처분함

(2) 접대비
유흥업소 신용카드 결제금액을 복리후생비로 처리하여 매입세액공제를 받았으나 국세청이 **신용카드매출전표등 수령금액합계표**의 공급자 사업자등록번호를 조회하여 그 정당성 여부에 대한 세무서의 과세자료 해명 통보를 받고 접대비 한도초과금액

에 대하여 법인세를 수정하여 익금산입하고, 부가가치세를 수정신고하여 매입세액 불공제함

③ 자산, 부채, 자본

[1] 자산누락, 가공자산 등 변태처리 조사
1. 재고자산의 판매 및 유형자산의 처분에 대한 신고 누락 여부
2. 자산 취득을 비용으로 처리하여 이익 조작
3. 실제 자산을 취득하지 아니하고 세금계산서만 수취한 후 현금 등 유출
4. 자가 건물 신축시 가공 노무비 등 계상
5. 유형자산(토지, 건물)의 취득가액과 관련이 없는 경비계상
6. 매출채권 등 회수 후 임원이 유용
7. 현금 등을 인출하여 유용하면서 장부 미기재

[2] 부채와 관련한 변태처리
1. 차입금 및 가수금 가공 계상
2. 가공비용과 가공부채를 동시 계상 후 일정기간이 지나서 반제한 것으로 처리

[3] 자본과 관련한 변태처리
1. 실질적으로 자본금 납입 없이 자본금 납입위장 변태출자
2. 회사의 비밀적립금(부외자산)으로 증자
3. 현물출자 부동산의 과대평가 납입

❷ 부가가치세

1 매출

[1] 매출세액 및 세금계산서

(1) 매출누락에 의한 부가가치세 신고 누락 여부 확인

(2) 세금계산서를 공급시기에 정당하게 발급하였는지 여부

세금계산서는 공급시기의 다음달 10일까지 발급하여야 함에도 해당 과세기간의 다음달 11일 이후 발급한 세금계산서에 대하여 세금계산서 미발급가산세가 부과되고, 매입자 관할 세무서에 그 내용을 통보하여 매입세액이 불공제됨과 동시에 신고불성실가산세 및 납부지연가산세까지 부담하게 됨

(3) 차량운반구 등 고정자산의 처분에 대한 세금계산서 발급 여부

당초 매입세액을 공제받지 못한 승용자동차 등의 매각시에도 세금계산서를 발급하고 부가가치세를 납부하여야 함에도 이를 신고누락하였는 지 여부 확인

[2] 세무 리스크

(1) 매출처별세금계산서합계표를 제출 누락

매입거래처는 **매입처별세금계산서합계표**를 제출하였으나 매출자가 매출처별세금계산서합계표를 제출하지 않은 내용에 대한 세무서의 과세자료 해명 통보를 받고 전년도 이전 분 매출누락분에 대하여 해당 과세기간의 부가가치세를 수정하여 부가가치세 및 가산세를 추가 부담하고, 또한 법인세를 수정하여 익금산입하고 법인세 및 가산세를 추가로 납부함

(2) 전자세금계산서 발급일자 지연

공급시기가 속하는 해당 과세기간의 다음달 10일이 경과한 날(11일) 이후 **전자적**으로

발급한 매출세금계산서에 대하여 세금계산서 미발급가산세를 부과하고, 매입자 관할 세무서에 그 내용을 통보하여 매입세액이 불공제되고, 신고 및 납부지연까지 부담하게 됨

2 매입

[1] 매입세액 및 세금계산서

(1) 가공 및 위장 매입세금계산서 여부 확인

가공이란 실물거래없이 세금계산서만을 수령한 것을 말하며, 위장이란 실제 매입한 거래처가 아닌 다른 거래처명의의 세금계산서를 수령한 것으로 가공 및 위장 매입세금계산서의 경우 공급가액의 3%를 가산세로 부담하고, 그 매입세액은 불공제된다. 그리고 가공 세금계산서를 수취한 경우 공급가액을 전액을 법인의 대표이사에게 상여처분함으로써 무거운 세금을 부과당하게 되므로 실물거래없이 세금계산서를 수취하는 일은 없어야 한다.

(2) 종업원 선물을 구입하고 수취한 세금계산서의 매입세액 공제 적법성 여부

종업원 선물을 구입하고 매입세액을 불공제하는 경우에 개인적 공급에 해당하지 않음에도 매입세액을 공제받고 선물 지급시 부가가치세를 과세하지 아니한 경우 부가가치세가 추징된다.

(3) 의제매입세액, 폐자원재활용매입세액 공제 등에 대한 적법성 여부 확인

과세사업자가 면세되는 미가공 농·축·수산물을 구입하고, 의제매입세액공제를 받은 경우 그 적법성 여부를 확인하여 잘못 공제한 금액은 추징을 당하게 된다.

[2] 세무 리스크

(1) 매입세액을 공제받을 수 없는 세금계산서에 대한 매입세액공제

부가가치세 신고시 제출한 **매입처별세금계산서합계표** 중 렌트카 회사의 사업자등록번호가 있는 경우 매입세액 공제의 정당성 여부에 대한 세무서의 과세자료 해명통보를 받고 부가가치세를 수정하여 매입세액불공제처리하고 가산세를 추가로 부담함

(2) 매입세액을 공제받을 수 없는 신용카드매출전표 등에 대한 매입세액공제

부가가치세 신고시 제출한 **신용카드매출전표등 수령금액합계표 내용** 중 항공사, 고속철도, 고속버스회사, 렌트카 회사의 사업자등록번호가 있는 경우 매입세액 공제의 적법성 여부에 대한 세무서의 과세자료 해명 통보를 받고 부가가치세를 수정하여 매입세액불공제처리하고 가산세를 추가로 부담함

(3) 과세기간이 경과한 후 세금계산서 발급시기가 지난 세금계산서

시설투자 등에 의한 부가가치세 조기환급 신청시 관할 세무서에서 매입세금계산서의 적법성 여부에 대하여 **확인하는 과정**에서 당해 공급시기가 속하는 과세기간이 경과한 이후의 일자를 작성일자로 발급한 세금계산서가 있는 경우 매입세액이 불공제 되고, 신고불성실가산세 등이 추징됨

(4) 계산서 미제출

과세사업자가 면세되는 재화 또는 용역을 제공받고 계산서를 수취한 경우 다음해 2월 10일까지 매입계산서합계표를 제출하지 아니한 경우 국세청은 매출자가 제출한 **매출계산서합계표**에 의하여 매입자의 계산서합계표 제출누락 여부를 확인하여 계산서합계표불성실 가산세(공급가액의 100분의1)를 추징하게 된다.

❸ 부당행위 계산부인 등

부당행위계산부인이란 법인의 행위 또는 소득금액계산이 특수관계자와의 거래로 인하여 그 법인의 소득에 대한 조세부담을 부당하게 감소시킨 것으로 인정되는 경우 그 법인의 행위 또는 소득금액 계산에 관계없이 세법의 규정에 의하여 그 법인의 각 사업연도의 소득금액을 계산하는 것을 말한다.

[1] 법인이 특수관계자로부터 재고자산, 유형자산 등을 시가보다 고가 매입

법인의 소득을 감소시키고, 매입자는 부당한 이익을 얻을 수 있게 된다. 예를 들어 시가보다 고가로 매입한 경우 매출자에게 증여세가 부과될 수 있다.

[2] 유형자산을 특수관계자에게 무상으로 사용수익하게 함

유형자산을 특수관계자에게 무상으로 사용수익하게 함으로써 법인의 소득을 감소시키고, 무상사용자는 부당한 이익을 얻을 수 있게 된다.

[3] 법인의 자금을 법인의 특수관계자인 대표이사 등이 무상으로 사용함

업무무관 가지급금에 대하여 당좌대출이자율을 적용하여 법인의 익금에 산입하고, 해당 금액을 대표이사에 대한 상여로 처분하여야 하며, **차입금에 대한 지급이자가 있는 경우 지급이자에 차입금에서 가지급금상당액을 곱한 금액을 손금불산입하여야 한다.**

[4] 차등배당결의에 대한 부당행위계산 부인

법인이 이익배당금을 지급함에 있어 관련법령 및 정관의 규정에 따라 각 주주들이 소유하고 있는 주식의 수에 따라 배당금을 지급하지 않은 경우로서 균등한 조건에 의하여 지급받을 배당금을 초과하는 금액은 증여세 과세대상인 증여에 해당한다. 다만, 법인이 현금배당을 지급함에 있어 각 주주들이 소유하고 있는 주식의 수에 따라 배당금을 지급하지 않은 경우로서 균등한 조건에 의하여 지급받을 배당금을 초과하는 금액을 소득세법상 배당소득으로 보아 소득세가 과세되는 경우에는 상속세 및 증여세법 제2조 제2항에 따라 증여세를 과세하지 않는다.

[5] 특수관계법인과의 거래를 통한 이익의 증여 의제[상증법 제45조의3]

지배주주와 특수관계에 있는 법인이 수혜법인에게 일감을 몰아준 경우 그 수혜법인의 지배주주 등에게 증여세 과세

[국세청 발간책자] 참조
국세청 홈페이지 → 국세정책/제도 → 통합자료실 → 국세청발간책자
분야별 해설책자 → 일감몰아주기·일감떼어주기 증여세 신고안내

② 세무조사 종결 및 불복청구

01 세무조사 종결 및 사후 처리할 내용

❶ 확인서, 진술서의 작성 및 조사결과 통보

1 확인서 및 진술서의 작성

① 확인서란 특정의 사실 또는 법률관계의 존재 여부를 인정하는 내용을 담은 문서를 말한다.
② 진술서란 특정의 사실 또는 법률관계의 단순한 확인 이외에 쟁점사실에 대하여 그 발생의 원인, 경위 및 결과에 대한 내용과 진술인의 의견이 덧붙여져 자필(다만, 부득이한 사정으로 진술인이 작성하지 못함에 따라 서명 또는 날인만을 진술인이 직접 한 경우 포함)로 작성된 문서로 서술형과 문답형으로 구분된다.

2 조사결과 및 소득금액 변동자료의 통지

[1] 조사결과의 통지

조사공무원은 납세자에게 통지한 조사기간이 종료한 날(다만, 통지한 조사기간 전에 조사를 종결한 경우에는 조사종결일)로부터 20일 이내에 세무조사결과통지서에 세무조사 결과를 기재하여 납세자에게 통지하여야 한다.

[2] 소득금액 변동자료의 통지

세무조사 결과에 따라 처분되는 배당, 상여 및 기타소득은 법인소득금액을 결정.경정하는 납세지관할 세무서장 또는 지방국세청장이 소득금액변동통지서를 작성하여 그 결정일 또는 경정일부터 15일 내에 법인에게 통지하여야 한다.

❷ 세무조사에 따른 납부할 세액의 납부

[1] 고지금액 납부
세무조사에 의하여 결정된 법인세, 부가가치세, 종합소득세(개인사업자) 등은 고지서에 의한 납부기한내에 납부하여야 한다.

[2] 소득금액변동통지서에 의한 근로소득세 등 추가 납부

법인 세무조사와 관련하여 세무서장이 익금산입이나 손금불산입한 사항 중 상여로 처분한 금액에 대하여 소득금액변동통지서를 받은 경우 소득금액변동통지서를 수령한 날의 **다음달 10일**까지 상여처분한 금액을 해당 귀속연도의 연말정산에 포함하여 지급명세서를 수정하여 제출하여야 하며, 또한 원천징수이행상황신고서를 수정하여 신고하고, 근로소득세 및 지방소득세를 추가 납부하여야 한다.

한편, 상여처분을 받은 사람이 근로소득외의 다른 소득이 있어 종합소득세 신고를 한 경우 법인이 소득금액변동통지서를 수령한 날이 속하는 달의 **다음 다음달 말일**까지 상여처분된 소득을 종합소득에 합산하여 종합소득세 확정신고에 대한 수정신고를 하여야 하며, 추가 납부할 세액이 있는 경우 추가 납부하여야 한다.

▶ **상여처분한 근로소득세 및 지방소득세의 세금 부담자**

상여로 처분한 금액에 대한 근로소득세 및 지방소득세는 상여처분을 받은 해당 임직원이 부담하여야 하며, 회사가 일시 대납한 경우 해당 임직원으로부터 회수를 하여야 한다.

[3] 세무조사에 의한 고지금액 납부에 대한 회계처리
고지 결정된 세금은 '법인세등추납액'으로 처리한 다음 세무조정에서 손금불산입하여야 한다.

02 과세전적부심사청구 및 불복청구

❶ 불복청구 개요

세무조사에 의한 세무서의 부과결정내용에 대하여 부당하다고 판단되는 경우 다음의 절차 중 하나를 거쳐 이의 제기하여 구제를 받을 수 있으며, 불복청구 기한에 특히 유의하여야 한다.

과세전적부심사청구나 이의신청은 선택사항에 해당하며, 동일한 처분에 대하여 심사청구 및 심판청구를 중복하여 제기할 수 없다.

▷ (과세전적부심사청구) → 이의신청 → 심사청구(또는 심판청구) → 행정소송
▷ (과세전적부심사청구) → 심사청구(또는 심판청구) → 행정소송
▷ 이의신청 → 심사청구(또는 심판청구) → 행정소송
▷ 심사청구(또는 심판청구) → 행정소송

❷ 사전권리제도(과세전적부심사청구)

① 다음 각 호의 어느 하나에 해당하는 통지를 받은 자는 통지를 받은 날부터 **30일 이내**에 통지를 한 세무서장이나 지방국세청장에게 통지 내용의 적법성에 관한 심사[과세전적부심사]를 청구할 수 있다.
1. 세무조사 결과에 대한 서면통지
2. 과세예고 통지 (납세고지하려는 세액이 3백만원 이상인 경우)

② 과세전적부심사 청구를 받은 세무서장·지방국세청장 또는 국세청장은 그 청구부분에 대하여 결정이 있을 때까지 과세표준 및 세액의 결정이나 경정결정을 유보(留保)하여야 한다.

③ 과세전적부심사 청구를 받은 세무서장, 지방국세청장 또는 국세청장은 각각 국세심사위원회의 심사를 거쳐 결정을 하고 그 결과를 청구를 받은 날부터 **30일** 이내에 청구인에게 통지하여야 한다.

④ 과세전적부심사 청구에 대한 결정은 다음 각 호의 구분에 따른다.
1. 청구가 이유 없다고 인정되는 경우: 채택하지 아니한다는 결정
2. 청구가 이유 있다고 인정되는 경우: 채택하는 결정. 다만, 청구가 일부 이유 있다고 인정되는 경우에는 일부 채택하는 결정을 할 것
3. 청구기간이 지났거나 보정기간에 보정하지 아니한 경우: 심사하지 아니한다는 결정

❸ 사후권리제도

[1] 이의신청
납세고지서를 받은 날로부터 **90일**이내에 **과세관청**에 신청할 수 있다. 단, 과세전적부심사청구를 거친 이의신청은 지방국세청에서 심의하며, 이의신청을 거치지 아니한 경우에도 심사청구 및 심판청구는 바로 할 수 있다.

[2] 심사청구
납세고지서를 받은 날로부터 **90일**이내에 **국세청장**에게 청구할 수 있다.

[3] 심판청구
납세고지서를 받은 날로부터 **90일**이내에 **조세심판원장**에게 청구할 수 있다.

[4] 행정소송
반드시 심사청구 또는 심판청구를 거쳐야 행정소송을 제기할 수 있으며, 심사청구나 심판청구결정이 있은 것을 안 날로부터 90일이내에 제기하여야 하며, 심사청구나 심판청구를 거치지 않은 행정소송은 각하사유에 해당한다.